नकली नारायण

सहजानंद

सनातन धर्म और उसके वैदिक उपास्य देवों को विलुप्त करने हेतु अंग्रेजों ने खड़ा किया हुआ एक बहरूपिया

डॉ. कौशिक चौधरी

Made with on the Notion Press Platform.

www.notionpress.com

समर्पित है,

वैदिक आराध्य देवों की उपासना करते हिंदु समाज
और उसके धर्मनिष्ठ संतों एवं संसारियों को

प्रस्तावना

सनातन धर्म के शुद्ध स्वरूप के संवर्धन और सत्यापन की एक साहसिक यात्रा

भारतीय संस्कृति और सनातन धर्म का इतिहास हजारों वर्ष पुराना है। इस इतिहास में अनेक उतार-चढ़ाव आए हैं, अनेक बाहरी आक्रमण हुए हैं और अनेक विचारधाराओं ने इस महान वटवृक्ष को छेदने (काटने) के प्रयास किए हैं। परंतु सनातन धर्म की असली ताकत उसके शास्त्रों, उसके वेदों, उसके उपनिषदों और उसके ऋषि-मुनियों की तपस्या में निहित है, जिसके कारण वह हर आघात को झेलकर भी अडिग रहा है। हालाँकि, इतिहास साक्षी है कि बाहरी आक्रमणों से अधिक घर के भेदियों या धर्म के नाम पर घुसे पाखंडों ने समाज को अधिक नुकसान पहुँचाया है। जब धर्म के रक्षक होने का दावा करने वाले ही धर्म के मूल तत्वों को कुरेदना (खोखला करना) शुरू कर दें, तब समाज को जागृत करना एक ईश्वरीय कार्य बन जाता है। डॉ. कौशिक चौधरी की यह नई पुस्तक, "नकली नारायण सहजानंद: सनातन धर्म के उपास्य देवों को लुप्त करने के लिए अंग्रेजों की मदद से खड़ा किया गया एक बहरूपिया", उस दिशा में एक मशाल के समान है।

यह पुस्तक केवल किसी एक संप्रदाय की आलोचना नहीं है, बल्कि एक गहरे ऐतिहासिक और शास्त्रीय शोध का दस्तावेज है। यह पुस्तक एक ऐसे षड्यंत्र का पर्दाफाश करती है जो पिछले २०० वर्षों से सनातन धर्म के गर्भ में पल रहा है। एक ऐसा षड्यंत्र जिसने भगवान विष्णु, भगवान शिव, देवी शक्ति और अन्य वैदिक देवताओं के स्थान पर एक सामान्य मनुष्य को भगवान के रूप में स्थापित कर दिया। एक ऐसा षड्यंत्र जिसकी जड़ों में अंग्रेज शासकों की 'डिवाइड एंड रूल' (फूट डालो और राज करो) की नीति और सनातन धर्म को कमजोर करने की कुटिल योजनाएं रही हैं।

लेखक डॉ. कौशिक चौधरी, जो स्वयं एक गहन चिंतक और शोधकर्ता हैं, उन्होंने इस पुस्तक में अत्यंत निर्भीकता से कलम चलाई है। वे केवल आरोप नहीं

लगाते, बल्कि ठोस प्रमाण प्रस्तुत करते हैं। इस पुस्तक की सबसे बड़ी विशेषता यह है कि इसमें प्रस्तुत प्रमाण किसी बाहरी स्रोत से नहीं, बल्कि उस संप्रदाय के अपने ही मान्य पुस्तकों और इतिहास से लिए गए हैं। 'सत्संगी जीवन', 'वचनामृत', 'भक्तचिंतामणि' और 'पुरुषोत्तमलीलामृत सुखसागर' जैसे ग्रंथों में लिखी गई बातों को ही आधार बनाकर लेखक ने साबित किया है कि कैसे एक व्यवस्थित योजनाबद्ध तरीके से हिंदू समाज की श्रद्धा का अपहरण किया गया है।

- **पुस्तक का मुख्य स्वर : ऐतिहासिक षड्यंत्र का पर्दाफाश**

पुस्तक के केंद्र में जो मुख्य विचार है, वह अत्यंत चौंकाने वाला और विचार-प्रेरक है। लेखक स्पष्ट करते हैं कि १९वीं सदी की शुरुआत में जब अंग्रेज भारत पर अपनी पकड़ मजबूत कर रहे थे, तब उन्हें एक ऐसे धर्म की आवश्यकता थी जो दिखने में हिंदू लगे लेकिन उसकी कार्यपद्धति अब्राहमिक हो। सनातन धर्म की विविधता, पंचदेव पूजा और वेदों की सर्वोपरिता उन्हें खटकती थी। यह पुस्तक दावा करती है कि सहजानंद स्वामी और उनकी मंडली ने अंग्रेजों के इस इरादे को पूरा करने में महत्वपूर्ण भूमिका निभाई।

पाठक जब इस पुस्तक के पन्ने पलटेंगे तो उन्हें पता चलेगा कि कैसे रामानंद स्वामी के उद्धव संप्रदाय को हाईजैक कर लिया गया। कैसे भगवान श्रीकृष्ण की भक्ति की आड़ में धीरे-धीरे कृष्ण को ही गौण बना दिया गया और सहजानंद स्वामी को 'सर्वोपरि' घोषित कर दिया गया। लेखक ने बहुत बारीकी से दिखाया है कि संप्रदाय के शुरुआती साहित्य में जो व्यक्ति कृष्णभक्त के रूप में पहचाना जाता था, उसे बाद के साहित्य में कैसे स्वयं कृष्ण, फिर कृष्ण से भी अधिक और अंत में सनातन धर्म के सारे आराध्य ईश्वरों से सर्वोपरि एकमात्र पूजने योग्य परमात्मा के रूप में चित्रित किया गया।

पुस्तक में प्रस्तुत पद्मपुराण, स्कंदपुराण और विष्णुपुराण के श्लोकों और उनके सामने संप्रदाय द्वारा किए गए उनके विकृत अनुवादों का तुलनात्मक अध्ययन किसी भी तटस्थ पाठक की आँखें खोलने के लिए पर्याप्त है। लेखक ने दिखाया है कि कैसे शास्त्रों में जबरदस्ती बदलाव करके, नए श्लोक जोड़कर और अर्थ का अनर्थ करके सहजानंद स्वामी को भगवान साबित करने के प्रयास किए गए हैं।

- **अंग्रेजों के साथ सांठगांठ**

इस पुस्तक का सबसे संवेदनशील और महत्वपूर्ण पहलू यह है कि यह तत्कालीन अंग्रेज अधिकारियों और सहजानंद स्वामी के बीच के संबंधों पर प्रकाश डालता है। सर जॉन मालकम, डनलप और गवर्नर मालकम के साथ मुलाकातों और उन्हें मिले

आशीर्वादों के पीछे का राजनीतिक उद्देश्य क्या था? क्यों जब पेशवा (जो सनातनी थे) सहजानंद का विरोध करते थे तब अंग्रेज उन्हें सुरक्षा और जमीनें देते थे? लेखक द्वारा 'सत्संगी जीवन' से ही उद्धृत संदर्भ, जिसमें अंग्रेजी शासन को ईश्वरीय वरदान बताया गया है और गवर्नर मालकम को 'ईशु का भक्त' बताकर इसु के दस धर्मों का पालन करनेवाला और सहजानंद की मंडली का रक्षक कहा गया है, वह पाठक को स्तब्ध कर देगा। यह एक ऐतिहासिक सत्य है जिसे अब तक हिंदु धर्म के बाह्य स्वरूप के आवरण के नीचे छिपा कर रखा गया था।

- **समाज पर पड़े विपरीत प्रभाव**

प्रकाशक के रूप में, हमें यह पुस्तक प्रकाशित करने का गर्व इसलिए है क्योंकि यह केवल भूतकाल का पोस्टमार्टम नहीं, बल्कि वर्तमान समाज की आँखें खोलने का प्रयास है। डॉ. चौधरी ने पुस्तक में दिखा या है कि इस 'नकली नारायण' को स्थापित करने के षड्यंत्र से समाज ने क्या खोया है। हमारे पारंपरिक त्योहारों का स्वरूप बदल गया है। नवरात्रि में शक्ति की उपासना के बजाय स्वामियों की भक्ति, विवाहों में गणेश स्थापना के बजाय स्वामियों की मूर्तियाँ, और शिवरात्रि पर शिवलिंग पर जलाभिषेक के बजाय मनुष्य मूर्तियों पर अभिषेक—यह सब सनातन परंपरा का कैसा पतन है, यह पुस्तक जोरदार तरीके से प्रस्तुत करती है।

लेखक चेतावनी देते हैं कि यह केवल एक संप्रदाय का प्रसार नहीं, बल्कि हिंदू धर्म का 'चर्चाइजेशन' (Churchization) है। जैसे अन्य मतों में एक ही पुस्तक, एक ही पैगंबर और एक ही ईश्वर की अवधारणा होती है, वैसा ही ढांचा यहां खड़ा किया गया है। 'कुसंगी' और 'सत्संगी' के नाम पर समाज में जो बंटवारे किए गए हैं, सगे भाई को भी यदि वह संप्रदाय में न माने तो पूर्व जन्म का शत्रु मानने की जो सीख दी जाती है, उसकी इस पुस्तक में कड़ी आलोचना की गई है।

पुस्तक के एक अत्यंत महत्वपूर्ण अध्याय में लेखक ने इतिहास के एक गंभीर अध्याय की ओर हमारा ध्यान आकर्षित किया है - यहूदी और ईसाई धर्म के बीच का संबंध। जैसे ईसाई धर्म का उद्भव यहूदी धर्म से ही हुआ था, परंतु कालांतर में यूरोप में अपना विस्तार बढ़ाने के बाद उसने अपने ही मूल समान यहूदी धर्म को दबा दिया और यहूदियों को अपार यातनाएं सहन करनी पड़ीं; लेखक चेतावनी देते हैं कि आज BAPS और अन्य स्वामीनारायण शाखाओं द्वारा जिस तरह विदेशों में भव्य मंदिरों का निर्माण हो रहा है, वह सनातन धर्म के साथ उसी इतिहास को दोहराने की एक कोशिश है। इन मंदिरों के द्वारा विश्व के पटल पर हिंदू धर्म के नाम पर जो प्रचार होता है, उसमें धीरे-धीरे वैदिक देवताओं को गौण करके स्वामीनारायण को ही

सर्वोपरि स्थापित किया जा रहा है। यह एक दीर्घकालिक रणनीति है, जिसका उद्देश्य सनातन धर्म को उसी के आश्रय में पनपे एक संप्रदाय द्वारा निगल जाना है। यदि इस 'ऐतिहासिक पैटर्न' को अभी पहचाना नहीं गया, तो भविष्य में सनातन धर्मियों की हालत भी अपने ही घर में परायों जैसी हो सकती है।

इस पुस्तक के लेखक डॉ. कौशिक चौधरी कोई सामान्य लेखक नहीं हैं। वे विज्ञान और अध्यात्म दोनों के गहरे अध्येता हैं। उनकी पिछली कृतियाँ, जैसे कि 'It's Not a Creation, It's a Projection through Expression' और 'The Play of Justice', उनके बौद्धिक विस्तार का परिचय देती हैं। उन्होंने इसरो के पूर्व अध्यक्ष और प्रोफेसर स्टीफन हॉकिंग जैसे वैज्ञानिकों के साथ अपने विचारों का आदान-प्रदान किया है। जब ऐसे कद के लेखक अपनी पूरी शक्ति और शोधवृत्ति एक धार्मिक पाखंड को उजागर करने में लगाते हैं, तब उसकी विश्वसनीयता कई गुना बढ़ जाती है। उनकी भाषा में सत्य की गूंज है और तर्क में धार है। उनका उद्देश्य किसी की भावनाएं दुखाना नहीं, बल्कि भ्रम में जी रहे समाज को सत्य के आईने के सामने खड़ा करना है।

"नकली नारायण सहजानंद" पुस्तक उस प्रत्येक सनातन हिंदू के लिए है जो अपने धर्म के मूल स्वरूप को चाहता है। यह पुस्तक आपको अस्वस्थ (बेचैन) कर सकती है, आपके वर्षों पुराने मानसिक ख्यालों को तोड़ सकती है, और शायद आपको क्रोधित भी कर सकती है। परंतु सत्य हमेशा कड़वा होता है। जैसे कड़वी दवा ही रोग को जड़ से मिटा सकती है, वैसे ही इस पुस्तक में प्रस्तुत कड़वा सत्य ही समाज में फैले अंधविश्वास और पाखंड के रोग को दूर कर सकेगा।

हम आशा करते हैं कि पाठक इस पुस्तक को पूर्वाग्रह के बिना, खुले मन और विवेकबुद्धि से पढ़ेंगे। इस पुस्तक का उद्देश्य संवाद और शुद्धिकरण है। यदि हम आज नहीं जागेंगे, तो हमारी आने वाली पीढ़ियां 'नारायण' और 'नकली नारायण' के बीच का भेद भूल जाएंगी। सनातन धर्म की रक्षा के लिए, वेदों के सम्मान के लिए और हमारी ऋषि परंपरा के जतन के लिए इस पुस्तक का पठन और मनन अनिवार्य है।

यह एक पुस्तक नहीं, एक अभियान है—धर्म के नाम पर चल रहे अधर्म को चुनौती देने का, और सत्य को पुनः स्थापित करने का। हम डॉ. कौशिक चौधरी के इस भगीरथ कार्य में सहभागी होने का गौरव अनुभव करते हैं और यह महत्वपूर्ण दस्तावेज समाज को अर्पित करते हैं।

- डॉ. गौरांगशरण देवाचार्य

कार्यकारी अध्यक्ष एवं मंत्री, सनातन सेवा ट्रस्ट

तारीख: ११ फरवरी, २०२६

प्रारंभ

सनातन धर्म के विरुद्ध खड़े किए गए सहजानंदी षड्यंत्र की समयरेखा

१. सन् १८०२ में रामानंद स्वामी की मृत्यु के बाद सहजानंद स्वामी के हाथ में उद्धव संप्रदाय आया। मूल संप्रदाय के इतिहास में कहा जाता है कि उसके तीन साल पहले ही सन् १७९९ में सहजानंद स्वामी रामानंद स्वामी के पास वैष्णव साधु के रूप में दीक्षा लेने आए थे, क्योंकि उन्हें भगवान विष्णु की तपस्या के बाद भी भगवान विष्णु के दर्शन प्राप्त नहीं हुए थे। गुजरात में आकर रामानंद स्वामी से मिलने से पहले के सहजानंद स्वामी के जीवन का कोई ऐतिहासिक प्रमाण नहीं है। वे उत्तर प्रदेश से आए थे और उनका जन्म अयोध्या से कुछ किलोमीटर दूर स्थित छपैया गांव में हुआ था, ऐसा सहजानंद ने जरूर कहा। लेकिन गुजरात आने से पहले के उनके जीवन की उस खाली जगह को भरने के लिए, भारत को अपने कब्जे में लेने की कोशिश कर रहे अंग्रेजों के उस काल में, पौराणिक कथाओं जैसे किन्हीं अज्ञात राक्षसों से लड़ते सहजानंद की बचपन और किशोरावस्था की काल्पनिक बातें लिखी गई हैं। घनश्याम और नीलकंठवर्णी के रूप में भगवान कृष्ण और भगवान शिव के नाम सहजानंद के उस अज्ञात जीवन को दिए गए हैं। हनुमानजी, भगवान शिव, मां पार्वती, भगवान सूर्य नारायण, बद्रीनाथ भगवान विष्णु, ब्रह्माजी और अन्य वैदिक देवता इस दौरान उस घनश्याम या नीलकंठवर्णी के दर्शन करने, उनकी सेवा करने और उनका आशीर्वाद लेने आए - ऐसी वीभत्स कथाएं उस समय की खाली जगह भरने के लिए लिखी गई हैं।

इसलिए हम सहजानंद और उनके संप्रदाय की क्रोनोलॉजी (कालक्रम) कृष्ण भक्ति के पीछे चलते उद्धव संप्रदाय की डोर रामानंद स्वामी की मृत्यु के बाद सहजानंद के हाथ में आई, वहीं से समझते हैं, क्योंकि वह लिखित रूप में अलग-अलग स्थानों पर उपस्थित है।

२. रामानंद स्वामी के पुराने सभी शिष्यों की अवहेलना कर तीन साल पहले ही उस समूह में आए सहजानंद को जब वह संप्रदाय रामानंद स्वामी द्वारा दिया गया, तब सहजानंद की उम्र मात्र २१ वर्ष थी। रामानंद स्वामी भी सहजानंद की तरह कुछ वर्ष पहले बिहार से गुजरात आए थे। तीन साल पहले आए २१ वर्षीय सहजानंद को उद्धव संप्रदाय का नेतृत्व देने की यह विचित्र घटना जिस कारण से भी बनी, उससे रामानंद स्वामी के कुछ स्त्री और पुरुष शिष्य विरोध कर अलग हो गए, जो सहजानंद से बुजुर्ग थे और उनसे काफी समय पहले से उद्धव संप्रदाय में थे। पर मुक्तानंद स्वामी नामक रामानंद स्वामी के एक शिष्य, जो सहजानंद से २२ वर्ष बड़े थे, उन्होंने विरोध नहीं किया, इसलिए सहजानंद को रामानंद स्वामी के शिष्यों की एक टोली ने अपने मुखिया के रूप में स्वीकार कर लिया । [१]

३. अब लोगों ने किसी का विरोध और अस्वीकार किया हो, इसलिए उसके समर्थकों द्वारा उसे ऊंचा और महान बताने के लिए जैसे अधिक कोशिशें होती हैं, वैसे ही सहजानंद को भगवान वि

ष्णु-नारायण-कृष्ण के और अधिक नाम दिए गए। सहजानंद को रामानंद स्वामी 'नारायण मुनि' कहते थे, ऐसा कहकर एक नाम 'नारायण मुनि' दिया गया। पद्मपुराण के एक श्लोक में भगवान विष्णु को नरनारायण स्वरूप में नारायण मुनि के नाम से संबोधित किया गया है, वे नारायण मुनि सहजानंद हैं, ऐसा दिखाने के लिए इस नाम का उपयोग किया जाता है। हरि, घनश्याम, नीलकंठ आदि नाम तो पहले से जोड़े ही गए हैं। लेकिन फिर भी सहजानंद को अपना नेता स्वीकार करने वाली टोली ने उन्हें अभी एक और नाम दिया; स्वामीनारायण। उस नाम का जन्म कुछ लोग सहजानंद की टोली के एक कवि निष्कुळानंद के काव्य 'यम-दंड' के माध्यम से किया गया मानते हैं, जहां नारायण मुनि में से सहजानंद को स्वामीनारायण कहा गया। [१]

दूसरी ओर, मूल गादी वडताल की पुस्तक पुरुषोत्तमलीलामृत सुखसागर : तरंग १३ के अनुसार, सहजानंद स्वामी ने स्वयं ही एक मीटिंग बुलाकर अपने समूह को कहा कि –

'नारायण नाम तो अनेक हैं जैसे सूर्यनारायण, विराटनारायण, लक्ष्मीनारायण, नरनारायण, वासुदेवनारायण आदि... सभी नारायणों में हम स्वामी (स्नेहयुक्त प्रदाता) हैं और नियंता हैं, इसलिए हमारा नाम 'स्वामिनारायण' है, इसका आज से सभी लोग भजन और जप करें।'

उसी समय सहजानंद स्वामी ने अपने संप्रदाय में कृष्ण भक्ति के लिए गाए जाने वाले 'कृष्ण कृष्ण', 'राधे कृष्ण', 'राधे गोविंद' आदि मंत्र बंद करवा दिए और अपने

इस 'स्वामिनारायण' नाम को ही सर्वोपरि मंत्र बताकर उसका ही कीर्तन करने को कहा। साथ ही कहा कि इस सर्वोपरि मंत्र के जप से सबसे ऊपर का सर्वोपरि धाम अक्षरधाम प्राप्त होता है। रामानंद स्वामी के उद्धव संप्रदाय से भगवान कृष्ण का नाम हटाने का यह पहला बड़ा पड़ाव था। कृष्ण को मूल ईश्वर बताते हुए स्वयं को कृष्ण दिखाना शुरू हुआ, और मंत्र केवल 'स्वामिनारायण' रह गया। इसलिए उनकी टोली स्वामिनारायण मंत्र के साथ सहजानंद को ही दृष्टि में रखने लगी। इस टोली को पहली शक्ति तब मिली जब दादा खाचर नामक एक काठी ज़मींदार को यह ठसाकर विश्वास दिलाया गया कि सहजानंद ही नारायण हैं, और उनकी जागीर के अंतर्गत १३-१४ गाँवों में सहजानंद को मानने की प्रथा बढ़ गई। लेकिन आज वही संप्रदाय के स्वामी इन काठी दरबारों के बारे में अपमानजनक बातें अपनी कथाओं में कहते हैं। दादा खाचर को सहजानंद स्वामी के अनुयायियों ने कैसे पाखंड और छल से अपने समूह में फँसाया उसके प्रसंग महर्षि दयानंद सरस्वती ने अपनी पुस्तक सत्यार्थ प्रकाश के ग्यारहवें समुल्यास में लिखे हैं। [५,६]

४. सहजानंद को मानने वाली यह पूरी टोली सन् १८०२ से १८१७ तक सनातन धर्म के लगभग प्रत्येक संप्रदाय से विरोध झेलती रही। रामानुज, माधवाचार्य और विष्णु मार्गी जैसे वैष्णव संप्रदाय से लेकर सूर्य उपासक, कूड़ापंथी, कबीरपंथी, शक्ति पूजक, जीवोपासक, जैन धर्मी और नास्तिक मार्गी – इन सभी हिंदू मतों ने इस टोली का विरोध किया। सबसे प्रचंड विरोध नागा बावाओं और गोरखनाथ पंथ के शैवों ने किया। [२,७] कई बार इन लोगों को जहाँ देखा वहीं मारने की घटनाएँ सामने आने लगीं। हिंदु समाज की ओर से और रामानंद स्वामी के अलग हो चुके शिष्यों की ओर से उनकी निरंतर प्रताड़ना और विरोध हुआ। अहमदाबाद के राजा पेशवा ने सहजानंद के अहमदाबाद आने पर प्रतिबंध लगा दिया। लेकिन उसी दौरान गुजरात के अंग्रेज़ प्रभाव वाले क्षेत्रों में सहजानंद स्वामी की अंग्रेज़ अमलदारों से अच्छी-खासी मुलाकात होती रही। [१]

शिक्षापत्री लिखने वाले ब्राह्मण शतानंद के लिखे सहजानंद के जीवन चरित्र सत्संगी जीवन के दूसरे प्रकरण के ३४ वें अध्याय में महाकाली, कालभैरव और शिव के उपासकों – जो सहजानंद और उनकी टोली का विरोध कर रहे थे – को असुर कहा गया है। ३४ वें अध्याय के पहले पाँच श्लोकों में लिखा है कि भगवान श्रीहरि (सहजानंद) का प्रताप सहन न कर पाने से असुर गुरु और राजा क्रोध से भर उठे और श्रीहरि को मारने की प्रेरणा दी। यह सन् १८०२ से १८१७ के समय की बात हो रही है जब अंग्रेज़ पेशवाओं को हराकर भारत पर अधिकार जमा रहे थे।

इस अध्याय के २५ वें श्लोक से सहजानंद स्वामी अपने भक्तों को अंग्रेज़ गवर्नर लॉर्ड माल्कम के आगमन के बारे में आश्वासन देना शुरू करते हैं। उसमें वे कहते हैं – 'तुम्हें दुःख देने वाले असुरों (सनातनी पंथ के गुरु और साधक) का विनाशकाल निकट आ गया है। तुम्हारा अपराध करने वाला शिव तुल्य शक्तिशाली भी हो तो भी परिवार सहित नाश हो जाएगा।' (२६-२७)

आगे ३१ वें श्लोक से कहा गया है – "हे संतों! तुम्हारे रक्षण के लिए भगवान के असाधारण संकल्प से वायु दिशा से इन असुर गुरु और राजाओं को शिक्षा देने वाला कोई राजा आएगा। वह भगवान रामचंद्रजी द्वारा किपुरुष खंड के अधिपति के रूप में नियुक्त वालिपुत्र अंगद के वंश में जन्मे पैगंबर ईसा (जिन्हें कुछ स्थानों पर 'ईशान' कहा गया है) का उपासक है, और छोटे राजाओं को वश में करने की कला में चतुर है।" (३२)

वह छह गुणों – संधि, विग्रह, यान, आसन, शरण, द्वैधीभाव में निपुण है। साम, दाम, दंड, भेद इन चार उपायों में और ऋण-लेनादि १८ प्रकार के व्यवहारों में भी निपुण है। (३४) स्वयं राजा होकर भी स्वर्ण आदि अलंकारों को त्यागकर तपस्वी जैसा वेश रखता है, अपने गुरु ईसा के कहे दस प्रकार के स्वधर्म का अच्छी तरह पालन करता है। (३७)

फिर ३८ से ४२ वें श्लोक में अंग्रेज़ों द्वारा पालन किए जाने वाले दस प्रकार के धर्म (ईसाइयों के Ten Commandments) बताए गए हैं –

१. ईसा के सिवा कोई अन्य देव नहीं – यह उनका पहला धर्म है।
२. समर्थ वही ईसा है, उसी से ही प्रेम करना।
३. असत्यवाद में कभी भी ईसा की सौगंध न लेना।
४. रविवार को रात्रि-दिन ईसा की आराधना करना और व्यवहारिक कार्य में अवकाश रखना।
५. माता-पिता को सदैव आदर देना।
६. किसी भी मनुष्य की हत्या न करना।
७. परस्त्री से व्यभिचार न करना।
८. किसी की कोई भी वस्तु चोरी न करना।
९. किसी की झूठी गवाही न देना।
१०. रिश्वत आदि से पराए धन को लेने की मन से भी कभी इच्छा न करना – यह उनका दसवाँ धर्म है। (३८-४२)

फिर सहजानंद द्वारा अपनी टोली को आज्ञा दी गई है – 'हे संतों! इस प्रकार

दस प्रकार के धर्मों का यथार्थ पालन करने वाला वह उत्तम राजा अधर्मियों को शिक्षा देकर तुम्हारा सर्व प्रकार से रक्षण करेगा। (४३) हे निष्पाप संतों! उस राजा का आगमन न हो तब तक तुम सभी लोग ऐसा वेश धारण करो कि कोई पहचान न सके। क्योंकि देशकाल के अनुसार आचरण करना भी एक प्रकार की शास्त्र की नीति-रूप धर्म ही है।' (४४) [२]

५. सहजानंद स्वामी के अपनी टोली को ऐसे आश्वासनों और अंग्रेज़ों से उनके संबंधों के बीच अंततः सन् १८१७ नवम्बर में पेशवा अंग्रेज़ों से हार गए, और गुजरात अंग्रेज़ों के हाथ में आया। फरवरी १८१८ में अंग्रेज़ों ने सहजानंद को अहमदाबाद बुलाया। जिस अंग्रेज़ अफसर ने सहजानंद को अहमदाबाद बुलाया वह एडविन आयरनसाइड था, जो सहजानंद से नौ वर्ष पहले अर्थात् १८०९ में खेड़ा में मिल चुका था जहाँ वह स्वयं मजिस्ट्रेट कार्यालय में था। आयरनसाइड ने सहजानंद को अहमदाबाद के कालूपुर में मंदिर बनाने के लिए भूमि और धन देने का प्रस्ताव रखा। सहजानंद ने वह प्रसन्नता से स्वीकार कर लिया। सन १८१९ में आयरनसाइड के जाने के बाद अहमदाबाद के कलेक्टर के रूप में जॉन एंड्रू डनलप आए, जिन्होंने कालूपुर में सहजानंद के समूह के मंदिर के लिए भूमि आवंटित करने की अनुमति ब्रिटेन से दिलाई और १८२० से वहाँ मंदिर निर्माण शुरू हुआ, जो १८२३ तक चला।

६. कलेक्टर एन्ड्रू डनलप ने कालूपुर मंदिर निर्माण काल के दो वर्षों में सहजानंद स्वामी के जीवन और कार्य पर एक रिपोर्ट तैयार की, जिसका नाम था 'हिन्दुओं का एक नया संप्रदाय (A new sect of Hindus)'। डनलप ने इस लिखित रिपोर्ट को सबसे पहले कलकत्ता की बिशप कॉलेज के पहले प्रिंसिपल बने विलियम हौज मिल के साथ साझा किया। कालूपुर मंदिर के उद्घाटन के चार महीने बाद, जब जून १८२२ में विलियम हौज मिल गुजरात यात्रा पर आए, तब डनलप ने उन्हें यह निबंध दिखाया। मिल ने इसे अपनी डायरी में नकल किया, जो अब ऑक्सफर्ड यूनिवर्सिटी की बॉडलियन लाइब्रेरी में सुरक्षित है। इस रिपोर्ट का १८२२ में विस्तृत संस्करण बॉम्बे कुरियर में अज्ञात रूप से प्रकाशित हुआ था, जिसे 'स्वामिनारायण हिन्दूवाद' पर अंग्रेज़ी में पहली कृति माना जाता है। विलियम हौज मिल की उसी डायरी में सहजानंद को हिन्दू शास्त्रों के अर्थ को शुद्ध कर हिन्दू-ईसाई एकता को जन्म देने वाले एक समाज सुधारक के रूप में वर्णित किया गया है। [१]

• **मध्यांतर (इंटरवल) :** इस प्रकार हिन्दू धर्म के सभी मान्य संप्रदायों, पंचदेव उपासकों तथा जैनों द्वारा विरोध और प्रताड़ना झेल रही सहजानंदी टोली को अंग्रेज़ों ने अहमदाबाद में एक मंदिर बनवाकर दिया और उसे हिन्दू धर्म का एक नया पंथ

कहकर पहचान दिलाने वाला पहला लेख प्रकाशित किया, जिससे उस टोली को अंग्रेज शासन के दबाव मे ये हुए हिंदु समाज में कुछ स्वीकृति मिली। उसके बाद अंग्रेज़ों ने उस नए पंथ को एक 'हिन्दू यीशु' का पंथ किस प्रकार बनाया, वह आगे समझते हैं।

७. सन् १८२३ में कालूपुर मंदिर का लोकार्पण किया गया, और उसके लिए अंग्रेज़ों ने ५० हजार लोगों की भीड़ एकत्र करके दी, जहाँ सहजानंद को हिन्दुओं में स्वीकृति दिलाने और मान्य हिन्दू संप्रदायों से बड़ा बनाने का प्रयास हुआ। सहजानंद को २०० से अधिक अंग्रेज़ सैनिकों की सुरक्षा दी गई जो हमेशा उनके साथ रहते थे। इस प्रकार, गुलाम हिन्दू समाज के सामने उन्हीं के द्वारा विरोध झेलने वाले व्यक्ति को अंग्रेज़ शासन ने प्रायोजित भगवान बनाकर खड़ा किया। उसे हिन्दुओं का एक नया पंथ कहा गया और गुलाम हिन्दू प्रजा को उसका राजसी दबदबा दिखाकर प्रभावित करने की कोशिश की गई। [१]

- **शिक्षापत्री का प्रपंच**

८. सन १८२५ में कलकत्ता से एक और पादरी बिशप हेबर गुजरात आए, और सहजानंद उनसे मिलने नडियाद आए। सहजानंद ने वड़ताल मंदिर, उसके बगल में सभागृह और अस्पताल निर्माण के लिए हेबर से पैसे मांगे। बिशप हेबर ने सहजानंद से उनके पंथ में ईश्वर की संकल्पना के विषय में प्रश्न पूछे। वहां सहजानंद ने कहा कि कृष्ण ईश्वर का वह प्राचीन अवतार है जिसकी उनका पंथ पूजा करता है, पर ईश्वर का या सूर्य का दूसरा अर्वाचीन (आधुनिक) अवतार उनमें (सहजानंद में) हुआ है। बिशप हेबर को अभी वह पूर्ण रूप से ईसाई स्वरूप जैसा नहीं लगा, क्योंकि वहां ईश्वर अवतार रूप में केवल एक ही बार और एक ही जीसस के स्वरूप में आए हैं। इसलिए हेबर ने मंदिर के लिए पैसे देने से मना कर दिया, पर सभागृह और अस्पताल के लिए पैसे देना स्वीकार किया। इस मुलाकात के बाद उसी साल सहजानंद ने वड़ताल मंदिर में राधा-कृष्ण की मूर्ति के बगल में आशीर्वाद देती मुद्रा में 'हरिकृष्ण महाराज' नाम से अपनी मूर्ति स्थापित की। आज के संप्रदाय के स्वामियों के कथनों और लेखों के अनुसार उस समय उन्होंने कहा कि जब लोग अपने इष्टदेव के दर्शन के लिए इस मंदिर में आएंगे तब यहाँ का संत मंडल उन्हें धीरे-धीरे सहजानंद के सर्वोपरि होने की बात में निष्ठा दिलाएगा।[१,३,९] दूसरे वर्ष सन १८२६ में सहजानंद ने ब्राह्मण शतानंद से शिक्षापत्री लिखवाई, क्योंकि सहजानंद को संस्कृत का ज्ञान उतना नहीं था। शिक्षापत्री उस समय वृहद गुजरात में व्याप्त वैष्णव पंथ में पूज्य माने जाने वाले वल्लभाचार्य रचित शिक्षापत्र की नकल समान थी। सहजानंद की शिक्षापत्री में वैष्णव शिक्षापत्र

के अनुसार ही कृष्ण को सर्वोपरि ईश्वर और पूर्णपुरुषोत्तम कहकर उन्हें मूल आराध्य माना गया था और साथ में पंचदेव उपासना करने को कहा गया था। साथ ही अन्य उपासना क्रियाकांड, उत्सव वगैरह भी वैष्णव जैसे ही रखे गए थे। पर वह बस गुजरात के हिंदू समाज में टिके रहने के लिए रखा गया एक बाहरी आवरण था, जिसके अंदर सर्वोपरि सहजानंद का खेल एक साल पहले ही रचा जा चुका था।

९. इस प्रकार, १८२५ से ईसाई यीशु जैसी एकमात्र सर्वोपरि ईश्वर की संकल्पना की सहजानंदी टोली में नींव डाली गई, और सनातन धर्म के तमाम वैदिक ईश्वरों को उस एकमात्र सर्वोपरि ईश्वर के नीचे उसके सेवक या विफल हुए अवतार के तौर पर लाना शुरू हुआ। उसके बाद सहजानंद की उस टोली के लोगों ने नई-नई पुस्तकें लिखना जारी रखा जिनमें सनातन धर्म के तमाम आराध्य देवी-देवताओं को नीचा दिखाती, उनका विकृत अपमान करती कथाएं लिखी गई। इन पुस्तकों में सनातन धर्म के वैदिक ईश्वर स्वयं ही हिंदुओं के सामने आकर खुद को सहजानंद का सेवक कहते हों और हिंदुओं को अपनी पूजा छोडकर सहजानंद की उपासना करने को कहते हों, वैसी कथाएं लिखी गई। सबसे अधिक आक्रमण और विकृत अपमान किया गया भगवान शिव का, जिनके शैव पंथी संन्यासियों और नागा साधुओं ने इस टोली का सबसे आक्रामक विरोध किया था । बस, तब से आज तक इस संप्रदाय में जो-जो फंसा है या जिसने प्रवेश किया है, वह उन्हीं विकृत कथाओं को हिंदू धर्म के शास्त्र मानता है, और उस हिंदू जीसस जैसे सहजानंद को सनातन धर्म का एकमात्र पूजने योग्य सर्वोपरि ईश्वर मानता है । मात्र सहजानंद को ही भगवान मानकर उन्हें ही पूजने योग्य और अन्य वैदिक ईश्वरों को सहजानंद का सेवक मानने वाले उन अनुयायियों को 'सत्संगी' कहा जाता है । जबकि सहजानंद के अलावा अन्य किसी भी हिंदू या गैर-हिंदू ईश्वर की पूजा करने वाले को उस संप्रदाय के 'कुसंगी' कहा जाता है। असल में वे सब अंग्रेजों द्वारा रचे गए सनातन धर्म विरोधी षड्यंत्र के पीड़ित हैं।

- **मुख्य प्रपंच – कृष्ण से पुरुषोत्तम अलग करना, और विष्णु से नारायण अलग करना**

१०. लोग कहते हैं कि सहजानंद स्वामी ने जो मंदिर बनाए वे कृष्ण मंदिर ही थे। शिक्षापत्री में कृष्ण को ही आराध्य देव कहा गया है आदि। लेकिन उसमें एक बहुत बड़ा प्रपंच है। सहजानंद द्वारा स्थापित सभी मंदिरों में कहीं भी भगवान विष्णु का नाम नहीं है, प्रत्येक मंदिर में 'नारायण' नाम से ईश्वर है, क्योंकि उन्होंने उन सभी मंदिरों के निर्माण के पन्द्रह वर्ष पहले ही स्वयं को 'स्वामिनारायण' नाम दे दिया था।

और चूँकि विष्णु पंचदेव में हैं, इसलिए 'नारायण' नाम को विष्णु से अलग करने की चाल उनकी टोली में सक्रिय थी। दूसरी ओर यही कार्य उन्होंने वैष्णव दर्शन में विकृति लाने के प्रयास में भगवान कृष्ण के साथ किया।

सनातन धर्म और वैष्णव मार्ग में भगवान कृष्ण विष्णु के पूर्ण अवतार हैं, इसलिए उन्हें पंचदेव में से एक विष्णु रूप में सीधे परमेश्वर कहा जाता है, और उनके साथ विष्णु के लिए प्रयुक्त 'पुरुषोत्तम' शब्द जोड़कर 'पूर्णपुरुषोत्तम' भी कहा जाता है। सहजानंदी टोली में भगवान कृष्ण का महिमामंडन केवल उनसे यह 'पूर्णपुरुषोत्तम' पद छीनने के लिए गाया गया है।

११. सहजानंदी टोली भगवान कृष्ण को एक सीढ़ी (लाठी/निसरणी) की तरह प्रयोग करती है। पहले भगवान कृष्ण को सर्वोच्च ईश्वर, पूर्णपुरुषोत्तम और अक्षरधाम (अविनाशी धाम रूप में वैकुण्ठ) के अधिपति कहती है, और फिर कहती है कि सहजानंद ही कृष्ण हैं। इसकी स्पष्टता देते हुए आगे कहती है कि वह पुरुषोत्तम परमेश्वर का प्राचीन अवतार कृष्ण है और आधुनिक अवतार सहजानंद है। इस तरह कृष्ण को सीढ़ी बनाकर सहजानंद को शीर्ष पर चढ़ाया जाता है, और फिर उस सीढ़ी रूपी कृष्ण को फेंककर सहजानंद के नीचे कर दिया जाता हैं।

वह शिक्षापत्री उनकी मूल नियत नहीं है, वह तो केवल एक षड्यंत्र की शुरुआत है, जिससे हिन्दुओं के बीच रहा जा सके और आगे चलकर उन्हें भटकाकर ठगा जा सके। आगे यह टोली कहती है कि वह पुरुषोत्तम परमेश्वर सहजानंद स्वयं हैं, और आजतक के सभी अवतार सहजानंद के ही थे। इसलिए यह बार-बार कहा जाता है कि सहजानंद सर्वोच्च हैं, और वे अवतार नहीं, बल्कि सभी अवतारों के अवतारी हैं। राम, कृष्ण जैसे उनके पूर्व अवतार हिन्दू समाज को यीशु जैसे एकमात्र ईश्वर पर आधारित ईसाई और इस्लाम जैसे एकान्तिक धर्मों में नहीं ढाल पाए, इसलिए सहजानंद को उस एकमात्र सर्वोच्च ईश्वर रूप में अवतरित होना पड़ा। [४] बिल्कुल वैसे ही जैसे यीशु को ईश्वर का राज्य स्थापित करने आना पड़ा था। जैसे यीशु को दीक्षा देने वाले जॉन द बैप्टिस्ट के लिए कहा जाता है कि उन्होंने मुख्य ईश्वर के लिए मार्ग तैयार किया, वैसा ही रामानंद स्वामी के लिए इस सहजानंदी टोली में कहा जाता है। बहुत समानता है, बस हिन्दू समाज को धोखा दिया गया है 'नारायण' नाम और भगवें वस्त्रों तथा तिलक के प्रपंच से।

१२. **अक्षरधाम का पाखण्ड:** 'अक्षरधाम' – इस नाम का सनातन धर्म के शास्त्रों में कोई धाम नहीं है। 'अक्षर' शब्द वेदों से पुराणों तक चलता आया है, जिसका अर्थ है अविनाशी। यह शब्द हर जगह विशेषण के रूप में प्रयुक्त हुआ है।

ब्रह्मरूपी परमात्मा ही एकमात्र अविनाशी है, शेष सब नाशवान हैं- यह दिखाने के लिए 'अक्षर ब्रह्म' शब्द आया है। इसी प्रकार भगवान कृष्ण गीता के अक्षर ब्रह्म योग अध्याय में अपने उस मूल अक्षरब्रह्म स्वरूप को निराकार अव्यक्त रूप कहते हैं, और उसे अपना मूल परमपद कहते हैं। अर्थात् साकार रूप में प्रकट हुए वे असल में अविनाशी अव्यक्त ब्रह्म हैं।

इसी प्रकार विष्णु पुराण में भगवान विष्णु के वैकुण्ठधाम को और शिव पुराण में काशी को 'अक्षर' अर्थात् 'अविनाशी' कहा गया है। अर्थात् सृष्टि के विनाश के बाद भी वह धाम बना रहता है क्योंकि वहाँ परमात्मा स्वयं अव्यक्त अविनाशी ब्रह्म स्वरूप में निवास करते हैं। यानी सृष्टि का विलय हो जाने के बाद अविनाशी अव्यक्त ब्रह्म का जो एकमात्र स्थान रहता है, उसे विष्णु पुराण में विष्णु का वैकुण्ठ और शिव पुराण में शिव की काशी कहा गया है। इस प्रकार अक्षर वैकुण्ठ और अक्षर काशी रूप में 'अक्षर' शब्द केवल विशेषण के रूप में हिन्दू शास्त्रों में प्रयुक्त हुआ है। 'अक्षरधाम' ऐसा कोई शब्द प्रयुक्त नहीं हुआ, न ही वैकुण्ठ और काशी से अलग 'अक्षरधाम' नाम का कोई अलग धाम हिन्दू शास्त्रों में है।

लेकिन सहजानंद की टोली ने उनकी जीवितावस्था में ही पहले 'अक्षर' शब्द को सीधे 'धाम' से जोड़कर 'अक्षरधाम' नाम का एक सर्वोच्च धाम दिखाया, जिसे पहले कृष्ण का अक्षरधाम कहा गया, और कृष्ण को अक्षरधाम का अधिपति कहा गया। और फिर, कृष्ण को सीढ़ी की तरह प्रयोग कर सहजानंद को ऊपर चढ़ाकर अक्षरधाम का अधिपति बना दिया गया, और कृष्ण को सहजानंद का असफल अवतार दिखाया गया, जो अपनी असफलता के कारण अक्षरधाम से नीचे स्तर के नरक-तुल्य वैकुण्ठ में फँस गए। [४,८]

१३. यह संप्रदाय हिन्दू सभ्यता और सनातन धर्म के आध्यात्मिक स्वरूप पर सबसे बड़ा संकट है, और यह उस मूर्खतापूर्ण विचार पर एक तमाचा है कि सनातन धर्म और हिन्दू संस्कृति भगवा वस्त्रों और तिलक-चिह्न जैसे बाहरी रूपों में है। क्योंकि भगवा वस्त्र और तिलक-चिह्न के बिना भी अनेक लोग, महापुरुष हिन्दू अध्यात्म से भरे हुए हैं और उन्होंने समय-समय पर हिन्दू अध्यात्म की रक्षा की है। हिन्दू सनातन धर्म का निराकार ॐ से लेकर साकार पंचदेव तक का शास्त्र और उपास्य देव ही हिन्दुत्व है। और उसी स्वरूप के पीछे जिया जाने वाला जीवन हिन्दू सभ्यता है। यह संप्रदाय भारत भूमि पर हिंदु समाज और सनातन धर्म के साथ वही करने की कोशिश है, जो आज से चौदहसों वर्ष पूर्व आरब के प्राचीन धर्म पर अल्लाह नामक एकमात्र सर्वोपरि ईश्वर थोपकर की गई थी। यह उसी तरह वैदिक आराध्य देवों की उपासना नष्ट करके

पूरे सनातन धर्म को इस्लाम और इसाइयत जैसे एकमात्र ईश्वर के पीछे चलते पंथ मे अंदर से तब्दील कर देने की कोशिश है।

- **संदर्भ पुस्तकें (ऊपर के लेखन में बड़े कोष्ठक [ ] में दिए गए अंक नीचे की पुस्तकों और वीडियो के संदर्भ सूचक हैं)**

१. An Introduction of Swaminarayan Hinduism by Raymond Brady Williams, Chapter 1

पीडीएफ लिंक : https://drive.google.com/file/d/1uLZOTV2IfX cWOAm9i-7aTLpPGay_-DBY/view?usp=sharing

२. शतनंद कृत सत्संगी जीवन, अध्याय ३४

पीडीएफ लिंक : https://drive.google.com/file/d/1jPtU2hhcktyy22Ljmgrp7EWLXWyDQHZ/view?usp=drive_link

३. BAPS का सहजानंद चरित्र

४. अक्षरानंद स्वामी की बातें, कुंडलधाम

५. श्री स्वामिनारायण महामंत्र महिमा

६. पुरुषोत्तमलीलामृत सुखसागर : तरंग 13

७. श्री हरिलीलासुधाकर, जेटलपुर-कालूपुर शाखा

८. अक्षरपुरुषोत्तम उपासना, BAPS

९. वीडियो लिंक :
https://drive.google.com/file/d/11oFph4ZaYDWN8hfQK-18C7revM-2rjbyM/view?usp=drivesdk

अनुक्रम

प्रकरण - १

सनातन धर्म और उसके उपास्य देव

प्रस्तावना में जिस सनातन धर्म के विरुद्ध एक षड्यंत्र के इतिहास से हम परिचित हुए, उसके प्रपंच को पूरी तरह जानने से पहले हमें यह जान लेना चाहिए कि हमारा वह सनातन धर्म क्या है? कौन हैं हमारे सनातन धर्म के नारायण और कृष्ण? कौन हैं हमारे सनातन धर्म के शास्त्रोक्त उपास्य देव, जिन्हें हम परमात्मा मानकर अपना इष्ट कहते हैं? हमारे सच्चे शास्त्र कौन-से हैं, और उनमें क्या कहा गया है? विष को जानने से पहले अमृत को जान लें। कीचड़ की गंदकी को खोदने से पहले सात्विक, सुंदर सत्य में अपने पैर स्थिर कर लें। आइए, पहले सत्य जान लें, फिर असत्य के प्रपंच की यात्रा पर निकलेंगे ।

• सनातन धर्म क्या है ?

(वर्तमान पत्र 'लोकसत्ता जनसत्ता' की 'सनातन' पूर्ति में 'धर्म और तत्त्व' कॉलम के अंतर्गत लिखा गया लेख /12 दिसंबर, 2024/ लेखक - डॉ. कौशिक चौधरी)

यह समस्त संसार जो अनेक ब्रह्माण्डों से बना है वह एक व्यवस्था के अनुसार चलता है, जिसे वेदों में 'ऋत' कहा गया है। उसी 'ऋत' शब्द से हमारा 'ऋतु' शब्द आया है। जैसे ऋतुएँ एक के बाद एक अपने आप बदलती रहती हैं और एक नियमित, संतुलित व्यवस्था चलती है, वैसे ही पूरे ब्रह्माण्ड में (सही शब्द सृष्टि है, क्योंकि ब्रह्माण्ड अनेक हैं) एक व्यवस्था (order) चलती है जिससे तारें, ग्रह, आकाशगंगाएँ और अन्य अन्तरिक्षीय पदार्थ तथा समस्त जड़-चेतन प्रकृति निश्चित कर्म के सिद्धांत के अनुसार संतुलन बनाए रखती है। इस संतुलन बनाये रखने की व्यवस्था को कहा जाता है ऋत। ऋग्वेद में बार-बार यह शब्द आता है, और उसमें ऋत का पालन करने

को कहा गया है। समस्त सृष्टि का नियमन रखने वाली उस 'ऋत' नामक व्यवस्था का पालन करके चलना ही 'धर्म' कहलाता है। आप उस व्यवस्था से अलग भी आचरण कर सकते हैं, पर उसमें आपका संतुलन बिखर जाएगा; समस्त सृष्टि के विपरीत मार्ग पर होने के कारण उसमें आपकी उन्नति नहीं होगी, और एक समय बाद विनाश होगा। इसलिए आदर्श बताया गया है कि उस ऋत को धारण करके जीना ही इस सृष्टि में उन्नति का मार्ग है। इसी कारण 'धर्म' शब्द आया, जिसका अर्थ है (ऋत को) धारण करना—उससे विपरीत न होना।

यह ऋत नामक व्यवस्था समस्त सृष्टि की उत्पत्ति करने वाले कारण, अर्थात् ब्रह्म की चेतना से निर्मित है। उसी ब्रह्म चेतना को 'सत' कहा गया है। इसलिए ऋत की यह व्यवस्था सत के साथ उत्पत्ति काल से चलती आ रही है। वह उत्पत्ति काल से पहले भी थी और आगे भी सदैव रहेगी। जो हुआ है, हो रहा है और होने वाला है वह इस ऋत नामक व्यवस्था के अनुरूप ही होगा; अर्थात् इसका न कोई आरम्भ है न अंत। वह व्यवस्था सदा है—अर्थात् वह सनातन है। इसलिए उस व्यवस्था को धारण करने वाला धर्म भी सनातन कहा जाता है। उसका भी न आरम्भ है न अंत। एक प्रकार से इस समस्त सृष्टि में धर्म का अर्थ है उस ऋत का अनुकरण करना। इसके अलावा इसका कोई अन्य अर्थ नहीं है। इसलिए कहा जाता है कि धर्म जो है वह तो सनातन है, संसार में कोई दूसरा स्थायी धर्म नहीं है। बाक़ी सब जो कुछ है वह संप्रदाय हैं। यह कहना कि वह सनातन धर्म हमारा है—यह भी ठीक नहीं; सही कथन यह है कि हम उस सनातन धर्म के अनुयायी हैं। इसलिए शंकराचार्यजी अपने प्रवचनों में 'सनातनियों' शब्द का प्रयोग नहीं करते; वे कहते हैं—'सनातन धर्मावलम्बी', अर्थात् जिसने सनातन धर्म का आलम्बन स्वीकार किया है।

अब यह ऋत नामक व्यवस्था जो सृष्टि में चल रही है वह सृष्टि ब्रह्म नाम के एक ईश्वरीय तत्व से व्याप्त है। वह ईश्वरीय तत्व मूलतः निराकार है, निर्गुण है और अव्यक्त है। पर वह धीरे-धीरे विभिन्न सर्जनों के द्वारा आकार धारण करता है, विभिन्न गुणों में प्रकट होता है और अंततः गुणों से ऊपर उठकर गुणातीत अवस्था में स्वयं को व्यक्त भी करता है। वेद, उपनिषद और छह दर्शन तक ब्रह्म नामक वह ईश्वरीय तत्व निराकार रहता है, पर वह निर्गुण से सगुण और अव्यक्त से व्यक्त रूप में आ जाता है। वेदों में तेंतीस कोटि देव ब्रह्म की विभिन्न गुण-शक्तियों को व्यक्त करते हैं; वे सगुण हैं, पर वे निराकार की ही अभिव्यक्ति हैं। इस प्रकार वेदों के देव निराकार के रूप में सगुण हैं—वे निर्गुण नहीं हैं। वे सगुण हैं और वेद मंत्रों से उनका आह्वान किया जाता है, एक तरह की निराकार शक्ति के रूप में। किन्तु वेदों के अंतिम भाग में, अथर्ववेद

आदि में यंत्र रूप में वह निराकार ईश्वर की साकार उपासना का मार्ग आ जाता है।

और इसलिए उन्ही वेदों का संपादन करनेवाले, दर्शनों मे अंतिम और शीर्ष वेदान्त दर्शन लिखनेवाले महर्षि वेद व्यास जब महाभारत और अठारह पुराणों की रचना करते है, तब वे उसी सगुण निराकार ईश्वर को साकार रूप में भी प्रस्तुत करते हैं। वहाँ वह ब्रह्मज्ञानी अनुभवी ऋषि यह बुद्धि अपनाते हैं कि जो निराकार ईश्वरीय तत्त्व इस सृष्टि को चला रहा है वह किसी एक ही साकार रूप में कैद न हो जाए। इसलिए वेदों में आराध्य बताए गए तेंतीस देवों में से पाँच देवों को सर्वोच्च परमात्मा के रूप में स्थापित किया गया—इन्हें पंचदेव कहा जाता है: विष्णु, शिव, शक्ति (देवी), सूर्य/ब्रह्मा और गणेश। प्रत्येक के स्वतंत्र पुराण लिखे गए हैं जिनमें उनके परब्रह्म/परमात्मा रूप में स्वतंत्र महत्व को दिखाया गया है।

पंचदेव रूप में निराकार ईश्वरीय शक्ति और लक्षणों को अलग-अलग व्यक्त किया गया है, ताकि मनुष्य किसी एक आकृति में ईश्वर को साकार मानकर उसकी गुलामी में कैद न हो। जब वह किसी एक को सर्वोच्च मान लेता है तो उसके दृष्टि में अन्य पुराणों के अन्य स्वरूपों की महत्ता भी बनी रहे; वह केवल एक आकृति में जमने न पाए। अन्ततः उसे ज्ञात हो कि इन पाँच रूपों में सृष्टि के मूल निराकार ईश्वर की पूर्णता व्यक्त हुई है। किसी एक रूप में उसे समेटने से दो हानि होतीं—एक तो विभिन्न शक्तियों का महत्व प्रभावी रूप से उभरकर नहीं आता; सभी शक्तियाँ केवल शब्द बनकर रह जातीं और वह आकृति प्रधान हो जाती; और दूसरा, मनुष्य उन गुणों-शक्तियों की प्रेरणा से अलग होकर एक साकार रूप में अपना अहंकार आरोपित करते हुए विश्व पर उस साकार रूप को थोपने निकाल पड़ता। बिल्कुल वैसा ही जैसा हम देसी-विदेशी गैर-सनातनी संप्रदायों में देखते हैं।

इसी कारण सनातन धर्म में पंचदेव उपासना को ही केंद्रीय स्थान दिया गया। पंचदेव में से किसी एक को मनूसी अपनी स्थिति और प्रकृति के अनुसार सर्वोच्च स्वरूप माने, और बाकी चार रूपों को उसके अंश माने—ताकि सदैव यह दृष्टि बनी रहे कि कोई एक साकार रूप संपूर्ण नहीं है; ये सभी रूप जो निराकार ईश्वरीय ऊर्जा को व्यक्त करते हैं, वही मूल निराकार ईश्वरीय तत्त्व ली संपूर्णता है। और वह तत्व यहाँ-वहाँ-सर्वत्र है। हमारा आत्मा भी वही है। और इसलिए हमें इन मे से किसी साकार रूप को सृष्टि में कहीं आकृति रूप में प्रगट देखने की लालसा नहीं करनी चाहिए। हमें अपने आत्मा में उनकी दिव्यता प्राप्त कर उनकी स्थिति में विकसित होना है, और अन्ततः उस निराकार ब्रह्म में मिलकर अव्यक्त हो जाना है—यही मोक्ष है। वेदों, उपनिषदों से लेकर छः दर्शनों मे ब्रह्मसूत्र तक पहुँचने पर यही निष्कर्ष और उपदेश

सामने आता है। यही उपदेश पुराणों में भी पंचदेव उपासना के रूप में दिया गया है।

पंचदेव की शक्तियाँ और महत्ता इस प्रकार हैं :

विष्णु – सर्वव्यापक देव, जो संसार में ऋत की व्यवस्था बनाए रखकर उसका रक्षण करते है। अर्थात् धर्म को कायम रखते है।

शिव – योगी रुद्र जो मनुष्य को योग द्वारा अपने आत्मा को अनुभव करना सिखाते हैं, और द्रश्य संसार से वैराग्य दिलाते हैं। इसलिए कल्प के अन्त में सृजन के विनाश के लिये निराकार ब्रह्म यह रूप धारण करता है।

शक्ति – मनुष्य में रहने वाली वह सुषुप्त शक्ति जो योग द्वारा जाग्रत होकर मनुष्य को निराकार ब्रह्म की शक्तियों से जोड़ती है। यही एक मनुष्य को देव बनाती है। इसलिए यह वह शक्ति है जो विष्णु को विष्णु बनाती है, रुद्र को शिव बनाती है।

सूर्य/ब्रह्मा – वह निराकार ईश्वरीय शक्ति को इस तरह उपयोग में लाते है कि ब्रह्माण्ड में सृजन हो सके। वही जड़-चेतन सृष्टि की माया रचनेवाले रचयिता है।

गणेश – निराकार ब्रह्म में स्थित वह एक भावात्मक शक्ति है जो आप पर अनुग्रह करती है, कृपा दृष्टि डालती है। आप सत्य तक पहुँचने की यात्रा में जो-जो पड़ाव चढ़ते हैं, वहां वह आपके लिए मार्ग सुगम और निर्विघ्न बनाने का प्रयत्न करते है। आपको विकसित करने की राह में आपका ध्यान रखने का कार्य वह करते है।

इन पाँच रूपों में हमारी वह निराकार ईश्वरीय शक्ति कार्य कर रही है, और हमें उससे एकाकार होना है—क्योंकि हम वही हैं। यह शरीर बस एक क्षणिक धारण किया हुआ वस्त्र है जिसे हमें समय-समय पर छोड़ना पड़ता है, जब तक कि हम अपने उस निराकार, अव्यक्त ब्रह्म स्वरूप में पुनः स्थित न हो जाएँ। यही सनातन धर्म का मूल स्वरूप है।

• सनातन धर्म के शास्त्रों में विष्णु - नारायण

(वर्तमान पत्र 'लोकसत्ता जनसत्ता' की 'सनातन' पूर्ति में 'धर्म और तत्त्व' कॉलम के अंतर्गत लिखा गया लेख /१६ मई, २०२४/ लेखक - डॉ. कौशिक चौधरी)

सनातन धर्म की शुरुआत चार वेदों से होती है जो क्रमवार लिखे गए हैं: ऋग्वेद, यजुर्वेद, सामवेद और अथर्ववेद। प्रत्येक वेद चार प्रकार के ग्रंथों के समूह से बना होता है, जो भी क्रम में आते हैं—संहिता, ब्राह्मण ग्रंथ, आरण्यक और उपनिषद। इन चार प्रकार के ग्रंथों से मिलकर एक वेद बनता है। सबसे पहला ग्रंथ है ऋग्वेद जिसका

संहिता भाग सबसे बड़ा है। यह पृथ्वी पर सबसे प्राचीन ग्रंथ है और भारतीय सनातन सभ्यता की शुरुआत है। इसमें तेंतीस प्रकार के देवों की पूजा या यज्ञों द्वारा आह्वान के साथ भारत के धर्म की शुरुआत होती है। इन तेंतीस देवों में बारह आदित्य अर्थात् सूर्य से संबंधित देव, आठ वसु, ग्यारह रुद्र, दो अश्विनी कुमार और एक देवी हैं। चूँकि सूर्य आदित्य और वसु दोनों में आते हैं, इसलिए सामान्यतः मिलकर एक देवी समेत तेंतीस देव बनते हैं। ऋग्वेद में कुल दस मंडल हैं और प्रत्येक मंडल में भिन्न-भिन्न संख्या में सूक्त हैं। प्रत्येक सूक्त कुछ मंत्रों का बना होता है। प्रत्येक सूक्त किसी निर्दिष्ट देव के आह्वान हेतु किसी निर्दिष्ट ऋषि ने किसी निर्दिष्ट छंद में रचे हुए मंत्रों से बना होता है। उस ऋषि, देव और छंद का नाम प्रत्येक सूक्त की शुरुआत में लिखा होता है।

ऋग्वेद के प्रथम मंडल के प्रथम सूक्त का प्रथम श्लोक अग्नि के आह्वान के लिए है। अग्नि सहित पंचमहाभूतों के देव—पृथ्वी, वायु, वरुण, आकाश और इसके अतिरिक्त सूर्य, चंद्र और नक्षत्र—इन्हें आठ वसु कहा जाता है। उनके आह्वान के अपने-अपने सूक्त हैं। इसी तरह बारह आदित्य के भी सूक्त हैं, जिनमें विवस्वान, आर्यमान, त्वष्टा, सावित्र, भग, धत, मित्र, वरुण, अम्सा, पुषन्, इन्द्र और अन्त में विष्णु हैं। कुछ गलत धारणाएँ हैं कि बारह आदित्य का अर्थ बारह सूर्य या सूर्य के बारह नाम हैं; परन्तु असल में आदित्य वह देव है जो सबसे तेजस्वी है और सूर्य को आधार बनाकर सूर्य के तेज के पीछे छिपे उस और भी अधिक मूल तेजस्वी स्रोत तक ले जाता है। जैसे विवस्वान आज के सूर्य का नाम है, तो वह वही सूर्य है जिसे हम देखते है; पर इन्द्र वह आदित्य है जो विद्युत् और वर्षा से जुड़ा है और ऋग्वेद में मानवों के साथ सीधे जुड़कर बार-बार उनकी रक्षा करता है—इसलिए ऋग्वेद में इन्द्र के लिए सर्वाधिक आह्वान वाले सूक्त मिलते हैं। आर्यमान वह आदित्य है जो हमारी समग्र आकाशगंगा में भ्रमण करता है; वह सुबह से दोपहर के बीच के सौर समय का तेज है; वह घोड़ों का रक्षण करने वाला और विवाह जैसे अवसरों में विधियों को सफल कर देने वाला देव है। भग भाग्य को चमकाने वाला है, तो धत् स्वास्थ्य प्रदान करने वाला आदित्य है। सावित्र सूर्योदय से पहले सुप्त रहती सूर्य की मूल शक्ति का देव है; मित्र सुबह के संध्या समय का तेज है जो सिद्धांतों, संधियों, नियमों और सत्य के रक्षक देव हैं; वरुण सायंकाल की संध्या का तेज है। पुषन् यात्रा के दौरान रक्षण देने वाला आदित्य है।

पर इन सब में से विस्तृत आदित्य है—अन्तिम आदित्य 'विष्णु'। ऋग्वेद के प्रथम मंडल के २२ वें सूक्त के १६ से २१ वें श्लोकों में पहली बार विष्णु का उल्लेख आता है और वहीं विष्णु की व्याख्या की गई है। वह जो सर्वत्र व्यापक है वही विष्णु है। उन सभी तेंतीस देवताओं में यह एकमात्र देव है जिसे कहा गया है कि वह सर्व

स्थानों पर सूर्य के तेज के समान फैला हुआ है, और वही सब लोकों को धारण करता है। वह मनुष्यों की सहायता में इन्द्र का श्रेष्ठ मित्र है; उसके तीन चरणों में पृथ्वीलोक, द्युलोक और अन्तरिक्ष समाये हुए हैं। इस प्रकार, यद्यपि इन्द्र और अन्य देवों के लिए ऋग्वेद में अधिक सूक्त हैं, परन्तु सर्वव्यापी देव और सबसे मूलभूत शक्ति के रूप में विष्णु का महत्व उसी प्रकार स्पष्ट होता है जैसे महाभारत में कुरुवंशियों के मध्य श्रीकृष्ण का वर्णन और उनकी उपस्थिति दिखती है।

प्रथम मंडल में आगे १५४ वें सूक्त के रूप मे विष्णु सूक्त है, जिसमे विष्णु का यश वर्णित है जो आगे १५५ और १५६ वें सूक्त तक विष्णु का यश गाते है। पुनः सप्तम मंडल के ९९ और १०० वें सूक्त में सर्वव्यापी देव के रूप में विष्णु का यशगान और आह्वान मिलता है। और फिर ऋग्वेद का संहिता भाग पूरा होता है, और ऋग्वेद के ब्राह्मण भाग के रूप में ऐतरेय ब्राह्मण का पहला ही श्लोक आता है—'अग्नि देवों में सबसे नीचे और विष्णु देवों में सबसे उच्च है। बाकी सभी देव उन दोनों के बीच हैं।' (ऐतरेय ब्राह्मण 1.1.1)

इस प्रकार, ऋग्वेद के संहिता भाग में जिसे केवल पांच सूक्त ही मिले थे, वह विष्णु बीच-बीच में सर्वव्यापी देव के रूप में प्रस्तुत होते हुए ब्राह्मण भाग के पहले श्लोक में सबसे उच्च देव के रूप में स्थापित होते है। और इसके बाद रचित यजुर्वेद की कृष्ण यजुर्वेद शाखा की तैत्तिरीय संहिता में भी विष्णु को इसी प्रकार सर्वदेवों में सर्वोच्च और सभी यज्ञों का केन्द्र कहा गया है। यहाँ तैत्तिरीय संहिता में जहाँ-जहाँ "विष्णु" नाम आया है, वहाँ के पूर्ण अनुवाद (भाव सहित) प्रस्तुत हैं :

१. "हे विष्णु, तू हमारा रक्षण कर। जैसे तेरे कदमों से तू लोक में व्याप्त हुआ है, वैसे हमें सर्व दिशाओं से सुरक्षा दो।" (१.२.२-१.२.२३)

२. "विष्णु ने तीन बार चरण बढाए; तीन कदमों में उनहोंने संपूर्ण जगत को नापा। उनकी इस गति से जगत सुरक्षित हुआ।" (१.२.१३-१.२.१४)

३. "विस्तृत कदम बढ़ाओ, हे विष्णु! हमें विशाल स्थान दो। हमें जीवन और यज्ञ में पर्याप्त अवकाश और समृद्धि प्रदान करो।" (१.३.३-१.३.४)

४. "यह कर्म (यज्ञ का चरण) विष्णु का पैर है। इस पैर में विष्णु की गति और उनका व्याप समाहित है।" (१.६.६-१.६.७)

५. "अग्नि और विष्णु को हम ग्यारह आहुति अर्पित करते हैं। अग्नि देवताओं का मुख है और विष्णु स्वयं यज्ञ का स्वरूप है।" (२.२.९)

६. "अग्नि और विष्णु को हम यह आहुति अर्पित करते हैं ताकि दीर्घकाल से

चली आ रही बीमारी दूर हो जाए। वे हमारे स्वास्थ्य और आयु के रक्षक हैं।" (२.३.११)

७. "विष्णु ही यह यज्ञ है। जो अर्पण हम करते हैं वह विष्णु तक ही पहुँचता है। समस्त यज्ञ-विधि विष्णु में ही समाहित है।" (३.१.१०-३.१.११)

८. "तू विष्णु का पैर है, जो शत्रुओं को हराता है और बैर-भाव दूर करता है।" (४.२.१)

९. "हे अग्नि और विष्णु! ये हमारे गीत और स्तुतियाँ तुम्हें प्रसन्न करें। हम तुम्हारी कृपा और आशीर्वाद चाहते हैं।" (४.७.१)

१०. "सोम यज्ञ में अग्नि समस्त देवताओं का स्वरूप है, और विष्णु स्वयं वह यज्ञ है। हम इस आहुति द्वारा अग्नि और विष्णु दोनों की पूजा करते हैं।" (५.५.१)

११. "हे अग्नि और विष्णु! पुनः हम अपने भजन और गीत तुम्हें अर्पित करते हैं। यह यज्ञ तुम्हें आनन्दित करे और हमें कल्याण दे।" (५.७.३-५.७.४)

इस प्रकार तैत्तिरीय संहिता में "विष्णु" को सदा यज्ञ का केन्द्र माना गया है—कभी रक्षक, कभी त्रिविक्रम (त्रिविक्रम के रूप में चरणों द्वारा जगत नापने वाला), और कभी स्वयं यज्ञ स्वरूप। इस प्रकार की संहिता के पश्चात् प्रत्येक वेद में ब्राह्मण ग्रंथ आता है, और उसके बाद आरण्यक और उपनिषद्। कृष्ण यजुर्वेद के तैत्तिरीय आरण्यक में नारायण सूक्त आता है, जिसमें सर्वव्यापी, सर्वोच्च विष्णु को परमात्मा के रूप में नारायण कहा गया है। तैत्तिरीय आरण्यक के दसवें प्रपाठक को महानारायण उपनिषद कहा गया है। उस महानारायण उपनिषद के १३ वें अध्याय में नारायण सूक्त आता है, जिसमें ऋग्वेद और यजुर्वेद की तैत्तिरीय संहिता में विष्णु के लिए कही गई सारी बातें नारायण नाम से कही गई हैं। कुछ संस्करणों में इस नारायण सूक्त में ही विष्णु गायत्री मंत्र समाहित है, जो अलग-अलग संस्करणों में अलग-अलग श्लोक संख्याओं के साथ आता है।

विष्णु गायत्री श्लोक कहता है —

ॐ ना॒रा॒य॒णाय॑ वि॒द्महे॑ वासुदे॒वाय॑ धीमहि । तन्नो॑ विष्णुः प्रचो॒दया॑त् ॥

अर्थात् —

हम नारायण का ध्यान करें, वासुदेव का चिंतन करें, वे भगवान् विष्णु हमें सद्बुद्धि की ओर प्रेरित करें ।

वासुदेव का अर्थ है सर्वत्र विद्यमान देव जो आठ वसुों के पूज्य देव हैं। यह

श्लोक भगवान विष्णु के नारायण एवं वासुदेव रूप में यशगान कर उन्हें ऋग्वेद के विष्णु के रूप में परिचित कराता है। यही विचार यजुर्वेद से आगे बढ़कर अथर्ववेद में, अथर्वशीर्ष उपनिषद के रूप में स्थापित होता है, जहाँ प्रथम बार पंचदेव उपासना का शास्त्रोक्त स्वरूप मिलता है। गणपति, विष्णु, शिव, शक्ति और सूर्य—ये पाँचों स्वरूपों के अपने-अपने अथर्वशीर्ष हैं, और वे अथर्ववेद के उपनिषद रूप में स्थापित हैं। विष्णु अथर्वशीर्ष में स्थापित किया गया है कि विष्णु ही नारायण है और नारायण विष्णु का एक अन्य नाम है। उसके बाद रामायण, महाभारत और विष्णुपुराण से लेकर श्रीमद्भागवतः और शिवपुराण, पद्मपुराण, स्कन्दपुराण तक बार-बार यह वर्णन आता है कि भगवान विष्णु के चरणों से जल निकला और उस जल पर शयन करने अथवा उस पर आसन करने के कारण वे विष्णु नारायण कहे जाते हैं।

इस प्रकार ऋग्वेद और यजुर्वेद में सर्वोच्च और सर्वव्यापी विष्णु का स्थान तैत्तिरीय संहिता के अंतिम चरणों में नारायण और वासुदेव जैसे अन्य नामों से वर्णित होता है, और अथर्वशीर्ष से यह तथ्य स्थापित होता है कि विष्णु ही नारायण है, जिसे कुछ संस्करणों में विष्णु गायत्री यन्त्र के माध्यम से यजुर्वेद में भी देखा जा सकता है।

• सनातन धर्म में बद्रीधाम तीर्थ के भगवान नर–नारायण कौन हैं?

बद्रीनाथ धाम हिन्दुओं के भगवान विष्णु को समर्पित चार धामों (बद्रीनाथ, द्वारका, पुरी और रामेश्वरम) में से एक है। यह उत्तराखंड के चमोली जिले में स्थित है और अलकनंदा नदी के किनारे हिमालय की गोद में बसा है। इसे 'मोक्षदायिनी तीर्थ' माना गया है। स्कंद पुराण, विष्णु पुराण तथा भागवत पुराण में बद्रीनाथ की महिमा का वर्णन मिलता है। विष्णु धर्मोत्तर पुराण के अनुसार यह क्षेत्र विष्णु का तपस्थल है, जहाँ वे ध्यानस्थ हुए थे। स्कंद पुराण में 'बदरिकाश्रम' नाम से वर्णन है कि यहाँ भगवान नारायण ने अनंतकाल तक तप किया। विष्णु पुराण के अनुसार यह स्थान सप्तर्षियों और अन्य ऋषियों का निवास स्थान रहा है। बद्रीनाथ मंदिर में भगवान विष्णु के नारायण स्वरूप की मूर्ति है। यह श्यामवर्ण, चतुरभुज रूप में है, जो शंख, चक्र, गदा और पद्म (कमल) धारण करती है। मूर्ति शालिग्राम शिला से बनी है और इसे स्वयंभू (स्वयं प्रकट) माना जाता है। इसे योगमुद्रा में ध्यानस्थ अवस्था में स्थापित किया गया है, जो विशेष तपस्या का संकेत है।

भगवान विष्णु की नारायण स्वरूप में तपस्या का अर्थ :

बद्रीनाथ तीर्थ में भगवान विष्णु नारायण स्वरूप में तपस्या करते हैं। इस द्रश्य ने हजारों वर्षों से भक्तों को एक प्रश्न पर जिज्ञासु रखा है: "परमेश्वर स्वयं तप क्यों करते हैं? और किसकी तपस्या करते हैं?" बदरिकाश्रम में स्थापित नर और नारायण की तपस्या का आध्यात्मिक अर्थ यह है कि नर — जो मानव का प्रतीक है — वह परमात्मा नारायण श्रीविष्णु को अपना अंतिम लक्ष्य मानकर उनका ध्यान करता है। और उसकी ओर स्थित स्वयं भगवान नारायण श्रीविष्णु अपने अव्यक्त परब्रह्म स्वरूप में ध्यानस्थ रहते हैं। यह मानव के अंतिम लक्ष्य को दर्शाता है कि मानव का अंतिम लक्ष्य परमात्मा है और वह परमात्मा मूलतः अव्यक्त, अविनाशी परब्रह्म (एक चेतना) है।

नर–नारायण के साथ की जानेवाली आध्यात्मिक साधना का प्रसंग हमें कुरुक्षेत्र के मध्य कही गई भगवद्गीता में भी मिलता है। वहाँ अर्जुन नर हैं, जिनका आराध्य और लक्ष्य भगवान श्रीकृष्ण हैं, और श्रीकृष्ण स्वयं नारायण—श्रीविष्णु स्वरूप में अपना अव्यक्त, अविनाशी विराट स्वरूप अर्जुन को दिखाते हैं। बद्रीनाथ मंदिर में ध्यानस्थ अवस्था में स्थापित मूर्ति भगवान को एक योगी रूप में दर्शाती है। यह संकेत देता है कि बद्रीनाथ में भगवान नारायण की तपस्या कोई सांसारिक कर्म नहीं, बल्कि एक योगमय, धर्म मूलक तथा आत्मदर्शी लीला है। यह हम सबको संकेत है कि—"परमपद की प्राप्ति मात्र आस्था से नहीं, बल्कि तप, ध्यान और आत्मबोध से होती है।"

भगवान विष्णु बद्री तीर्थ में नारायण स्वरूप में तप क्यों करते हैं— इसका कारण मानवों को आदर्श देने वाली एक लीलामय क्रिया मानना चाहिए।

"यद् यद् आचरति श्रेष्ठस्तत् देवोऽयम् तत् जनः" — (श्रीमद्भगवद् गीता ३.२१)
अर्थात् —
"जो श्रेष्ठ पुरुष जो आचरण करता है, सामान्य जन उसी का अनुकरण करते हैं।"

बद्री तीर्थ में वे योगेश्वर स्वरूप में योगमार्ग की स्थापना करते हैं। वे अन्य की तपस्या नहीं कर सकते, क्योंकि वे स्वयं सर्वोच्च सत्ता हैं। उनकी तपस्या का लक्ष्य आत्मस्वरूप का साक्षात्कार है। इस प्रकार, नर के रूप में मानव साकार नारायण को प्राप्त करने हेतु तपस्या करता है, और नारायण स्वयं अपने अव्यक्त परब्रह्म स्वरूप के ध्यान में लीन है। नर अपने ध्यान में नारायण का साधन करते हैं, और उसके पास नारायण अपने अव्यक्त परब्रह्म स्वरूप का ध्यान करते हैं। इस तरह प्रत्येक नर-रूप मानव को अपना सच्चा स्वरूप—अव्यक्त परब्रह्म स्वरूप—प्राप्त करना है, और इसके लिए नर–नारायण की भाँति ध्यानस्थ रहकर साकार से निराकार, व्यक्त से अव्यक्त और द्वैत से अद्वैत तक पहुंचना है। यही बद्रीतीर्थ के बद्रीनाथ का उपदेश और उनके

ध्यानस्थ होने के पीछे का रहस्य है।

• सनातन धर्म में श्रीकृष्ण कौन हैं?

भगवान श्रीकृष्ण सनातन धर्म के साकार पंचदेवों में से एक—परमात्मा विष्णु—के अष्टम अवतार हैं। 'अवतार' का अर्थ होता है अवतरित होना या किसी तरह व्यक्त होना। परमात्मा विष्णु किसी परिस्थिति में स्वयं को जिस प्रकार से अभिव्यक्त करते हैं, उस अभिव्यक्ति को अवतार कहते हैं; अर्थात् जिस मनुष्य शरीर में परमात्मा विष्णु की अभिव्यक्ति हो रही है, उसे अवतार कहा जाता है। भगवान विष्णु के अवतारों में श्रीकृष्ण का विशेष महत्व है, क्योंकि उन्हें विष्णु का पूर्ण अवतार माना जाता है। अर्थात् परमात्मा विष्णु क्या है, उसकी सम्पूर्ण अभिव्यक्ति श्रीकृष्ण अवतार में हुई है। इसलिए श्रीकृष्ण को विष्णु की तरह पूर्णपुरुषोत्तम कहा जाता है।

भागवत गीता में श्रीकृष्ण कहते हैं — "इस जगत में दो प्रकार के पुरुष हैं: एक 'क्षर' (नाशवान) और दूसरा 'अक्षर' (अविनाशी)। प्राणियों और वनस्पतियों के शरीर नाशवान हैं, जबकि उन्हें धारित करने वाला जीवात्मा अविनाशी है।"

परन्तु इन दोनों से भी उपर एक उत्तम पुरुष है, जो त्रिलोक में प्रविष्ट हो कर संपूर्ण जगत को धारित करता है। इस तीसरे पुरुष को "अव्यय" (अविनाशी) और "परमेश्वर" कहा जाता है। श्रीकृष्ण कहते हैं—"मैं नाशवान शरीर से परे हूँ और अविनाशी जीवात्मा से ऊँचा हूँ। इसलिए मैं वेदों और जगत में पुरुषोत्तम नाम से विख्यात हूँ।" (गीता १५.१६-१८)

और फिर साकार रूप में उपस्थित वह पुरुषोत्तम श्रीकृष्ण कहते हैं—"जो ज्ञानी पुरुष मुझे पुरुषोत्तम रूप में तत्त्वतः जानता है, वह सर्वज्ञानी वह व्यक्ति किसी भी मार्ग और उपासना द्वारा सतत् केवल मेरी ही भक्ति करता है।" (गीता १५.१९)

इसी कारण श्रीकृष्ण और विष्णु को समरूप मानने की अनुमति शास्त्रों में है, और इस प्रकार श्रीकृष्ण को भगवान विष्णु के स्थान पर परमात्मा मानने की शास्त्रीय स्वीकृति भी मिलती है। इस सिद्धांत पर भागवत पुराण रचा गया है, जहाँ श्रीकृष्ण को पूर्णपुरुषोत्तम विष्णु बताया गया है और कहा गया है वे विष्णु के अवतार होने के साथ-साथ विष्णु के सभी चौबीस अवतारों के अवतारी भी हैं। भागवत पुराण (श्रीमद्भागवत) में यह भी समझाया गया है कि श्रीकृष्ण रूपी परमात्मा विष्णु से अनेक ब्रह्मांडों का निर्माण कैसे होता है और उनका पालन कैसे होता है। विवरण देते हुए भागवत पुराण बताता है कि सृष्टि की रचना में भगवान विष्णु स्वयं को तीन स्तरों में प्रकट करते हैं, और इस प्रकार अनेक ब्रह्मांडों से बनी सृष्टि का सर्जन, पालन और विनाश करते हैं।

सृष्टि के प्रारम्भ में सर्वप्रथम परब्रह्म महाविष्णु रूप में विद्यमान रहते हैं, जिन्हें कारणोदकशायी विष्णु कहा जाता है, क्योंकि उनके पश्चात जो कुछ भी उत्पन्न होने वाला है, उसका कारण वे ही हैं। कारणोदकशायी या महाविष्णु से गर्भोदकशायी विष्णु प्रकट होते हैं, जिनकी नाभि से असंख्य कमल उत्पन्न होते हैं। उन असंख्य कमलों पर असंख्य ब्रह्मा स्थित होते हैं, और प्रत्येक ब्रह्मा अपना-अपना स्वतंत्र ब्रह्माण्ड रचते हैं। प्रत्येक ब्रह्माण्ड में संसार की रक्षा और पालन के लिए विष्णु स्वयं को पुनः प्रकट करते हैं। उन्हें क्षीरोदकशायी विष्णु कहा जाता है।

प्रत्येक ब्रह्माण्ड में अपने-अपने ब्रह्मा और शिव के साथ एक स्वतंत्र क्षीरोदकशायी विष्णु भी होते हैं, जो उस ब्रह्माण्ड का चक्र गतिशील बनाए रखते हैं। कुछ भागवत-टिप्पणकार भगवान विष्णु के इन तीन स्वरूपों में से नीचे के दो स्तरों को अपनी भक्ति-भावना के अनुसार थोड़े भिन्न प्रकार से व्याख्यायित करते हैं। जैसे – कोई गर्भोदकशायी विष्णु को ही प्रत्येक ब्रह्माण्ड में स्थित विष्णु बताते हैं, और क्षीरोदकशायी विष्णु को मनुष्य के आत्मा स्वरूप में प्रतिष्ठित मानते हैं। इस प्रकार श्रीमद्भागवत में श्रीकृष्ण स्वरूप में विष्णु अथवा विष्णु स्वरूप में श्रीकृष्ण, जगत में तीन स्तरों पर उपस्थित रहकर असंख्य ब्रह्माण्डों से बनी सृष्टि का सृजन, पालन और विनाश करते हैं।

❋

प्रकरण - २

नकली नारायण का निर्माण

हमने पुस्तक की प्रस्तावना में देखा कि कैसे सहजानंद और उनकी टोली ने रामानंद स्वामी के उद्धव संप्रदाय को सहजानंद की भक्ति करते सनातन विरोधी स्वामिनारायण संप्रदाय में बदल दिया। हमने यह भी देखा कि इस पूरे कार्य और षड्यंत्र में अंग्रेज़ों और ईसाई पादरियों का क्या योगदान रहा। अब हम उनके साहित्य में प्रवेश करते हैं, और जानते हैं कि उन्होंने सनातन धर्म के वैदिक देवी-देवताओं और पंचदेवों के ऊपर एक अशास्त्रोक्त सर्वोपरि ईश्वर कहाँ से निकाला और उसे ऊपर कैसे बैठाया? यह एक स्पष्टता करना उचित है की 'स्वामीनारायण' नाम का प्रयोग जागरूक सनातनियों द्वारा यथासंभव टाला जाता है, क्योंकि उसमें भगवान विष्णु के 'नारायण' नाम का उपयोग अधर्म के लिए किया गया है। इसलिए हमने पुस्तक में भी जहाँ तक संभव हो, 'सहजानंदी पंथ' या 'स्वामी संप्रदाय' जैसे शब्दों का ही प्रयोग किया है, और सहजानंद को उस नाम से संबोधित करना पूर्णत: अस्वीकार किया है।

सहजानंद को संस्कृत नहीं आती थी। इस कारण शिक्षापत्री वे स्वयं नहीं लिख सके, वह सहजानंद के निर्देशों पर संस्कृत जाननेवाले एक ब्राह्मण शतानंद ने लिखी। पर वह शिक्षापत्री भी कोई मौलिक ग्रंथ नहीं थी। उसे भी संप्रदाय के अन्य उत्सवों, क्रियाकांडों और संचालन व्यवस्था की तरह वल्लभाचार्य के संप्रदाय से प्रेरित माना जाता है, क्योंकि वल्लभाचार्य ने भी अपने संप्रदाय के लिए लघु और बड़ा शिक्षापत्र नामक दो ग्रंथ लिखे थे। शिक्षापत्री उसका सहजानंदी अनुकरण था। असल में वल्लभाचार्य के वैष्णव पंथ की ऐसी सारी बातों का यथास्वरूप अनुकरण करते हुए अंग्रेज़ों के साथ की मदद से सहजानंद का संप्रदाय सौराष्ट्र में वल्लभाचार्य वैष्णवों को ही अपने में मतांतरित करा रहा था। उसके अनुयायी वर्ग का ज्यादातर इतिहास हवेली वाले वैष्णवों का व्यापार और अन्य सामाजिक सवालतों के लिए

सहजानंद के पंथ में मतांतरित होने का ही इतिहास रहा। इसी कार्य के लिए कृष्ण की बाहरी भक्ति, मंदिर और और शिक्षापत्री को हमेशा हिंदु समाज के सामने रखा गया। और एक बार जो हिन्दू उसे कृष्ण-भक्ति का संप्रदाय मान कर भीतर आ गए, उन्हें धीरे-धीरे सहजानंद की सर्वोपरिता समझाई जाने लगी और वैदिक ईश्वरों की उपासना छोड़वाई जाने लगी। इसलिए नए-नए साहित्य का सतत सृजन किया गया जो भगवान कृष्ण के सम्बन्ध में सनातन शास्त्रों की हूबहू नकल था। बस फर्क इतना था कि इन नये ग्रंथों में मूल ईश्वर के रूप में एकमात्र सर्वोपरि सहजानंद उर्फ स्वामिनारायण थे, और धीरे-धीरे मूल वैदिक देवों को उनके अधीन कर दिया गया था। इस कार्य के लिए जो पहली पुस्तक लिखी गई वह थी सत्संगी जीवन। यह पुस्तक सहजानंद का जीवनचरित्र थी, जिसे भगवान कृष्ण के शास्त्र श्रीमद्भागवत की नकल के रूप में लिखा गया। यह पुस्तक भी उसी शतानंद ने लिखी थी जिसने शिक्षापत्री लिखी थी।

सत्संगी जीवन के अध्याय ९ और १० में संप्रदाय ने दो काल्पनिक कहानियाँ रच कर इस प्रपंच की शुरुआत की हैं, उनका सनातन धर्म के किसी भी शास्त्र में कोई उल्लेख नहीं मिलता। यह एक कपोल कल्पित कथा है— जिसे उपन्यास और फिल्मों की भाषा में फिक्शन कहा जाता है। पर यदि कोई काल्पनिक उपन्यास या फिल्म के लिए भी ऐसी कहानी लिखता है तो उसकी शुरुआत में अस्वीकरण देना पड़ता है कि यह कल्पित कथा मनोरंजन हेतु रची गई है और इसका किसी जीवंत धार्मिक परंपरा या व्यक्ति से कोई सम्बन्ध नहीं है। परन्तु ऐसी काल्पनिक कहानियाँ लिखकर उनसे एक नया भगवान और धर्म उत्थापित कर देना और पूरे समाज को भ्रमित कर मूल सनातन धर्म के स्वरूप और आराध्य देवों को बदलने की योजना बनाना—यह एक असामान्य और आश्चर्यजनक तौर से विकृत कार्य है। और यही कार्य अंग्रेजो की मदद से सहजानंद की टोली ने किया। यह सनातन धर्म और समाज पर एक आक्रमण है, और यह एक कानूनी अपराध भी है। इस अपराध के तहत मूल कल्पित कथा जो रची गई, उसे नीचे दी जा रही है। उसी पर अनेक कल्पित कहानियाँ और पात्र आगे चलकर रचे गये।

(शतानंद कृत सत्संगी जीवन, अध्याय ९-१० , पीडीएफ लिंक : https://drive.google.com/file/d/1Kp13tOaYbH77XrFeXC8lXggeGCuHI-y1j/view?usp=sharing)

- **काल्पनिक कथा :**

१. बद्रीनाथ के नारायण ऋषि संतों और भक्तों के समक्ष प्रवचन दे रहे थे, तब वहाँ

दुर्वासा ऋषि आ पहुँचे। किन्तु सब नारायण ऋषि के प्रवचन में इतने मग्न थे कि किसी ने दुर्वासा ऋषि पर ध्यान नहीं दिया। अतः दुर्वासा ऋषि ने नारायण ऋषि समेत सबको पृथ्वी पर जन्म लेने का शाप दे दिया।

२. शतानंद नामक ब्राह्मण बद्रीनाथ में नर-नारायण ऋषि के प्रत्यक्ष दर्शन हेतु प्रार्थना कर रहे थे, तब नारायण ऋषि ने प्रसन्न होकर उन्हें वरदान माँगने को कहा। शतानंद ने नारायण से उन्हें सदैव अपने निकट रखने का वरदान माँगा। नारायण ऋषि ने कहा कि 'दुर्वासा ऋषि के शाप के कारण मैं पृथ्वी पर जन्म ले चुका हूँ और छपिया में धर्मदेव और भक्तिदेवी (असली नाम देवशर्मा और बालादेवी; पर स्कंद पुराण में नरनारायण के माता-पिता के नाम धर्म और भक्ति बताए गए है, इसलिए यहाँ सहजानंद के माता-पिता के नामों को बदला गया है) के पुत्र के रूप में जन्म लिया है, और मेरा प्रसिद्ध नाम हरी है। तुम गुजरात जाओ, मैं वहाँ हूँ, वहां मैं तुम्हें सदैव अपने साथ रखकर मेरा जीवनचरित्र लिखवाने का अवसर दूँगा।'

शतानंद गुजरात गया और सहजानंद स्वामी को देखा, जिन्हें वहाँ नारायण का अवतार माना जाता था—ऐसा कथा में बताया गया है। शतानंद सहजानंद के साथ जुड़ गया। इस प्रकार वडताल की पुस्तकों में सहजानंद को इस कथा के अनुसार कृष्ण, नारायण, श्रीहरी तथा नीलकंठ भी कहा गया है। उन्हें भगवान विष्णु के अधिकांश नाम और सनातन हिन्दू शास्त्रों से विष्णु शिव से जुड़े हुए नाम किसी-न-किसी बहाने से दे दिये गये है। जैसे स्कंद पुराण में एक स्थान पर बद्रीनाथ श्री नारायणऋषि के लिए 'नारायण मुनि' शब्द मिलता है, तो सहजानंद स्वामी को उनके गुरु ने 'नारायण मुनि' कहा था—ऐसा कह कर सहजानंद को नारायण मुनि कहा जाता है। इस तरह उन्हें भगवान विष्णु या कृष्ण के तमाम नाम दे दिये गये। इसके आगे यह प्रपंच क्रमशः कैसे बढ़ा, यह आगे देखते हैं।

1. शुरुआत इस तरह हुई कि सहजानंद शिक्षापत्री में भगवान कृष्ण को अपना आराध्य बताकर प्रस्तुत करते हैं, पर यह कहनेवाले सहजानंद स्वयं स्वामिनारायण, श्रीहरी हैं—ऐसे आगे अन्य पुस्तकों में बताया जाता है। संप्रदाय के पुस्तकों में पहले भगवान कृष्ण की बड़ी महिमा गायी जाती है: उन्हें पूर्णपुरुषोत्तम, सर्वोपरि भगवान, अक्षरधाम के अधिपति, सभी अवतारों के अवतारी आदि कहा जाता है।

2. परन्तु तत्पश्चात दूसरे चरण में, सहजानंद को ही नारायण, हरी, श्रीजी महाराज

आदि कहकर दिखाया जाता है—कि वे भी कृष्ण या नारायण ही हैं। और यहाँ अचानक उन्हें पुरुषोत्तम कहने की शुरुआत होती है, और कहा जाता है कि 'पुरुषोत्तम परमात्मा प्रगट रूप में हमारे समक्ष बैठे हैं।' यह सहजानंद स्वामी के लिए कहा जाता है, पर यदि लोग विरोध करें तो वे कह सकते हैं कि यह कथन कृष्ण की स्थापित मूर्ति के संदर्भ में कहा जा रहा है। इसी स्तर पर सहजानंद को स्वामिनारायण और अन्य नामों से पूर्णपुरुषोत्तम परमेश्वर, अक्षरधाम का अधिपति, सर्वोपरि भगवान श्रीहरी आदि निरंतर कहा जाता है, और उन्हें कृष्ण के समकक्ष बनाया जाता है। इससे यह भी आरम्भ होता है कि सहजानंद को ही सर्व-अवतारों का अवतारी कहा जाए। इस तरह भगवान श्रीकृष्ण के लिये भागवत पुराण के आधार पर पोषित सिद्धांत यहाँ सहजानंद से जोड़कर उन्हें पूर्णपुरुषोत्तम और सर्व-अवतारों के अवतारी घोषित कर दिया जाता है।

3. अक्षरधाम के विषय में भी यही किया जाता है। सनातन धर्म में 'अक्षर' शब्द का अर्थ है अविनाशी, और भगवान विष्णु के वैकुण्ठधाम के आगे विशेषण रूप में यह शब्द प्रयुक्त होता है—अक्षर वैकुण्ठधाम अर्थात् अविनाशी वैकुण्ठ। वडताल की पुस्तकों में शतानंद और निष्कुळानंद की रचनाओं में कभी-कभी भगवान श्रीकृष्ण को अक्षरधाम में बैठे हुए पुरुषोत्तम कहा गया है, और कुछ समय बाद वही लेखक सहजानंद स्वामी को स्वामीनारायण और अन्य प्रायोजित नामों के साथ अक्षरधाम का अधिपति कहने लगते हैं। 'प्रगट रूप में श्रीजी महाराज' कहकर या 'अक्षरधाम में विराजमान सर्वोपरि स्वामिनारायण भगवान' जैसे शब्दों द्वारा यह कथन किया जाता है। सत्संगी जीवन पुस्तक भगवान विष्णु और कृष्ण के विभिन्न नाम सहजानंद से जोड़कर धीरे-धीरे सहजानंद को भागवत पुराण के सिद्धांत में घुसा देती है, और फिर श्रीमद्भागवत से लेकर समूचे सनातन धर्म में जो बातें विष्णु और कृष्ण के लिए कही गईं है - वे सब सहजानंद के साथ जोड़ दी जाती हैं।

वडताल की पुस्तकें इस प्रकार सहजानंद स्वामी को कृष्ण और नारायण कहकर प्रपंच के जरिए भगवान कृष्ण के लिये भागवत पुराण में कही हुई सारी शास्त्रीय बातें सहजानंद के साथ जोड़ देती हैं, और उन्हें 'सर्वोपरि स्वामिनारायण भगवान' बना देती हैं। और यह सिलसिला अंततः वडताल की पुस्तक 'हरिलीलामृत सागर' में उस चरम पर पहुंच जाता है जहाँ सहजानंद स्वामी को भगवान विष्णु के 'नारायण', 'हरी', 'श्रीजी' आदि नाम देकर विष्णु को ही उनसे अलग कर दिया जाता है। वडताल की

यह पुस्तक उस चरम पर पहुँच जाती है जहाँ ब्रह्मा, विष्णु और शिव सहजानंद की स्तुति करते हैं और उनके दर्शन को आते हैं। और इतना ही नहीं—यहाँ सहजानंद स्वामी को विष्णु के अवतारों का अवतारी बना दिया जाता है, और स्वयं विष्णु को उनके नीचे ला दिया जाता है।

अर्थात् सनातन धर्म का 'नारायण' शब्द, जो भगवान विष्णु का ही एक नाम और अवस्था है, उस नाम को विष्णु से अलग कर दिया जाता है, और पूरे सनातन धर्म के वैदिक स्वरूप और पंचदेव के ऊपर स्वामिनारायण नाम के एक नए ईश्वर के रूप में सहजानंद को बैठा दिया जाता हैं। यह स्वामिनारायण, अब्राहमिक पंथों की उस एक ही स्वरूप और नाम वाले ईश्वर की संकल्पना जैसा है जो सातवीं सदी में प्राचीन अरब समाज में मुहम्मद ने 'अल्लाह' के रूप में स्थापित की थी। भगवान श्रीकृष्ण के साथ 'सर्वोपरि' शब्द जोड़ने का उद्देश्य यही था कि उसे बाद में सहजानंद स्वामी से जोड़कर उन्हें समस्त सनातन धर्म और उसके आराध्य वैदिक देवताओं के ऊपर एकमात्र सर्वोपरि ईश्वर बनाया जा सके।

सनातन धर्म में केवल भगवान कृष्ण को ही विष्णु का पूर्ण अवतार होने के कारण 'पूर्ण पुरुषोत्तम' कहा जाता है। स्वामिनारायण संप्रदाय की मूल गादियाँ यहाँ भी छल करती हैं। वे पहले भगवान कृष्ण को पुरुषोत्तम और अक्षरधाम के अधिपति दिखाते हैं, फिर धीरे-धीरे यह दिखाते हैं कि क्योंकि सहजानंद भी कृष्ण रूप हैं, नारायण हैं, अतः वे भी पुरुषोत्तम हैं और अक्षरधाम के अधिपति हैं—और फिर अन्तिम चरण में केवल सहजानंद ही पुरुषोत्तम रह जाता है और विष्णु के सभी अवतार सहजानंद के अवतार बता दिये जाते हैं। इस प्रकार यह संप्रदाय सनातन धर्म में भगवान कृष्ण के स्थान का उपयोग एक सीढ़ी या लाठी के सहारे की तरह करता है: वह कृष्ण के नाम की सीढ़ी से सहजानंद को पुरुषोत्तम के स्तर पर चढ़ा देता है, और फिर उसी सीढ़ी को फेंककर कृष्ण को उनके नीचे, अपने अधीन बना देता है। यह सनातन धर्म के साथ की गई एक धोखाधड़ी है, एक षड्यंत्र है, और यह उनके स्वरूप तथा आराध्य देवों पर किया गया आक्रमण है।

और यहाँ से आगे काम करते हैं वडताल से जुड़े कूँडलधाम के विकृत पुस्तक, जो सनातन धर्म पर किये गये इस आक्रमण की विकृति और बेशर्मी की सारी हदें पार कर लेते हैं। कूँडलधाम की पुस्तकों—'अक्षरानंद स्वामी की बातें' तथा 'सद्गुरु श्री गोपालानंद स्वामीजी का महिमा'—में कहा गया है कि स्वामिनारायण सहजानंद अक्षरधाम में विराजमान थे और उनके पास उनके शिष्य गोपालानंद स्वामी बैठे थे। वहाँ चर्चा होती है कि सृष्टि के निर्माण को इतने वर्ष बीत जाने के बाद भी कोई

अक्षरधाम क्यों नहीं आया? तब सहजानंद, जिन्हें वहाँ भगवान कृष्ण के एक अन्य नाम 'श्रीजी महाराज' से संबोधित किया जाता है, कहते हैं कि "हमने पहले कपिल, दत्तात्रेय आदि को पृथ्वी पर भेजा एकान्तिक धर्म स्थापित करने हेतु, पर वे सफल न हुए; फिर हमने रामचन्द्रजी को भेजा जो ११००० वर्ष जीकर भी एकान्तिक धर्म स्थापित न कर सके; फिर हमने श्रीकृष्ण को भेजा जो ११५ वर्ष जिये पर उनसे भी वह कार्य न हुआ। इसलिए राम और कृष्ण वापस अक्षरधाम नहीं आ सके और अक्षरधाम के नीचे बनी वैकुण्ठ, गोलोक और साकेतधाम जैसे तुच्छ धामों में फँस गए, जो माया के प्रभाव में हैं और अक्षरधाम की तुलना में नर्क तुल्य है (माया के प्रभाव और नर्क तुल्य वाली बात BAPS की 'स्वामी नी वातों' और 'अक्षरपुरुषोत्तम उपासना' पुस्तक से)। राम और कृष्ण को माननेवाले जीव भी मरणोपरांत वहाँ ही जा रहे हैं। अतः हमने पृथ्वी पर आकर यह छह कार्य करने का निश्चय किया :

१. पहले भेजे गए हमारे अवतारों (राम और कृष्ण) को वापस अक्षरधाम लाना।
२. जिन्होंने उन अवतारों की पूजा की है, उन्हें अक्षरधाम का मार्ग दिखाना।
३. भक्ति और धर्म द्वारा एकान्तिक सुख प्रदान करना।
४. पृथ्वी पर एकान्तिक धर्म की स्थापना करना।
५. स्वामिनारायण में समस्त प्राणियों में अडिग श्रद्धा स्थापित करना।
६. नए मुमुक्षुओं का निर्माण करना।"

यहाँ से गोपालानंद स्वामी और गुणातीतानंद स्वामी की कथाओं के जहरीले स्वरूप की पुस्तकों का आरम्भ होता है, जिनमें सनातन धर्म के सभी वैदिक देवी-देवताओं और पंचदेवों को श्रीजी महाराज, श्रीहरि एवं स्वामिनारायण कहे जाने वाले सहजानंद के सेवक दिखाकर उनकी उपासना अनुचित बतायी जाती है। विभिन्न कल्पित कथाओं की एक नयी धारा शुरू होती है जहाँ सनातन धर्म के वैदिक देवता-देवियों की उपासना छोड़कर हिन्दू गोपालानंद द्वारा प्रेरित होकर स्वामिनारायण सहजानंद की उपासना करने लगते हैं—ऐसा कथानक गढ़ा गया है। अगले अध्यायों में हम उन पुस्तकों के लेखन को विस्तार से जानेंगे।

वडताल से अलग होकर अथवा उससे जुड़े अन्य फिरकों में—विशेषकर BAPS में—गोपालानंद और गुणातीतानंद स्वामी की कथाओं के रूप में ऐसी कल्पित कहानियों का प्रचलन रहा है जिनमें भगवान विष्णु सहित सभी वैदिक देवों को अक्षरधाम में स्वामिनारायण की स्तुति करते दिखाया गया है। वहाँ वैकुण्ठ और गोलोक जैसे सनातन धर्म के धामों को माया की गिरफ्त में बताया गया है और उन्हें तीन प्रकार की पीड़ा देने वाले, नरक समान स्थान बताये गये हैं। BAPS द्वारा प्रेरित

पुस्तकों में बद्रीतीर्थ के भगवान नरनारायण पचास वर्षों तक सहजानंद स्वामी की स्तुति करते दिखाये गये हैं और उनके तप से प्रसन्न होकर सहजानंद स्वामी उन्हें दर्शन देते दिखाये गये हैं। अर्थात् बदरीकाश्रम के भगवान नरनारायण को दुर्वासा ऋषि का श्राप मिलने के कारण उन्हें सहजानंद स्वामी के रूप में अवतार लेना पड़ा—ऐसी कल्पित कथा से इस संप्रदाय की शुरुआत की गई थी; वही नरनारायण अब सहजानंद के दर्शन हेतु तपस्या करते दिखाये जाते हैं। जब बद्रीतीर्थ के भगवान नरनारायण की तपस्या का आध्यात्मिक अर्थ क्या है, यह हमने पहले अध्याय में समझ लिया है।

इस तरह, वडताल की कल्पित कथाओं द्वारा जिस एक व्यक्ति को कृष्ण और नारायण के बहरूपिये के रूप में खड़ा किया जाता है — संप्रदाय की अन्य शाखाएँ वडताल से अलग होकर या उससे जुड़ी रह कर सनातन धर्म के वैदिक ईश्वरों और सनातन धर्म के वैदिक स्वरूप को उस स्वामिनारायण नाम के बहुरूपिये के नीचे लाकर खड़ा करने का प्रयास करती है। यह कार्य वडताल गादी की पुस्तकों में भी आरम्भ हो जाता है। हिन्दुओं के एक बहुत बड़े वर्ग को इस षड्यंत्र के तहत भ्रमित करके उनका मतांतरण किया गया है, और उनकी उपासना पद्धतियाँ तथा त्योहारों के रूप बदल दिये गये है।

जैसे,

1. इस संप्रदाय में सनातन धर्म के पंचदेवों में से माताजी (शक्ति) की नवरात्रि मनायी नहीं जाती; उसका तिरस्कार होता है। माताजी और देवियों को स्वामिनारायण का सेवक दिखाया जाता है, और सेवकों के उत्सव नहीं मनाए जाते। यह समूह केवल शरद पूर्णिमा के दिन सहजानंद को बीच में रखकर नौ-रात्रि आयोजित करता है, जिसमें अधिकांशतः स्त्रियाँ गरबा में भाग नहीं लेतीं।
2. सनातन धर्म में कार्तिक मास की देवउठनी एकादशी के दिन भगवान विष्णु और तुलसी के विवाह से हिन्दुओं में विवाह के शुभ मुहूर्त की शुरुआत होती है; पर इस संप्रदाय में उसी दिन तुलसी का विवाह सहजानंद स्वामी से करवाया जाता है।
3. BAPS में सहजानंद को दिए गए नीलकंठवर्णी नाम को हाथा बनाकर शिवरात्रि के दिन शिवलिंग के स्थान पर सहजानंद स्वामी की मूर्ति का अभिषेक किया जाता है। इतना ही नहीं, विवाहों में अग्नि के फेरों के स्थान पर सहजानंद स्वामी की मूर्ति के चारों ओर फेरों का आयोजन किया जाता है।

इस प्रकार सनातन धर्म का अनुसरण करने वाले हिन्दुओं को भगवान श्रीकृष्ण और नारायण के नाम आगे रखकर कल्पनिक कथाओं के जाल में फँसाया जाता है,

और उन्हें उनके मूल शास्त्रों और वैदिक आराध्य देवों से विमुख किया जाता है। उनका मात्र मतांतरण नहीं होता—क्योंकि स्वामिनारायण संप्रदाय में जीवन का लक्ष्य सहजानंद स्वामी को सारे वैदिक ईश्वरों से सर्वोपरि मानकर मरने के बाद उनके अक्षरधाम में जाना माना जाता है। इसलिए, यह एक आन्तरिक रूप से हो रहा हिंदुओं का धर्म-परिवर्तन ही है। जैसे ईसाई संप्रदाय में केवल यीशु को ईश्वर मान लेने पर मरणोपरांत व्यक्ति सीधे स्वर्ग जाकर यीशु से मिलता है, उसी प्रकार इस संप्रदाय में सहजानंद स्वामी को सनातन धर्म के सभी वैदिक आराध्य देवों से ऊपर मान लेने मात्र से मृत्यु के बाद अक्षरधाम प्राप्त होना सुनिश्चित माना जाता है। इसके लिये किसी अन्य कर्म की आवश्यकता नहीं रहती। जो व्यक्ति सहजानंद को सनातन धर्म के पंचदेवों और अन्य वैदिक देवी-देवताओं से ऊपर एकमात्र पूज्य ईश्वर मानता है—उसे इस संप्रदाय में 'सत्संगी' कहा जाता है। जो सहजानंद के अलावा किसी अन्य ईश्वर—विशेषकर वैदिक सनातनी ईश्वर—में आस्था रखता है, उसे 'कुसंगी' कहा जाता है। और यदि आपके संबंधी कुसंगी हों तो उन्हें आपके पूर्व जन्म के शत्रु माना जाता है; उनके यहाँ पानी भी न पीने की सलाह दी जाती है। बिल्कुल उसी तरह जैसे इस्लाम में अल्लाह को एकमात्र ईश्वर मानने वाले को मुसलमान और अल्लाह के अतिरिक्त किसी को ईश्वर मानने वाले को काफिर कहा जाता है, और सगा भाई भी यदि काफिर हो तो वह दुश्मन है—वैसा रवैया प्रचलित है।

इस प्रकार सम्पूर्ण हिन्दू समाज और सनातन धर्म को भीतर से इस्लाम और ईसाई धर्म जैसे एकांतिक सर्वोपरि ईश्वर मानने वाले और अन्य ईश्वर-रूपों को नकारकर अपमानित करने वाले समाज व पंथ में परिवर्तित करने की यह योजना है। यह बस कोई एक अन्य संप्रदाय नहीं है जो सनातन धर्म के शास्त्रों के स्वरूप से बाहर की बात करता है। यह सनातन धर्म के स्वरूप और वैदिक आराध्य देवों की उपासना नष्ट करने हेतु हिंदु समाज के भीतर से किया गया एक आक्रमण है। और इसके तार अंग्रेज़ शासकों तथा ईसाई मिशनरियों के साथ सहजानंद स्वामी और उनके समूह के घनिष्ठ संबंधों से जुड़े हुए हैं।

*

प्रकरण ३

स्वामिनारायण के फ़िरक़े तथा एक मूलभूत षड्यंत्र

हमने प्रमाणों और सन्दर्भों सहित जाना कि सहजानंद की टोली द्वारा कैसे एक नकली नारायण का निर्माण किया गया। अब देखेंगे कि वही टोली किस तरह नए-नए फ़िरक़ों में विभाजित होकर सनातन धर्म और उसके वैदिक आराध्य देवताओं को लुप्त करने हेतु एक प्रकार की शास्त्रीय विकृति फैला रही है।

सन १८३० में सहजानंद स्वामी की बीमारी के कारण मृत्यु हो गई। पर उससे पहले उन्होंने अपने पीछे संप्रदाय को कैसे चलाना है, इसकी व्यवस्था कर दी थी। उन्होंने वल्लभाचार्य के वैष्णव पंथ की हूबहू नकल अपने पंथ के कई उत्सवों, रीति-रिवाज़ों और क्रियाकांडों में की थी। फर्क इतना था कि वल्लभाचार्य का पंथ सनातन धर्म का शास्त्रोक्त वैष्णव पंथ था जो भगवान कृष्ण की भक्ति पर चलता है, जबकि सहजानंद की टोली, जिसकी स्थापना अंग्रेजों की मदद से स्वामिनारायण संप्रदाय के रूप में हुई थी, कृष्ण के नाम व शास्त्रों को आगे रखकर सहजानंद के नाम का एक नया यीशु जैसा भगवान सनातन धर्म के आराध्य देवों के ऊपर बैठाकर उसकी पूजा कर रही थी। कृष्ण का नाम केवल सनातन धर्म के लोगों को अंदर लाने और भ्रमित करने का उपकरण था, ताकि बाद में उन्हें एकमात्र सर्वोपरि सहजानंद अथवा तथाकथित स्वामिनारायण का अनुयायी बनाया जा सके। पर वैष्णव उत्सवों और रीति-रिवाज़ों के अलावा सहजानंद ने वल्लभाचार्य के पंथ से एक और बात उधार ली — वह थी संप्रदाय का प्रशासन चलाने की पद्धति। सहजानंद ने गुजरात में स्वामिनारायण संप्रदाय के प्रबंधन को चलाने के लिए संप्रदाय को दो भागों में बाँट दिया: एक उत्तर में कालूपुर (अहमदाबाद) गादी और दूसरी दक्षिण में वडताल गादी।

संप्रदाय के कथनानुसार, सहजानंद स्वामी नहीं चाहते थे कि संप्रदाय के सन्यासी प्रशासनिक मामलों में उलझकर भौतिकता में आध्यात्मिकता खो दे। इसलिए उन्होंने

वल्लभाचार्य के संप्रदाय के अनुसार पंथ चलाने हेतु उत्तर प्रदेश से अपने भाइयों को गुजरात बुलाया और उनके दो पुत्रों को दत्तक लिया। उनमें से एक को अहमदाबाद कालूपुर गादी का आचार्य बनाया और दूसरे को वडताल गादी का आचार्य बनाया। उन्होंने संप्रदाय का प्रबंधन अपने आचार्य बनाए गए अपने वंशजों को सौंप दिया और उन आचार्यों को गृहस्थ जीवन जीने का आदेश दिया। आचार्यों के गृहस्थ जीवन के नियम बनाए गए और उनके वंशजों में से किसी एक को वंशपरंपरा से नए आचार्य के रूप में चुनने का विधान रखा गया। इस प्रकार स्वामिनारायण संप्रदाय दो मूल गादियों वाला संप्रदाय बन गया: एक उत्तर गुजरात की अहमदाबाद स्थित कालूपुर गादी और दूसरी सौराष्ट्र की वडताल गादी।

• BAPS (बोचासणवासी अक्षर पुरुषोत्तम संस्था) :

१८३० में सहजानंद स्वामी के निधन के बाद संस्थान का प्रशासन गृहस्थ आचार्यों को और आध्यात्मिक कार्य सन्यासियों को सौंपा गया। पर वंशपरंपरागत आने वाले आचार्यों में भ्रष्टाचार तथा संन्यासियों और आचार्यों के बीच संस्थान पर प्रभुत्व की टकराहटें जारी रहीं। १९ वीं सदी के अंत और २० वीं सदी के आरंभ में संप्रदाय के संन्यासियों में से एक—यज्ञपुरुष दास—ने वंशपरंपरागत आने वाले आचार्यों की सत्ता को चुनौती देनी शुरू की। उन्होंने कहा कि सहजानंद स्वामी के निकट के शिष्यों में से एक, गुणातीतानंद ने उनके शिष्य भगत महाराज को बताया था कि 'भगवान स्वामिनारायण ने एक प्रवचन में कहा था कि पूर्णपुरुषोत्तम ईश्वर को समझने और पूजने के लिए पहले मनुष्य को अक्षर बनना आवश्यक है।' और एक अन्य स्थान पर सहजानंद ने गुणातीतानंद स्वामी को अपना अक्षर कहा था। अतः अर्थ यह हुआ कि आचार्यों का कोई विशेष महत्व नहीं; पुरुषोत्तम के रूप में सहजानंद और उनके भक्त—अक्षर के रूप में संप्रदाय के प्रमुख संन्यासी—ये दोनों ही पूजनीय हैं और सर्वोपरि हैं। शास्त्रीजी महाराज नामक यज्ञपुरुष दास ने कहा कि यह बात भगत महाराज ने उन्हें कही। भगतजी महाराज की मृत्यु के बाद उनके इस शिष्य शास्त्रीजी महाराज ने इस तर्क का विकास किया और इस ज़िद पर आगे बढ़ने की वजह से उन्हें १९०५ में वडताल गादी से निष्कासित कर दिया गया। अलग होकर शास्त्री महाराज ने अक्षरपुरुषोत्तम की उपासना पर केंद्रित संस्था स्थापित की जिसमें स्वामिनारायण संप्रदाय के कई साधु जुड़ने लगे। पर वडताल के विरुद्ध कोर्ट केस हारने के कारण इस संस्था को 'स्वामिनारायण' शब्द का प्रयोग करने की अनुमति नहीं मिली और उन्होंने अपना नाम रखा—बोचासणवासी अक्षर पुरुषोत्तम संस्था (BAPS)।

यह जानना भी आवश्यक है कि शास्त्रीजी महाराज पटेल जाति से थे; इसलिए पटेल समाज में BAPS के प्रति झुकाव बढ़ा। मूल गादी के साथ कोर्ट केस लड़वाने के लिये भी सरदार वल्लभभाई पटेल को उनके पिता द्वारा प्रेरित किया गया था। पहले सरदार पटेल ने अपने पिता को यह सलाह दी कि ऐसे पाखंडी और स्वयं को भगवान मानने वाले स्वामियों में वो न पड़े, पर बाद में पिता के आग्रह पर उन्होंने शास्त्री महाराज के समूह के पक्ष में केस लड़ा। आज भी उस केस का पुस्तक रूप—'बोचासण बंड का इतिहास'—मिल जाता है, जिसमें संप्रदाय में स्वयं को सर्वोपरि भगवान मान बैठे कई स्वामियों और अन्य पाखंडों का विवरण है।

यह २० वीं सदी की शुरुआत थी। स्वामी विवेकानन्द ने भारत से बाहर जाकर विश्व में हिंदू आध्यात्म का जो प्रभाव फैलाया, उसके बाद अनेक हिंदू संप्रदायों के लोग विदेश जाने लगे। शास्त्रीजी महाराज ने भी विदेश यात्राएँ कीं और हिंदू धर्म के नाम पर चंदा इकट्ठा कर देश-विदेश में भव्य मंदिर बनाने का काम शुरू किया। धीरे-धीरे चंदा इकट्ठा कर विशाल मंदिर बनाना प्राथमिक लक्ष्य बन गया और यह कार्य BAPS के प्रत्येक नए प्रमुख ने जारी रखा, जिनमें योगीजी महाराज को छोड़कर ज्यादातर प्रमुख पटेल ही रहे। पैसे और भव्य मंदिर लक्ष्यों के कारण करोड़पति व्यापारी और उद्योगपति BAPS के नजदीक बन गए। संन्यासियों के चिंतन और प्रवचनों में व्यापारी वर्ग को गृहस्थ जीवन में 'संस्कारी व्यवहार' अपनाकर और उद्योग-व्यवसाय फैलाकर विकास करने के मोटिवेशनल प्रवचन ही बहने लगे। अनेक साधुओं के महिलाओं के साथ यौन शोषण, भीतर-भीतर शिष्यों व छोटे बालकों का यौन शोषण, धन की हेराफेरी, जमीनी क़ब्ज़े, अपहरण और संन्यासियों द्वारा एकदूसरे की हत्याओं तक के मामले BAPS सहित स्वामिनारायण संप्रदाय की ज़्यादातर संस्थाओं से बाहर आए। यहाँ तक कि २०१३ में दशकों तक BAPS के प्रमुख स्वामी के मुख्य शिष्य रहे पी. डी. स्वामी ने अहमदाबाद पुलिस स्टेशन में FIR दर्ज करवाई कि प्रमुखस्वामी ने उनका कई बार यौन शोषण किया। इसके बाद पी. डी. स्वामी ने अपनी संस्था के अन्य स्वामियों को खुलेआम आकर अंदर चल रहे यौन शोषण के विषय में कथन करने और अपनी सुरक्षा हेतु मदद माँगने का सार्वजनिक पत्र भी लिखा। उस दिन से पीडी स्वामी गायब है, और आज तक उसका कोई पता नहीं मिला। नीचे दिये गये लिंक पर उनकी हस्तलिखित पुलिस शिकायत और पत्र के साथ उस वक्त के बड़े वर्तमानपत्रों की हेडलाइन की एक PDF लिंक है, जो २०१३ से वायरल है ।

पीडीएफ लिंक :

https://drive.google.com/file/d/10oFAiUmv51auAJZqty_GcJZX8xx-

GoT9H/view?usp=drivesdk

योगीजी महाराज के बाद जब शांतिलाल पटेल उर्फ़ 'प्रमुख स्वामी' को संस्थान का प्रमुख चुना गया, तब प्रमुखपद के दावेदार अन्य एक स्वामी BAPS छोड़कर नया फिरका शुरू कर गए, जिसे हरिधाम सौंखड़ा के नाम से जाना जाता है। आगे चलकर उसमें से भी दो समूह बने। इस प्रकार मूल दोनों गादियों से भी कई फाँटे निकल चुके हैं। पर ये फाँटे केवल आंतरिक झगड़ों के कारण नहीं पैदा होते; कई बार ये एक रणनीति का हिस्सा होते हैं जहाँ सहजानंद को सनातन धर्म के समस्त आराध्य देवों के ऊपर एकमात्र सर्वोपरि ईश्वर के रूप में स्थापित करके पूरे सनातन धर्म और हिन्दू समाज को अपने अधीन करने का षड्यंत्र अलग-अलग दिशाओं से, छोटे-बड़े विभिन्न एककों द्वारा जारी रखा जाता है। उदाहरणतः वडताल और कालूपुर की मूल गादियों की पुस्तकों व स्वामियों के प्रवचनों में यह बात उतनी जोर से नहीं कही जाती जितनी कि अलग रहे कूँडलधाम, मणिनगर, SMVS और जेतलपुर जैसे अलग पड़े फिरकों में की जाती है। कुछ अलग होकर स्वतंत्र इकाइयों के रूप में व्यवहार करते हैं, तो कुछ मूल गादी से जुड़े रहते हुए हिन्दू समाज में सहजानंद नामक एक नए एकमात्र सर्वोपरि ईश्वर में धर्मान्तरण का अभियान चलाते हैं। नीचे दोनों मूल गादियों और उनसे अलग हुए कुछ फ़िरक़ों की सूची है — पर विकेन्द्रीकरण इतना बढ़ चुका है कि यह सूची पूरी नहीं मानी जा सकती। जब भी कोई स्वामी प्रारंभिक प्रसिद्धि पाता है, वह अपना स्वतंत्र यूनिट चलाने लगता है, जहाँ मुख्य ईश्वर सर्वोपरि सहजानंद होते हैं और सद्गुरु सहजानंद की उसी समय की टोली को माना जाता है जो अंग्रेजों और ईसाई पादरियों से घनिष्ठ संपर्क में रहकर वह सारे सनातन धर्म विरोधी विकृत पुस्तक लिख चुकी थी। वह विकृत पुस्तक इस संप्रदाय में शास्त्र माने जाते है। और सनातन धर्म के सारे वैदिक ईश्वरों के विरुद्ध उन विकृत बातों का वे बेशर्मी से यह कहकर बचाव करते है की 'यह सब हमारे शास्त्रों में लिखा हुआ है।'

संप्रदाय के यह नए नए फिरके घड़ने के दो फायदे होते हैं: (१) दूसरे फ़िरकों के विकृत लेखन और प्रवचनों से अपने आप को अलग बताकर पाखण्ड को ढकने का, और (२) हिन्दुओं के नये विस्तार क्षेत्रों में हिंदू धर्म के नाम पर संप्रदाय के नए अनुयायी खड़े करके, उनसे दान प्राप्त करके जमीन, आश्रम तथा गुरुकुल स्थापित कराने का। प्रत्येक दान की जमीन, हर नया आश्रम और गुरुकुल सनातन धर्म को अंदर से खोखला कर देता है और सहजानंद के स्वामिनारायण षड्यंत्र को शक्तिशाली बनाता है—जिससे गुजरात में सनातन धर्म के विनाश की प्रक्रिया और भी शक्तिशाली होती जाती है।

मूल षड्यंत्र सहजानंद और उनकी टोली ने अंग्रेजों व ईसाई पादरियों की मदद से किया था; अतः उसके बाद बनी मूल गादियों तथा उनके असंख्य फिरकों में भी अन्ततः वही विचारधारा काम करती है—सनातन धर्म पर एक नया, एकमात्र सर्वोपरी भगवान थोप कर विश्व भर के हिंदुओं में वैदिक ईश्वर-उपासना समाप्त करने की। उदाहरण के तौर पर, मूल गादी वडताल और BAPS के पत्र-पत्रिकाओं/पुस्तकों में कितना फर्क है—यह समझ कर ही इन फिरकों के माध्यम से षड्यंत्र किस तरह विकसित हुआ, यह जाना जा सकता है।

• हिन्दुओं को धर्मांतरित करने का त्रीस्तरीय षडयंत्र :

वडताल मूल गादी के सत्संगी जीवन में एक तथाकथित त्री-स्तरीय दर्शन के माध्यम से सहजानंद स्वामी को पुरुषोत्तम और सर्वोपरि भगवान बना दिया गया है। पर वास्तव में यह कोई त्री-स्तरीय दर्शन नहीं, बल्कि हिन्दू समाज को मूर्ख बनाने का त्री-स्तरीय षड्यंत्र है। नए हिन्दुओं को यह षड्यंत्र तीन चरणों में इस तरह फँसाता है: पहले स्तर में कृष्ण को पुरुषोत्तम परमेश्वर माना जाता है — अर्थात् वैष्णव संप्रदाय के रूप में हिंदुओं में प्रवेश किया जाता है। कुछ समय बाद नियमित भक्त जुट जाने पर दूसरे स्तर की कथनी आरम्भ होती है कि स्वामिनारायण अर्थात् सहजानंद स्वामी ही कृष्ण के स्वरूप हैं। फिर जब भक्त जम जाते हैं, तो एक मध्यवर्ती विचार दिया जाता है कि एक सर्वोच्च पुरुषोत्तम परमेश्वर है जिसने पहले कृष्ण के रूप में अवतार लिया और अब नए रूप में स्वामिनारायण के रूप में प्रकट हुआ है — अर्थात् कृष्ण और स्वामिनारायण दोनों ही किसी मुख्य पुरुषोत्तम ईश्वर के अवतार या रूप हैं। और अन्ततः तीसरे स्तर पर जाकर कहा जाता है कि वह पुरुषोत्तम रूप के ईश्वर स्वयं स्वामिनारायण ही है, जिनका धाम अक्षरधाम है; राम और कृष्ण सब उनके अवतार हैं जो नीचे के धामों में फँसे हुए हैं।

सनातन शास्त्रों को इस तरह विकृत कर लिखे गये पुस्तकों को अंग्रेजों के सहायक ईसाई पादरी विलियम हौज मिल ने सहजानंद स्वामी द्वारा 'हिन्दू ग्रंथों को शुद्ध करना' कहा। वे शरूआती पुस्तक इन तीन स्तरों में विकसित होकर अंततः उस विकृति तक पहुँचते हैं जहाँ घनश्याम पांडे उर्फ सहजानंद को सनातन धर्म के पंचदेवों से ऊपर उनके आराध्य ईश्वर के रूप में प्रतिष्ठित कर दिया जाता है।

इस कार्य के लिए वे कृष्ण को आधार या बिसाखी (सीढ़ी) बनाते हैं। इसीलिए जब BAPS और संप्रदाय की मूल गादी के बीच २० वीं सदी की शुरुआत में कोर्ट केस हुआ, तब मूल गादी ने कोर्ट में BAPS को यह डाँट लगाई कि 'BAPS ने

कृष्ण को छोड़ दिया है — जबकि वास्तव में कृष्ण उनका आधार है'। जब वड़ताल मूल गादी ने यह कहा तब उनका आशय यह नहीं था कि कृष्ण ही उनका आराध्य है। उनका आराध्य केवल और केवल स्वामिनारायण/सहजानंद है, जैसा उनके ग्रंथ बार-बार कहते हैं। यह कहते हुए वे असल में यह कह रहे थे कि कृष्ण वह आधार है, जिस पर चढ़कर सहजानंद उर्फ़ घनश्याम पांडे को पहले कृष्ण-रूप में पुरुषोत्तम का अवतार बताया गया है और फिर उन्हें पुरुषोत्तम ठहराया गया है। यदि कृष्ण को आधार के रूप में शरुआत में न रखते तो 'पुरुषोत्तम' शब्द का कोई आधार न मिलता, क्योंकि भागवत पुराण में पूर्णपुरुषोत्तम का पद केवल कृष्ण को ही प्राप्त है। अतः कृष्ण की यह भूमिका बिसाखी जैसे काम आती है — इसी आधार पर सहजानंद को पुरुषोत्तम तक ऊपर चढ़ाया जाता है। कृष्ण के नाम को वहाँ एक नई जीसस जैसे ईश्वर को एकमात्र सर्वोपरि ईश्वर के रूप में स्थापित करने के लिए एक साधन के रूप में उपयोग में लिया गया है।

तो BAPS ने इसमें क्या परिवर्तन किए? मूल गादी की कथाएँ सहजानंद को गुजरात आने से पहले नीलकंठवर्णी के रूप में जंगल में सूर्यदेव की तपस्या करते हुए और सूर्यदेव की कृपा से वरदान प्राप्त करते हुए प्रस्तुत करती हैं। वहां वे विष्णु की मूर्ति स्थापित कर दिनों तक विष्णु की पूजा करते दिखते हैं; इसी वक्त के दौरान वहाँ शिव-पार्वती एक वृद्ध दंपत्ति के रूप में वहाँ आते है। नीलकंठवर्णी उन्हें पहचान लेते हैं और हाथ जोड़कर उनकी स्तुति करते हैं; बदले में शिव-पार्वती उन्हें वैराग्य का वरदान देते हैं। इन कथाओं में जब नीलकंठवर्णी गुजरात आते है और रामानंद स्वामी से मिलते है, तब वे कृष्ण के दर्शन न प्राप्त कर पाने के कारण दुखी और व्याकुल होते है। और इसी वजह से वे रामानंद स्वामी से एक वैष्णव संन्यासी की दीक्षा माँगते है। मूल गादी में इस प्रकार पहले कृष्ण को पूर्णपुरुषोत्तम के रूप में स्थापित कर आराध्य बताने के बाद, ऊपर बताये त्री-स्तरीय प्रपंच के माध्यम से धीरे-धीरे सहजानंद को पुरुषोत्तम पर आसीन किया गया है, और सनातन धर्म के सारे वैदिक ईश्वरों के सर्वोपरि आराध्य के रूप में बिठाया गया है। वहीं पर वे सारी दुर्वासा ऋषि के नारायण ऋषि को श्राप देनेवाली काल्पनिक कथाए घड़ी गई है, जिन्हें हमने पिछले अध्याय में जाना।

लेकिन इसके बिल्कुल विपरीत BAPS और उससे प्रेरित संप्रदाय के कुछ अन्य समूह सीधे ही सहजानंद को पुरुषोत्तम बताकर शुरुआत कर देते हैं — यानी वे त्वरित तौर पर तीसरे स्तर पर चले जाते हैं। BAPS वड़ताल की बात को उल्टा-सुल्टाकर यह कहानी बताता है कि नीलकंठवर्णी के दर्शन हेतु जंगल में सूर्यदेव आये थे और नीलकंठवर्णी ने सूर्यदेव को आशीर्वाद दिया। हनुमानजी और शिव-पार्वती भी वर्णी

का दर्शन करने आए और उनसे सेवा मांगी; इसलिए जब नीलकंठवर्णी (सहजानंद) बाद में अपने मंदिर बनवाते हैं, तो शिव-पार्वती की मूर्तियाँ उनकी निकटता में स्थापित कर उन्हें सेवा में रखते है। बद्रीधाम के नर-नारायण वर्षों तक सहजानंद की तपस्या करते रहे और प्रसन्न होकर सहजानंद ने नर-नारायण को दर्शन दिए; लक्ष्मीजी आकर सहजानंद को पति रूप में नमन कर उनकी सेवा हेतु स्थान माँगती हैं, पर घनश्याम पांडे (सहजानंद) प्रत्युत्तर देते हैं कि अभी नहीं—जब वे गुजरात के काठियावाड़ में जायेंगे तब लक्ष्मीजी को सेवा में बुलाएँगे। ये सारी विकृतियाँ मूल गादी से आगे बढ़कर विकसित की गई हैं। साधारण शब्दों में कहें तो — जैसे शराब के गैरकानूनी धंधे करने वाले पिता के चार-पाँच पुत्र आगे जाकर ड्रग्स व हथियारों की तस्करी में उतर पड़ें, वैसा ही मूल गादी और अन्य समूहों के बीच फर्क है। मूल गादी उन स्वतंत्र बन चुके फिरकों के विरोध का पाखंड कुछ इस तरह करती है; जैसे वह शराब के गैरकानूनी धंधे वाला पिता अपने बेटों से कह रहा हो, 'धीरे चलों, इतना बड़ा इस तरह खुलेआम मत करो। वरना एक दिन उजागर हो जाएँगे, और बुरा परिणाम होगा।' इसी तरह मूल गादी के आचार्य कभी कबार इस संप्रदाय के स्वामियों को लताड़ने का पाखंड कर लेते है, और उसे सुनकर उनके पैसों और सुविधाओं में लोट रहे हिंदू संगठन खुश हो जाते है, और हिंदू समजा में उनके सही होने का सर्टिफिकेट बांटने की कोशिश करते है।

कुछ ऐसा ही अंतर वडताल और कालूपुर से अलग हुए अन्य फिरकों और उन मूल गादीयों के बीच भी है। वे मूल गादी की तुलना में अधिक विकृत हो कर सहजानंद को सनातन धर्म के वैदिक ईश्वरों के ऊपर खड़ा करते हैं, और सहजानंद के सेवक के रूप में वैदिक आराध्य देवों ज्यादा से ज़्यादा विकृत अपमान करके दूसरे फिरकों की तुलना में सहजानंद के प्रति अपनी निष्ठा प्रगट करते हैं। एक तरह से उन फ़िराकों के बीच सनातन धर्म के ईश्वरों का अपमान करके सहजानंद को ज़्यादा से ज़्यादा बड़ा दिखाने की होड़ लगी रहती है। नीचे उन्ही फिरकों को स्वामिनारायण संप्रदाय की दो मूल गादीयों के साथ एक सूची में डाला गया है। (यह सूची संपूर्ण नहीं हो सकती—विकेन्द्रीकरण फैलाने की कोशिश इतनी होती है कि नई इकाइयाँ स्वतन्त्र रूप से उभरती रहती हैं)।

• अ] वडताल गादी से जुड़े तथा उससे निकले प्रमुख समूह

१) वडताल – लक्ष्मी-नारायण देव गादी आचार्य

(i) आचार्य श्री अजेन्द्रप्रसादजी महाराज का सिद्धान्त पक्ष के नाम से

जाना जाने वाला समूह

वर्तमान में आचार्य नृगेन्द्रप्रसादजी द्वारा सञ्चालन। - २००३ के आस-पास वडताल गादी के आचार्य अजेन्द्रप्रसादजी के विरुद्ध संस्थान के स्वामियों के एक गुट ने नौतम स्वामी के नेतृत्व में अन्य वंशजों के साथ मिलकर बगावत कर दी। यह विवाद १९९६ से चल रहा था, जहाँ कहा जाता था कि आचार्य अजेन्द्रप्रसाद ने साधुओं की दीक्षा आदि में कडकियों की, क्योंकि संप्रदाय में साधुओं के भ्रष्टाचार, व्यभिचार और अपहरण व हत्या तक के मामले उभरे थे। विरोध में कुछ गुट ने कोर्ट में मामला दायर किया और गुजरात हाईकोर्ट के आदेश पर अजेन्द्रप्रसाद को आचार्य पद से हटाकर राकेशप्रसाद को नया आचार्य बनाया गया; जहाँ बगावत का नेतृत्व कर रहे नौतम स्वामी को प्रमुख संत बनाया गया। दूसरी ओर हटाये गये अजेन्द्रप्रसाद और उनके समर्थक (एसपी स्वामी आदि) गढड़ा में बैठे और विरोध जारी रखा। राकेशप्रसाद व नौतम स्वामी की वडताल पर आरोहण के बाद उनके समूहे साधुओं के व्यभिचार व अन्य अपराधों की बातें प्रकाशित होने लगीं और २००३ के आसपास खूब चर्चा हुई। आरोप है कि कई खुलासे अजेन्द्रप्रसादजी द्वारा ही कराए गए थे। वर्तमान में उन्हीं अजेन्द्रप्रसादजी के पुत्र लालजी महाराज उर्फ नृगेन्द्रप्रसादजी इस विरोध के प्रमुख हैं।

(ii) आचार्य श्री राकेशप्रसादजी महाराज का समूह — देवपक्ष द्वारा मान्य।
स्थान : श्री स्वामिनारायण मंदिर, वडताल, तालुका नडियाद, जिला खेड़ा, गुजरात

२) **इंटरनेशनल स्वामिनारायण सत्संग मंडल (ISSM)**
वडताल गादी से जुड़ा हुआ।
प्रमुख नेता : आचार्य श्री राकेशप्रसाद महाराज,
स्थान : इटास्का, USA

३) **हनुमान मंदिर, सारंगपुर (श्री कष्टभंजन देव हनुमानजी मंदिर)**
वडताल गादी से जुड़ा हुआ।
स्थान : सारंगपुर, जिला बोटाद, गुजरात

४) **श्री स्वामिनारायण गुरुकुल राजकोट संस्था**
वडताल गादी से जुड़ा हुआ।
प्रमुख : शास्त्री श्री मधवप्रियदासजी स्वामी
स्थान : राजकोट, गुजरात

५) **श्री स्वामिनारायण मंदिर, कुंडलधाम संस्था**
वडताल गादी से जुड़ा हुआ।
प्रमुख : श्री ज्ञानजीवनदासजी स्वामी

स्थान : कुंडलधाम, पास वडोदरा, गुजरात

६) सरधार संस्था, वडताल गादी से जुड़ा हुआ।

स्थान : सरधार, जिला राजकोट, गुजरात

७) जेतपुर गादी स्थान, वडताल गादी से जुड़ा हुआ।

स्थान : सोनी बाजार, एम.जी. रोड, जेतपुर, गुजरात

८) SGVP गुरुकुल, छरौड़ी (अहमदाबाद)

वडताल गादी से जुड़ा हुआ।

प्रमुख : शास्त्री श्री मधवप्रियदासजी स्वामी

स्थान : छरौड़ी, एस.जी. हाईवे, अहमदाबाद, गुजरात

९) श्री स्वामिनारायण गुरुकुल, मेमनगर (अहमदाबाद)

पैरेंट बॉडी : राजकोट गुरुकुल (वडताल से जुड़ा हुआ)

प्रधान : पुराणी श्री बालकृष्णदासजी स्वामी

स्थान : मेमनगर, अहमदाबाद, गुजरात

१०) श्री स्वामिनारायण मंदिर, वडवाण (वढवाण गादी)

वडताल गादी से जुड़ा हुआ।

स्थान : वडवाण, जिला सुरेन्द्रनगर, गुजरात

११) श्री स्वामिनारायण मंदिर, गढड़ा (गढ़पुर धाम)

वडताल गादी से जुड़ा हुआ।

आचार्य : श्री अजेन्द्रप्रसादजी महाराज

स्थान : गढड़ा, जिला भावनगर, गुजरात

१२) श्री स्वामिनारायण मंदिर, जूनागढ़

वडताल गादी से जुड़ा हुआ।

स्थान : जूनागढ़, गुजरात

१३) श्री स्वामिनारायण मंदिर, ढोलेरा

वडताल गादी से जुड़ा हुआ।

स्थान : ढोलेरा, तालुका धनडुकाः जिला अहमदाबाद, गुजरात

१४) सतश्री, सुरत

वडताल गादी से निकला हुआ, वर्तमान में स्वतंत्र या वड़ताल से जुड़ा इसकी जनकारी सार्वजनिक रूप से अस्पष्ट

स्थान : कामरेज-बारडोली रोड, खानपुर, सुरत

१५) बोचासणवासी अक्षर पुरुषोत्तम स्वामिनारायण संस्था (BAPS)

वडताल गादी से बाहर निकली संस्था;
नेता : महंत स्वामी महाराज
स्थान : अहमदाबाद, गुजरात

१६) हरिधाम सौंखड़ा – आत्मीय संस्था
BAPS से अलग हुई;
स्थापक : हरिप्रसाद स्वामीजी,
स्थान : सौंखड़ा, जिला वडोदरा, गुजरात

१७) प्रबोध स्वामी समूह, हरिधाम सौंखड़ा से अलग हुआ
नेता : प्रबोध स्वामी

• ब] कालूपुर (नर-नारायण देव गादी) और उससे जुड़े समूह

१८) कालूपुर – नर-नारायण देव गादी
आचार्य : आचार्य श्री कोशलेन्द्रप्रसादजी महाराज
स्थान : कालूपुर, अहमदाबाद, गुजरात

१९) SMVS (Swaminarayan Mandir Vasna Sanstha)
कालूपुर शाखा से अलग हुई;
नेता : HDH देवनंदनदासजी स्वामी (बापजी)
स्थान : गांधीनगर, गुजरात

२०) मणिनगर श्री स्वामिनारायण गादी संस्था
कालूपुर गादी से अलग होकर बनी;
नेता : आचार्य श्री जितेन्द्रप्रियदासजी स्वामीजी महाराज
स्थान : मणिनगर, अहमदाबाद, गुजरात

२१) कुमकुम स्वामिनारायण मंदिर
स्थापक : स्वामी आनंदप्रियदासजी

२२) श्री स्वामिनारायण मंदिर, भुज
कालूपुर गादी से जुड़ा हुआ;
अध्यक्ष : महन्त सदगुरु पुराणी धर्मानंदनदासजी
स्थान : भुज, कच्छ, गुजरात

२३) श्री स्वामिनारायण मंदिर, जेतलपुर
कालूपुर गादी से जुड़ा हुआ;
आचार्य : श्री कोशलेन्द्रप्रसादजी महाराज

स्थानः जेतलपुर, तालुका डस्करोई, गुजरात

• झूठे नाम और शास्त्रों के झूठे अर्थघटनों का प्रपंच

अब उन झूठ और प्रपंचों को देखते हैं जिनको करते हुए इन सारे फिरकों ने एकसमान रूप से निर्लज्जता की सारी हदें पार कर दी हैं। सहजानंद को नारायण और स्वामिनारायण बनाने के लिये भगवान विष्णु और कृष्ण के नाम एक के बाद एक उन पर आरोपित किए गए—यह हमने देखा। पर वे सारे नाम कुछ कम-जानें-पहचाने पुराणों और अन्य शास्त्रों के कुछ श्लोकों से चुने गए शाब्दिक उद्धरणों को छाँट-छाँट कर उन पुस्तकों में सहजानंद के साथ जोड़े गए थे। बात केवल सहजानंद के नए-नए नामों तक ही सीमित नहीं रही—उनके माता-पिता के नाम भी बदल दिए गए। स्कंद पुराण में भगवान नर-नारायण के पिता का नाम 'धर्म' और माता का नाम 'भक्ति' बताया गया है, जो प्रतीकात्मक रूप से यह सूचित करता है कि जहाँ धर्म और भक्ति का संगम होगा वहाँ नारायण श्रीविष्णु प्रकट होंगे। पर सहजानंद की प्रारम्भिक टोली ने न केवल उन प्रतीकात्मक नामों को वास्तविक दिखा दिया, वे सहजानंद के माता-पिता के नाम तक बदल चुके हैं। अधिक प्रचलित रूप से आज संप्रदाय में कहा जाता है कि सहजानंद के पिता का नाम हरिप्रसाद और माता का नाम प्रेमवती था—जिन्हें बाद में अचानक धर्मदेव और भक्तिदेवी के नाम दे दिये गये।

पर बात यह है कि यदि मूल स्रोतों—वडताल की मूल पुस्तकों—को जांचा जाए तो वहाँ घनश्याम पांडे जैसा कोई नाम नहीं मिलता। उन स्रोतों के अवलोकन से यही प्रतीत होता है कि सहजानंद स्वामी का मूल नाम हरीप्रसाद हो सकता है, पर जो स्वयं को 'हरि' कहे वह 'हरि का प्रसाद' कैसे होगा? अतः शतानंद द्वारा रचित सत्संगी जीवन में बताया गया है कि धर्मदेव और भक्तिदेवी के घर परमात्मा पुरुषोत्तम जन्मे और 'हरि' नाम से प्रसिद्ध हुए। और उसके बाद उनके बाल्यकाल से सहजानंद और स्वामीनारायण बनने तक का वर्णन 'श्रीहरि' नाम से किया गया है। BAPS की घनश्याम चरित्र आदि पुस्तकों में बाल्यकाल की घटनाओं का जो क्रम है वैसे ही प्रसंग वड़ताल की सत्संगी जीवन में भी मिलते है। बस फर्क यह है कि उसमें कहीं पर घनश्याम नाम नहीं आता। पूरा वर्णन आखिर तक—श्रीहरि ने यह किया और वह किया—उस तरह से लिखा गया है। घनश्याम नाम को बाद में भगवान कृष्ण की जगह पर सहजानंद को बैठाने की प्रवृत्ति में जोड़ा गया है—ठीक उसी तरह जैसे नीलकंठवर्णी नाम भगवान शिव का स्थान लेने के लिये दिया गया है।

BAPS कहता है कि घनश्याम पांडे ने सन्यास लेकर नीलकंठ नाम धारण

किया। वनविचरण के प्रसंगों में उनका नाम BAPS द्वारा 'नीलकंठवर्णी' बताया जाता है, पर सत्संगी जीवन में 'श्रीहरि' नाम से ही पूरा वर्णन है। आखिर में जब वनविचरण के प्रसंग पूर्ण होने लगते हैं तो कुछ पन्नों में अचानक उन्हें नीलकंठ या नीलकंठवर्णी भी कहा जाता है। यह प्रश्न कि जो स्वयं कृष्ण या श्रीहरि है, उसे नीलकंठ क्यों कहा गया—उसका कोई तार्किक उत्तर वहाँ नहीं दिया गया। बस दो-तीन पन्ने आगे चलने पर सहजानंद को हरि के अतिरिक्त कोई न कोई नया नाम दे कर संबोधित कर दिया जाता है—'नारायण मुनि', 'श्री नारायण', 'स्वामिनारायण', 'नीलकंठ', 'नीलकंठवर्णी', 'सहजानंद', 'पुरुषोत्तम' आदि। पर सत्संगी जीवन में घनश्याम पांडे का बचपन का नाम स्पष्ट रूप से दर्ज नहीं मिलता। घनश्याम नाम सिर्फ एक बार कहीं पर ऐसे ही लिख दिया जाता है, वह भी इस तरह से की यह हरि है तो विष्णु और कृष्ण के सारे नाम उनके लिए कभी भी समानार्थी संबोधन के लिए उपयोग किए जा सकते है। वरना बाल्यकाल के नाम के लिए तो सत्संगी जीवन में सहजानंद का वह वाक्य ही प्रमाण के रूप में मिलता है कि 'मैं छपैया में जन्मा हूं, और हरि नाम से प्रचलित हूं। इस तरह, सत्संगी जीवन को देखकर यही गोलमाल दिखतीं है कि इस भाई का नाम हरिप्रसाद है, और सारी कोशिशें पीछे से 'प्रसाद' को निकालकर सिर्फ हरि बनाने की हुई है।

हरिप्रसाद और प्रेमवती—ये नाम BAPS में सहजानंद के माता-पिता के रूप में प्रयुक्त होते हैं। पर शतानंद के सत्संगी जीवन में सहजानंद के पिता का मूल नाम देवशर्मा और माता का नाम बालादेवी है। देवशर्मा को 'धर्म' का अवतार कह कर 'धर्मदेव' और बालादेवी को 'भक्तिदेवी' कहा गया है—जिनके घर पर श्रीहरि की दुर्वासा ऋषि के किसी श्राप को पूरा करने के लिये आगमन की कथा बतायी जाती है। क्या ऐसा कोई प्रसंग किसी मान्य सनातन पुराण में मिलता है? नहीं—यह तो शतानंद द्वारा लिखी गयी, भोजपुरी फिल्म जैसी पटकथा की काल्पनिक कहानी है जो सत्संगी जीवन नामक श्रीमद भागवत की नकल के तौर पर तैयार की गई एक पुस्तक का काल्पनिक कथानक है। और इस कथानक में धर्मदेव एवं भक्तिदेवी—अर्थात् देवशर्मा और बालादेवी—के पुत्र के रूप में 'हरि' का जन्म बताकर झूठ गढ़ा गया है।

पूरी संभावना यह है कि पुत्र का नाम 'हरिप्रसाद' है; पर जिसे 'हरि' या 'नारायण' कहना या बनाना है, उसका नाम 'हरि का प्रसाद' कैसे हो सकता है? यदि पुत्र का नाम 'हरि-प्रसाद' छुपा रखा गया होता तो वह कभी आगे चलकर वापस जुड़ ही जाता। इसलिए उपाय यह ढूंढा गया कि हरिप्रसाद नाम उनके पिता को दे दिया जाए, ताकि इस विषय पर एक ओर भ्रम और भ्रांति बनी रहे। और पिता देवशर्मा,

जिन्हें पहले ही धर्मदेव नामक एक नाम दिया गया है, उन्हें हरिप्रसाद नामक एक और नाम देने के लिए हजारों पन्नों के सत्संगी जीवन में सिर्फ एक वाक्य जोड़ा गया है: "हरि उन्हें प्रसाद के रूप में मिले इसलिए उन्हें हरिप्रसाद कहा गया।" अब, यह भी संप्रदाय की अन्य चोरी और एसेंबल प्रक्रिया की तरह हास्यास्पद ही है, क्योंकि पुत्र को तो पिता का प्रसाद कहा जा सकता है, पर पिता को पुत्र का प्रसाद कैसे कहा जा सकता है? यह किसी भी भाषा के व्याकरण एवं तर्क से परे जोड़ा गया बस एक वाक्य है जिससे सहजानंद के मूल नाम हरिप्रसाद को पिता को देने की कोशिश मनकी गई मालूम पड़ती है। बात यहां पर भी नहीं ठहरती। माँ के नाम में भी ऐसा ही खिलवाड़ है: प्रेमवती नाम भी सहजानंद की माता बालादेवी को ऐसे ही एक वाक्य के साथ दे दिया गया है। पहले ही स्कंद पुराण में सहजानंद को घुसाने के लिए बालादेवी को भक्तिदेवी नाम दिया गया था। और उसके बाद पति को दिए गए अतिरिक्त नाम हरिप्रसाद के साथ बालादेवी को भी प्रेमवती नामक एक नया नाम दिया गया। और उस नाम के लिए एक वाक्य दिया गया; देवशर्मा के पिता ने उनकी पुत्रवधु बालादेवी को प्रेमवती नामक एक नया नाम डियाज क्योंकि वह उनके पुत्र देवशर्मा को बहुत प्रेम करती थी। बस, पूरे सत्संगी जीवन में संप्रदाय द्वारा चलाए जा रही उन प्रेमवती रेस्टोरेंटों के नाम का इतना ही इतिहास है।

इस प्रकार यह संप्रदाय—जो नामों, रीति-रिवाज़ों और घटनाओं की चुराई हुई, निर्मित असेंबली कंपनी की तरह है—वहाँ आपको ऐसे तमाम खिलवाड़ और मिलावट हर जगह दिखेंगे। और वही असेंबलिंग आपको सहजानंदी संप्रदाय द्वारा प्रस्तुत किए जाने वाले हिन्दू शास्त्रों के झूठे अर्थघटनों में भी दिखाई देता है। यहाँ वे श्लोक और उनके 'सत्य' अर्थ दिये गये हैं, जिनके संदर्भ में दशकों से संप्रदाय के सारे फिरके झूठे अर्थ दिखाकर गुजरात के हिन्दुओं को धर्मांतरित करने का षडयंत्र चला रहे थे।

१. पद्म पुराण, उत्तरखंड

छंद :

नरःकृष्णो हरिर्धर्मनन्दतो धर्मजीवनः ।
आदिकर्ता सर्वसत्यः सर्वस्त्रीस्वदर्पदा ॥

पद्मपुराण, ७२.१७५

संप्रदाय ने किया हुआ अनुवाद :

"धर्म को पुनर्जीवित और संरक्षित करने के लिए, परमात्मा श्री हरि कृष्ण भगवान कलियुग में धर्मदेव के घर मानव के रूप में अवतार लेंगे। वह अनगिनत ब्रह्मांडों के

सृजनहार हैं, पूर्ण सत्य का रूप हैं, और इंद्रियों पर विजय प्राप्त कर चुके हैं।"

सही अनुवाद :

"जो शिव के त्रिशूल का संहारक है, जो शिव को भी वरदान देता है, वही सर्वोत्तम मनुष्य है, वही कृष्ण है, वही हरि है, वह धर्म में आनंदित होता है। धर्म और सत्य उसकी जीवनशक्ति हैं। वह पहला प्रतिनिधि है, पूर्ण सत्य का रूप है। वह सभी स्त्री रत्नों के आभूषणों को हराने वाला है। वह उन ऋषियों का नेता है, जिन्होंने उर्वशी को जन्म दिया।"

शिवत्रिशूलविध्वंसी श्रीकंठैकवरप्रदः
नरः कृष्णो हरिर्धर्मनंदनो धर्मजीवनः ॥१७२॥
आदिकर्त्ता सर्वसत्यः सर्वस्त्रीरत्नदर्पहा
त्रिकालजित कंदर्प उर्वशीसृङ्गनीश्वरः ॥१७३॥

सत्य :

पूरा अनुवाद झूठा है। यहाँ तक कि छंद संख्या भी गलत है। यह छंद वास्तव में पद्म पुराण के उत्तरखंड के अध्याय ७१ के छंद १७२ और १७३ का संयोजन है। संप्रदाय ने इसे ७२.१७५ के रूप में प्रस्तुत किया है। हरि कृष्ण नाम को सहजानंद स्वामी के कई नामों में से एक के रूप में प्रयोग किया गया है। सहजानंद स्वामी के माता-पिता के नाम, जो हरिप्रसाद पांडे और प्रेमवती पांडे थे, उनको संप्रदाय ने बदलकर धर्मदेव और भक्तिदेवी किया है। क्योंकि शास्त्रों में ये नाम प्राचीन ऋषियों नार-नारायण के माता-पिता के नाम हैं। इस प्रकार, वे इस बनावटी कहानी को सनातन धर्म के शास्त्रों में घुसेड़ने की कोशिश कर रहे हैं।

२. **कूर्म पुराण, ब्राह्मी संहिता, २७.१२-१३**

छंद :

ये ब्राह्मणा वंशजाता युष्माकं वै सहस्त्रशः ।
तेषां नारायणे भक्तिर्भविष्यति कलौ युगे ॥
परात्परतरं यान्ति नारायणपरा जनाः ।
तते तत्र गमिष्यन्तियेद्विषन्तिमदेश्वरम् ॥

संप्रदाय का अनुवाद :

भगवान श्रीकृष्ण ऋषियों से कहते हैं, "जो अनेक जीव तुम्हारे वंश में उत्पन्न होंगे, उनकी कलियुग में प्रकट होने वाले पुरुषोत्तम नारायण में भक्ति जाग्रत होगी। वे

परब्रह्म नारायण में भक्ति रखने वाले सभी जन, सभी धामों से परे सर्वश्रेष्ठ पद प्राप्त करेंगे। लेकिन जो भगवान शिव का विरोध करेंगे, वे उस धाम को कभी प्राप्त नहीं कर पाएंगे।"

सही अनुवाद :

"जो हजारों ब्राह्मण तुम्हारे वंश में जन्म लेंगे, उनकी नारायण में भक्ति होगी। नारायण में भक्ति रखने वाले लोग सर्वोच्च पद प्राप्त करेंगे। लेकिन यदि वे महेश्वर से द्वेष करते हैं, तो वे वहां नहीं पहुंच सकते।"

सत्य :

इस श्लोक में "कलियुग में प्रकट होने वाले पुरुषोत्तम नारायण" जैसे किसी भी शब्द का उल्लेख नहीं है, जिसे संप्रदाय के अनुवाद में जोड़ दिया गया है। यह संप्रदाय भगवान विष्णु के नाम "नारायण" और "हरि" को उनसे अलग करके, जहां भी हिंदु शास्त्रों में "नारायण" शब्द आता है, उसे स्वामिनारायण नाम से सहजानंद स्वामी के साथ जोड़ने का प्रयास करता है।

३. ऋग्वेद १.१५४.०६

श्लोक :

ता वां वास्तून्युश्मसि गमध्यै यत्र गावो भूरिशृङ्गा अयासः ।
अत्राह तदुरुगायस्य वृष्णः परमं पदमव भाति भूरि ॥

संप्रदाय का अनुवादः

"सर्वोच्च ब्रह्मलोक में, जहाँ विशाल और दीर्घ प्रकाश की किरणें चारों ओर फैलती हैं, वहाँ परमेश्वर श्री पुरुषोत्तम नारायण विराजमान हैं। वह परम लोक असीमित है। उस लोक में एक विशाल आभा से असीम और विस्तृत प्रकाश की किरणें निकलती हैं, और असंख्य शाश्वत भक्त श्री हरि की निरंतर स्तुति करते हैं। वहाँ श्री हरि सदा अपने शाश्वत भक्तों के साथ निवास करते हैं। भगवान का दिव्य लोक अनंत है, किसी भी सीमा से रहित है, और स्वयं पुरुषोत्तम नारायण के प्रकाश से प्रकाशित होता है।"

श्लोक का वास्तविक अर्थ :

"हे इंद्र और वरुण देव! हम (यजमान दंपत्ति) ऐसी निवास स्थली की कामना करते हैं जो हमारी शरण बन सके, जहाँ स्वास्थ्यप्रद और चमकीली सूर्य किरणें प्रवेश करें। जहाँ सुंदर, सींगों वाली, दूध देने वाली गायें हों। ऐसे उत्तम घरों में, विष्णु, जो बहुजनों द्वारा पूजित हैं, उनके परम धाम की विशेष दिव्यता स्वयंसिद्ध होती है।"

सत्य :

संप्रदाय ने निर्लज्जता से ऋग्वेद के दो पंक्तियाँ लीं और फिर अपनी लंबी सामग्री जोड़ दी, जिसका इस श्लोक से कोई संबंध नहीं है। ऋग्वेद में विष्णु को ३३ देवताओं में से सर्वोच्च देवता बताया गया है। यह विशेष श्लोक विष्णु को समर्पित है। यजुर्वेद में विष्णु को नारायण कहा गया है क्योंकि उनके चरणों से जल (नीर) बहता है। चूंकि वे सर्वव्यापी हैं, उन्हें यजुर्वेद में वासुदेव भी कहा गया है। यजुर्वेद में विष्णु गायत्री मंत्र बार-बार आकर कहता है: "नारायण वासुदेव हैं और वे विष्णु हैं; हम उस विष्णु देवता को प्रणाम करते हैं।"

४. शुक्ल यजुर्वेद, ६.३

श्लोक :

याते याते धामान्यु म्म सिगमंध्य् यत्र गावो भूरिशृङ्गा अयासः ।
अत्राद् तदुरुगायस्य् विष्णोड़परमम्पदमवं भारिं भूरिं ॥

संप्रदाय का अनुवाद :

"सर्वोच्च ब्रह्मलोक में, जहाँ विशाल और दीर्घ प्रकाश की किरणें चारों ओर फैलती हैं, वहाँ परमेश्वर श्री पुरुषोत्तम नारायण विराजमान हैं। वह परम लोक असीमित है। उस लोक में एक विशाल आभा से असीम और विस्तृत प्रकाश की किरणें निकलती हैं, और असंख्य शाश्वत भक्त श्री हरि की निरंतर स्तुति करते हैं। वहाँ श्री हरि सदा अपने शाश्वत भक्तों के साथ निवास करते हैं। भगवान का दिव्य लोक अनंत है, किसी भी सीमा से रहित है, और स्वयं पुरुषोत्तम नारायण के प्रकाश से प्रकाशित होता है।"

वास्तविक अनुवाद :

"सूर्य की किरणों से प्रकाशित, हम उस परम धाम को प्राप्त करने की इच्छा करते हैं जो सर्वव्यापक, माननीय भगवान विष्णु का है। हम आपको ब्राह्मणों, क्षत्रियों, और वैश्य वर्ग के लिए शक्ति और समृद्धि के उचित वितरक के रूप में मानते हैं। अतः ब्राह्मण विद्वानों को ज्ञान की संपदा, क्षत्रियों को पराक्रम और वीरता, और वैश्य को धन और समृद्धि का आशीर्वाद दें, जिससे लोगों की आयु और संख्या में वृद्धि हो सके।"

सत्य :

इसके पहले के तीसरे क्रम में दिए गए ऋग्वेद के श्लोक का अनुवाद और इस श्लोक का अनुवाद संप्रदाय के वीडियो में एक ही दिया गया है, जो की गलत है। साथ ही इस श्लोक की दूसरी पंक्ति में "विष्णु" शब्द स्पष्ट रूप से लिखा गया है।

सच्चे अनुवाद में कहीं भी स्वामिनारायण का उल्लेख नहीं है, जो संप्रदाय ने अपने अनुवाद में डाला है।

५. **स्कंद पुराण, वासुदेव माहात्म्य, १७.१-५**

श्लोक :

तत्त्वेककालसंभूतको टिकोट्यर्कसन्निभम् ।
स व्यचष्ट महतेजी दिव्यं सिततरं मुने ||१
दिशश्च विदिशः सर्वा ऊर्द्धाधो व्याप्नुवच्च यत् ॥
अक्षरं ब्रह्म कथितं सच्चिदानन्दलक्षणम् ||२
शा प्रकृतिं पुरुषं चोभौ तत्कार्याण्यपि सर्वशः ॥
व्याप्तं यद्योगसंसिद्धाः षट्चक्राणि निजान्तरे ॥
व्यतीत्य मूर्ध्नि पश्यन्ति वासुदेवप्रसादतः ॥३॥
यद्भासा भासितः सूर्यो वह्निरिन्दुश्च तारकाः ||
भासयन्ति जगत्सर्वं स्वप्रकाशं तथामृतम् ||४|
यद्वह्मपुरमित्यादुर्भगवद्धाम सात्वताः ||
यस्यान्तिकेषु परितस्तिष्ठन्त्यर्चककोटयः ||५||

संप्रदाय का अनुवाद :

"इस महान चौराहे पर यह अद्भुत प्रकाश क्या है? यह हज़ारों सूर्यों के उदय के समान तेजस्वी, विशाल और अपरिमेय है। यह प्रकाश सभी दिशाओं, उप-दिशाओं, ऊपर और नीचे व्याप्त है और इसे अक्षर ब्रह्म कहा जाता है। यह प्रकाश पुरुष-प्रकृति और उनके समस्त कार्यों में व्याप्त है। यही वह प्रकाश है जिसे सिद्ध योगी अपने मन के सहस्रार चक्र में भगवान की कृपा से छह चक्रों को पार करने के बाद देखते हैं। यह प्रकाश सूर्य, चंद्रमा, अग्नि, और तारों को प्रकाशित करता है और इसे ब्रह्मपुर या पुरुषोत्तम नारायण का धाम कहा जाता है। इस प्रकाश के चारों ओर भक्तों के समूह पूजा में खड़े हैं।"

सत्य :

संप्रदाय के वीडियो में इस श्लोक को अक्षरधाम का वर्णन बताया गया है, लेकिन अगले श्लोक १०, ११ और १२ को पढ़ने पर यह स्पष्ट हो जाता है कि यह विष्णु के धाम वैकुंठ का वर्णन है, न कि अक्षरधाम का। जहाँ भी "अक्षर" शब्द प्रयोग होता है, उसका अर्थ "अविनाशी" होता है, न कि अक्षरधाम।

सही अनुवाद :

स्कंद पुराण, वासुदेव माहात्म्य, १७.१-१२

१. "हे ऋषि, भगवान (विष्णु) ने अत्यंत तेजस्वी और दिव्य प्रकाश प्रकट किया, जो अरबों सूर्यों के समान उज्ज्वल था।

२. वह अविनाशी ब्रह्म (अक्षर ब्रह्म) पूरे ब्रह्मांड के सूक्ष्म आधारों में, ऊपर और नीचे, व्याप्त था। यह अस्तित्व, ज्ञान, और परम आनंद का सार था।

३. यह प्रकाश पुरुष और प्रकृति के सभी रूपों में व्याप्त था। यह वही प्रकाश है जिसे मनुष्य अपने शरीर के छह चक्रों को पार कर भगवान वासुदेव की कृपा से प्राप्त करते हैं।

४. यह वही प्रकाश है जिससे सूर्य, चंद्रमा, अग्नि, और तारों को उनकी चमक मिलती है। यह पूरे जगत को अपने अविनाशी (अक्षर) प्रकाश से प्रकाशित करता है।

५. सत्वत लोग इसे ब्रह्मपुर, भगवान का धाम कहते हैं, जो लाखों भक्तों से घिरा है।

६-७. हे ऋषि, ब्रह्मा और शंकर जैसे देवता पूजा सामग्री लेकर उस (ब्रह्मपुर) की ओर आते हैं। लेकिन केवल वे ग्वाले और गोपियां, जिन्हें कृष्ण की कृपा प्राप्त है, इस तेजस्वी भगवान को देख सकते हैं; अन्य केवल इसकी तेजस्विता देखते हैं, भगवान को नहीं।

८. नारद ने इस अद्भुत, चमकते हुए, दिव्य और अत्यंत सुंदर धाम को देखा, जो बहुमूल्य रत्नों, कई रत्न-जड़े स्तंभों और एक विशाल सभा कक्ष से भरा हुआ था।

९. यह भगवान के भक्तों के घरों की पंक्तियों से प्रकाशित था। ये नर और नारी भक्त आभूषणों और सुंदर वस्त्रों से सुसज्जित थे।

१०. ऋषि ने आनंदपूर्वक एक अद्भुत सिंहासन देखा, जो बहुमूल्य पत्थरों से बना था और जिसे देखकर सभी चकित हो गए।

११-१२. और उस सिंहासन पर उन्होंने भगवान कृष्ण को देखा, जो नारायण हैं, निर्गुण ब्रह्म, ब्रह्मांड के सर्वज्ञ राजा, और सर्वोच्च पुरुष हैं, जिन्हें उनके भक्त वासुदेव कहते हैं। कुछ भक्त उन्हें 'परमात्मा' कहते हैं, कुछ 'परम ब्रह्म', कुछ 'उच्चतम ब्रह्म', कुछ उन्हें 'भगवान विष्णु', और अन्य 'परमेश्वर', 'परम स्वामी' कहते हैं।"

६. छांदोग्य उपनिषद, ३.१३.७

श्लोक : अथ यदतः परी दिवो ज्योतिर्दीप्यते विश्वतः पृष्ठेषु
सर्वतः पृष्ठेष्वनुत्तमेश्तमेषु लोके ध्विदं वाव
तद्यदिदम स्मिन्नन्तः पुरुषे ज्योतिः ॥

सम्प्रदाय का अनुवाद :

अब इस दिव्य स्वर्गीय लोक से ऊपर का प्रकाश, और वह प्रकाश जो सत्यलोक और अन्य उच्च लोकों जैसे कई उच्च स्थानों के ऊपर भी है, वह पुरुष (आत्मा) के अंदर भी मौजूद है।

सही अनुवाद :

और फिर, इस स्वर्ग के ऊपर, इस संसार के ऊपर, सभी स्थानों के ऊपर, उस उच्चतम लोक में जहाँ इसके परे कुछ भी नहीं है – वहाँ वह प्रकाश प्रकट होता है। वही प्रकाश एक मनुष्य के भीतर (आत्मा के रूप में) भी चमकता है।

सत्य :

मूल श्लोक का भावार्थ यह है कि जो शक्ति विश्व में सर्वोच्च और उच्चतम है, वही तत्व सामान्य मानव में भी विद्यमान है। अर्थात, जीव शिव का अंश है, या मूल रूप से वही शिव है। इस भावार्थ को बदलकर प्रकृति और पुरुष की अवधारणा बना दी गई है और इसे ऐसे प्रस्तुत किया गया है जैसे यह कोई अलग ही लोक हो। यह उनके सृष्टि के स्तरों के चार्ट में भी इसी प्रकार दिखाया गया है।

७. स्कंद पुराण, वासुदेव महात्म्य, १८.४२-४४

श्लोक : मया कृष्णेन निहताः साड़र्जुनेन रणेषु ये ।
प्रवर्तयिष्यन्त्यसुरास्ते त्वधर्म यदा क्षितौ ॥
धर्मदवात्तदा भक्तादद नारायणो मुनिः।
जनिष्ये कोशले देशे भ्रमौ दि सामग्री द्विनः ॥
मुनिशापान्नृतां प्राप्तानृषींस्तात तथोद्भवम् ।
ततोड़ वितासुरेभ्योड़दं सद्धर्म स्थापयन्नज ॥

सम्प्रदाय का अनुवाद :

भगवान श्री कृष्ण कहते हैं : "मेरे और अर्जुन के द्वारा युध्ध में वध किए गए सवासनिक असुर जब धरती पर अधर्म फैलाने लगेंगे, तब मैं नारायणमुनि के रूप में धरती पर अवतार लूंगा। मैं धर्मदेव और भक्तिदेवी के यहाँ कोसल भूमि में जन्म लूंगा। हे ब्रह्मा, मैं सच्चे धर्म को स्थापित करूंगा और ऋषियों और संतों की रक्षा करूंगा,

जो मनुष्यों के रूप में जन्मे दुष्टों से पीड़ित होंगे।"

सही अनुवाद :

४२-४३. वे असुर, जिन्हें मैंने (कृष्ण ने) और अर्जुन ने युद्ध में हराया, धरती पर अधर्म फैलाएंगे, तब मैं नारायण ऋषि के रूप में कोसल भूमि में अपने भक्त धर्मदेव के घर, एक सामवेद मंत्रों का उच्चारण करने वाले ब्राह्मण के रूप में जन्म लूंगा।

४४. हे ब्रह्मा, मैं वेदों में वर्णित धर्म की स्थापना करके उन ऋषियों की रक्षा करूंगा जिन्हें मुनियों और उद्धव के शाप के कारण धरती पर मनुष्यों के रूप में जन्म लेना पड़ा।

४५. कलियुग के अंत में, मैं कल्कि के रूप में अवतार लूंगा। एक दिव्य घोड़े पर सवार होकर, मैं मलेच्छों से उत्पन्न अत्यंत पापी लोगों का नाश करूंगा।

४६. जब वेदों में वर्णित धर्म को असुर नष्ट कर रहे होंगे, तब मैं धर्म की रक्षा के लिए अवतार लूंगा।

(स्कंद पुराण, वासुदेव महात्म्य, १८.४२-४६)

सत्य :

इस श्लोक में भक्तिदेवी का कोई उल्लेख नहीं है, जिसे सम्प्रदाय ने अपने झूठे अनुवाद में जोड़ा है। इसके अलावा, सहजानंद स्वामी के पिता का नाम हरिप्रसाद पांडे था, धर्मदेव नहीं। हिंदू पुराणों में नर-नारायण के माता-पिता का नाम धर्मदेव और भक्तिदेवी था, और इस सम्प्रदाय ने सहजानंद स्वामी के माता-पिता के नाम बदलकर उन्हें नर-नारायण के माता-पिता का नाम दिया है। स्कन्द पुराण का यह अध्याय भगवान विष्णु के नर-नारायण अवतार की बात कर रहा हैं जहाँ नर-नारायण के रूप में भगवान विष्णु अपने कल्कि अवतार की भविष्यवाणी कर रहे है। यह अनुवाद दिखाता है कि कैसे सम्प्रदाय ने विभिन्न ग्रंथों को तोड़-मरोड़कर झूठे संबंध जोड़ने की कोशिश की है।

८. पद्म पुराण, उत्तर खंड

श्लोक :

ततः स्वामिनमालोक्य लोकानां स्वामिनं विभुम् ।
यमालोक्य न पश्यन्ति निरयं जातु चिन्नराः ।
स्वर्गे कल्पशतं स्थित्वा मुक्तसंसारवासनाः ॥
मुक्तिं च प्रतिपद्यन्ते नात्र कार्या विचारणा ।

सम्प्रदाय का अनुवाद :

भगवान स्वामिनारायण, जो समस्त ब्रह्मांड के परमेश्वर और स्वामी हैं, जिनकी

केवल एक झलक पाने से ही यमलोक (नरक) से मुक्ति मिलती है। जो उन्हें देखते हैं, वे सौ कल्पों तक स्वर्ग में अपार आनंद का अनुभव करते हैं, सांसारिक इच्छाओं से मुक्त हो जाते हैं और परम मोक्ष प्राप्त करते हैं। (पद्म पुराण, उत्तर खंड, १७६.४८-५०)

सत्य :

पहले तो इस श्लोक का स्थान गलत है। यह वास्तव में पद्म पुराण के १८० वें अध्याय (१७६ नहीं, जैसा कि दावा किया गया) का है और ४८ वें श्लोक के दूसरे भाग से लेकर ४९-५० श्लोकों का है। इसके अलावा, "स्वामीनमलोकाय" शब्द का अर्थ "स्वामिनारायण " के रूप में अनुवादित किया है, जो गलत है। उस शब्द का सही अर्थ है "समस्त प्राणियों के स्वामी"। पद्म पुराण में यह शब्द भगवान विष्णु के लिए लिखा गया है।

सही अनुवाद :

जो सौ कल्प तक स्वर्ग में रहकर पृथ्वीलोक पर जन्म लेने के बंधन से मुक्त हो जाते हैं, वे सभी लोकों के स्वामी के दर्शन करते हैं। उन्हें देखने वाला व्यक्ति फिर कभी नरक का अनुभव नहीं करता। जो सौ कल्प तक स्वर्ग में रहकर भौतिक संसार में जन्म लेने की इच्छा से मुक्त हो जाते हैं, वे मोक्ष प्राप्त करते हैं। इस बारे में कोई संदेह नहीं होना चाहिए।

९. वराह पुराण, १०.१५-१६

श्लोक :

एवं विष्णुर्मदेशानां नाम ग्रदाव्यवस्थितः ।
स च नारायणो देवः कृते युगवरे प्रभुः ॥
त्रेतायां रुद्ररुपस्तु द्वापरे यज्ञमूर्तिमान ।
कलौ नारायणो देवी बदुरुपी व्यजायत ।।

सम्प्रदाय का अनुवाद :

इस प्रकार, भगवान विष्णु ने सभी महान देवताओं के नामों का उल्लेख किया। सत्य युग में भी, भगवान अवतार लेते हैं। त्रेता युग में, वे रुद्र के रूप में प्रकट होते हैं, और द्वापर युग में, वे मूर्तिमान यज्ञ के रूप में प्रकट होते हैं। कलियुग में, परमेश्वर पुरुषोत्तम नारायण प्रकट होंगे, जो विभिन्न देवताओं और देवी-देवताओं के रूपों का प्रकटीकरण करेंगे।

सही अनुवाद :

इस प्रकार, विष्णु ने उन महान देवताओं के नाम स्थापित किए। कृत युग (सत्य युग) में, वे नारायण हैं। त्रेता युग में, वे रुद्र हैं, और द्वापर युग में, वे यज्ञ रूप में प्रकट

होते हैं। कलियुग में, भगवान नारायण अनेक रूपों में अवतरित होंगे।

सत्य :

सम्प्रदाय के झूठे अनुवाद का उद्देश्य यह साबित करना है कि वराह पुराण में कलियुग में किसी स्वामिनारायण भगवान की भविष्यवाणी की गई है, जो विभिन्न देवताओं और देवी-देवताओं को प्रकट करेंगे। लेकिन यह गलत है। ये श्लोक वास्तव में विष्णु के विभिन्न युगों में अवतारों के बारे में हैं।

१०. कृष्ण उपनिषद, २.६

श्लोक :

स एव भगवान युगे तुरीयेऽपि ब्रह्मकुले (ब्रढाण्या) जायमानः सर्व
उपनिषद उद्दिधीर्षुः सर्वाणि धर्मशास्त्राणि विस्तार विष्णुः सर्वानपि
जनान संतार विष्णुः
सर्वानपि वैष्णवान् धर्मान् विजृम्भय न्सर्वानपि पाषण्डानिचखान ।

सम्प्रदाय का अनुवाद :

कलियुग में, परम भगवान एक ब्राह्मण के पुत्र के रूप में जन्म लेंगे। वे सभी उपनिषदों और सनातन धर्म ग्रंथों के सार का वर्णन करेंगे। वे नास्तिकों को भक्तों में परिवर्तित करेंगे और उनके दैत्य स्वभाव को हराएंगे। वे वैष्णव धर्म का पालन करेंगे और धर्म की स्थापना करेंगे।

सत्य :

इस अनुवाद में कोई गलती नहीं है। जो छेड़छाड़ की गई है, वह यह है कि यह श्लोक भगवान विष्णु के लिए लिखा गया है, जबकि इसे सम्प्रदाय ने अपने "नए भगवान" से जोड़ने की कोशिश की। यहाँ अज्ञान यह है कि "वैष्णव" शब्द का अर्थ ही "विष्णु का भक्त" है, जबकि इनका नया भगवान तो विष्णु का भी साहब बनकर उनसे सेवा और आरती कराता है।

११. श्रीमद्भागवतम् ११.५.३२

श्लोक :

कृष्णवर्णं त्विषा कृष्णं साङ्गोपाङ्गास्त्रपार्षदम् ।
यज्ञैः सङ्गीर्तनप्रायैर्यजन्ति दि सुमेधसः ॥

सम्प्रदाय का अनुवाद :

कलियुग में प्रकट होने वाले भगवान विशेष रूप से श्रीकृष्ण भगवान का वर्णन अपनी वाणी में करेंगे। उनके अंग नीलम से निकलने वाली चमकती हुई ज्योति के

समान प्रकाशित होंगे, और उनके विग्रह का रंग "अकृष्ण" अर्थात गोरा होगा। उनके अंग-प्रत्यंग मानव के समान होंगे, जिन पर वे सुंदर आभूषण धारण करेंगे। उनका नामस्मरण ही उनका अस्त्र होगा, अर्थात वे शस्त्र धारण नहीं करेंगे। वे अपने पार्षदों और संतों के साथ विचरण करेंगे। कलियुग के बुद्धिमान मनुष्य यज्ञों के माध्यम से उनकी आराधना करेंगे, उनके गुणों, लीलाओं आदि का गान करेंगे और उनके नाम का संकीर्तन करेंगे।

सही अनुवाद :

कलियुग में भगवान का दिव्य स्वरूप गहरे रंग का होगा, और उनका शरीर नीलमणि के समान चमकेगा। उनके स्वरूप को शंख, चक्र और अन्य दिव्य आभूषणों से सजाया जाएगा। वे अपने सहचरों, जैसे सूनंद, से घिरे होंगे। कलियुग के ज्ञानी पुरुष यज्ञों द्वारा उनकी पूजा करेंगे, उनके नाम, गुण और लीलाओं का गान करेंगे और उनके नाम का जाप करेंगे।

सत्य :

इस श्लोक का अनुवाद यहाँ विकृत किया गया है। पहला वाक्य विशेष रूप से जोड़ा गया है ताकि यह साबित किया जा सके कि श्रीमद्भागवतम् में स्वामिनारायण का उल्लेख किया गया है। और भी बाते ऐसे ही जोड़ी गई है जो श्लोक में नहीं है।

१२. श्रीमद्भागवतम् ११.५.३८-३९

श्लोक :

कृतादिषु प्रजा राजन कला विच्छन्ति सम्भवम् |
कलौ खलु भविष्यन्ति नारायणपरायणाः ।
क्वचित्क्वचिन्महाराज द्रविडेषु च भूरिशः ॥
ताम्रपर्णी नदी यत्र कृतमाला पयस्विनी ।
कावेरीच महापुण्या प्रतीचीच मदानदी ।

संप्रदाय का अनुवाद :

"हे राजन! सतयुग, त्रेता और द्वापर युग के निवासियों को इस कलियुग में जन्म लेने की तीव्र इच्छा रहती है; क्योंकि इस कलियुग में भगवान पुरुषोत्तम नारायण और उनके आश्रय लेने वाले अनेक भक्त जन्म लेंगे। ये भक्त कई स्थानों पर होंगे, और दक्षिण भारत यानी द्रविड़ देश में भी कई भक्त देखे जाएंगे, जहाँ ताम्रपर्णी, कृतमाला, पयसिनी, सबसे पवित्र कावेरी, महानदी और प्रति नामक नदियाँ बहती हैं।"

सही अनुवाद :

"राजन, सतयुग, त्रेता और द्वापर की प्रजा यह चाहती है कि हमारा जन्म

कलियुग में हो, क्योंकि कलियुग में कुछ स्थानों पर भगवान नारायण के शरणागत और उनके आश्रमों में निवास करने वाले अनेक भक्त उत्पन्न होंगे। महाराज विदेह, कलियुग में द्रविड़ देश में अधिक भक्त पाए जाते हैं, जहाँ ताम्रपर्णी, कृतमाला, पयसिनी, परम पवित्र कावेरी, महानदी और प्रति नामक नदियाँ बहती हैं। राजन, जो मनुष्य इन नदियों का जल ग्रहण करते हैं, उनका अंतःकरण शुद्ध हो जाता है और वे भगवान वासुदेव के भक्त बन जाते हैं।"

सत्य :

यहाँ स्वामिनारायण के अनुवाद में पुनः भगवान विष्णु के कलियुग में होने वाले अवतार को स्वामिनारायण के रूप में ठहराने के लिए श्लोक के अनुवाद और मूल भाव के साथ छेड़छाड़ की गई है। सवाल वही है कि उन्होंने जिस नए भगवान को खड़ा किया है, वह कहाँ से विष्णु हैं? जैसे उस नकली भगवान के लिए भगवान विष्णु के नाम चोरी किए गए है, वैसे ही भगवान विष्णु के लिए लिखे गए पुराणों में उसका उल्लेख घुसेड़ने की कोशिश हो रही है - चोरी, विकृतीकरण और झूठे अनुवादों से।

१३. ब्रह्म वैवर्त पुराण, खंड ४, पूर्वार्ध, २२.४८

श्लोक :

अंशेन ज्ञानिनां श्रेष्ठौ नरनारायणावृषी ।
त्वं च धर्मसुतो भूत्वा लोकविस्तारकारकः ||

संप्रदाय का अनुवाद :

"आप, भगवान नर-नारायण स्वयं धर्मदेव के पुत्र रूप में कलियुग में अवतार लेंगे। आप ज्ञानियों में श्रेष्ठ होंगे और अपनी थोड़ी सी शक्ति से ही समस्त लोगों का उद्धार करेंगे।"

सही अनुवाद :

"नर-नारायण रूप में वे श्रेष्ठ ऋषि भी आपके ही अंश रूप में उत्पन्न हुए थे। धर्म के पुत्र के रूप में आपने ब्रह्मांड का विस्तार किया। वर्तमान में आप स्वयं कृष्ण रूप में प्रकट हुए हैं, और आप ही सभी शाश्वत अवतारों का मूल बीज हैं।"

सत्य :

इस श्लोक के मूल अनुवाद में कहीं यह नहीं कहा गया है कि कलियुग में नर-नारायण धर्मदेव के पुत्र रूप में अवतार लेंगे। यह स्वामिनारायण के अनुवाद में ही लिखा गया है। इसके अलावा, इस पुराण के इन दो श्लोकों के पहले के श्लोकों में भगवान विष्णु के एक के बाद एक अवतारों का वर्णन किया गया है। और अंत में ४८ वें श्लोक के बाद ४९ वें श्लोक में कहा गया है, "और वर्तमान में आपने भगवान

कृष्ण के रूप में अवतार लिया है।" इसका अर्थ है कि नर-नारायण, जिनकी यहाँ चर्चा की गई है, का जन्म कृष्ण से पहले हुआ था। अतः मूल रूप से यह श्लोक कृष्ण से पहले हुए भगवान विष्णु के अंश नर-नारायण की चर्चा करता है, न कि भविष्य में होने वाले किसी नारायण के अवतार की।

तो, ये थे उनके द्वारा चुने गए श्लोक, जिनका उन्होंने गलत अर्थ निकालकर और झूठ बोलकर अपने पाखंड का प्रचार किया। ये तेरह उद्धरण अब सत्य सामने आने के बाद प्रभावहीन हो चुके हैं, लेकिन सनातन धर्म के वेदों से लेकर रामायण, महाभारत और अठारह पुराणों तक के शास्त्रों में लाखों की संख्या में श्लोक हैं। जैसे कोई चोर एक स्थान पर चोरी करते हुए पकड़ा जाए तो कुछ समय जेल में बिताने के बाद नए स्थान पर नए लोगों को लूटने के लिए चला जाता है, वैसे ही ये झूठे और दुष्ट लोग शास्त्रों के महासागर में से अन्य पंद्रह-बीस श्लोक चुनकर, अपने अनुवाद में मनचाहा लिखकर, फिर से लोगों को गुमराह कर सकते हैं। और यह कहीं न कहीं किसी न किसी के सामने जारी रहेगा। इसलिए दुष्टों के षड्यंत्र के अंत के बिना उनकी दुष्टता का अंत मुश्किल है। लेकिन क्योंकि ये वही पहले तेरह श्लोक या श्लोक-समूह थे, जिनके साथ इस झूठ का आरंभ किया गया था, इनके झूठ उजागर होने से इस संप्रदाय की धोखाधड़ी और मानसिकता समाज के सामने आ गई है।

हिंदू समाज ने समझ लिया है कि जिस सच्चाई और सात्विकता की अपेक्षा समाज एक सामान्य व्यक्ति से करता है, वह भी इस संप्रदाय से नहीं की जा सकती। एक समूह पूरे सभ्य समाज के साथ इतने विकृत झूठ कैसे बोल सकता है और वह भी इतने लंबे समय तक?

*

प्रकरण - ४

विकृत पुस्तकों और विभत्स प्रवचनों से सनातन धर्म पर आक्रमण भाग १ : वडताल और BAPS

• वडताल मूल गादी से जुड़े स्वामियों के वीडियो

नित्यस्वरूप दास स्वामी :

(i) इस वीडियो में यह स्वामी उनके पुस्तकों का विकृत ज्ञान बता रहे है। प्रवचन में ब्रह्मा, विष्णु और महेश के ऊपर अन्य स्तर दिखाकर, उनके कई स्तरों के ऊपर सनातन धर्म के शास्त्रों और पंचदेव में न आने वाले किसी "स्वामीनारायण" नाम के भगवान को दिखाया गया है। स्वामीनारायण नाम के इस नए भगवान को सबसे ऊपर साकार परब्रह्म दिखाया गया है, जबकि सनातन धर्म में वेद निराकार परब्रह्म ॐ दर्शाते हैं। इस नए साकार ईश्वर के नीचे अक्षरब्रह्म नाम की एक कल्पना दी गई है, जिसे इस संप्रदाय के स्वामियों के लिए कहा जाता है, उनके नीचे तीसरे स्तर पर इस संप्रदाय के सभी अनुयायी आते हैं, जिन्हें अक्षर मुक्त कहा जाता है। इसके बाद वेदों के कुछ शब्द चुराकर प्रधान पुरुष, विराट पुरुष जैसे स्तर दिखाए गए हैं और उनके नीचे ब्रह्मा, विष्णु, महेश दिखाए गए हैं। यानी इस नए ईश्वर को मानने वाले संन्यासी और गृहस्थ अनुयायी सनातन धर्म के सभी वैदिक ईश्वरों और पंचदेव से ऊपर हैं। यानी उनके पूरे संप्रदाय को सनातन धर्म के ऊपर बिठा दिया गया है। नीचे के दो वीडियो में वडताल गादी से जुड़े सारधार धाम के नित्यस्वरूप स्वामी यह बात समझा रहे हैं और कह रहे हैं कि "ब्रह्मा, विष्णु, महेश तो सब स्वामीनारायण के मैनेजर हैं। उनके आगे तो भगवान ने लाखों और मैनेजर खड़े कर दिए हैं जिन्हें कोई पूछता भी नहीं। ये सब स्वामीनारायण की ओर से ब्रह्मांड को संभालने का कार्य करते हैं।"

वीडियो लिंक :

https://drive.google.com/file/d/1X5_GrvDHrT5J51WSc9xLzPbLrrSBw-mpN/view?usp=drivesdk

इस वीडियो में वही नित्यस्वरूप दास कह रहे हैं कि "तेतीस करोड़ देवताओं के प्रमुख इन्द्र हैं। इन्द्र के प्रमुख ब्रह्मा, विष्णु और शंकर हैं। उनसे ऊपर प्रधान पुरुष हैं, उनसे ऊपर विराट पुरुष हैं। और उनसे ऊपर हमारे सर्वोपरि स्वामीनारायण भगवान हैं।"

वीडियो लिंक :

https://drive.google.com/file/d/1-BnZP0GtEvsZb_KLIvFZTQJhQoy-4FrqR/view?usp=drivesdk

(ii) इस वीडियो में नित्यस्वरूप स्वामी स्वीकार कर रहे हैं कि सहजानंद स्वामी गोलोकवासी या वैकुंठवासी नहीं हैं। वह सहजानंद स्वामी, जिन्होंने हरिकृष्ण महाराज स्वरूप में अपनी मूर्ति वडताल धाम में स्थापित की, वे इन सब वैकुंठ आदि धामों और उनके ईश्वरों से भी ऊपर सर्वोपरि अक्षरधामवासी हैं। सहजानंद ने मंदिर में आने वाले लोगों के भीतर यह श्रद्धा स्थापित करने के लिए अपने पंथ के संतों से कहा कि वे वडताल मंदिर में लक्ष्मी नारायण और राधा कृष्ण को अपना इष्ट मानकर आने वाले हिंदुओं को समझाएँगे कि सहजानंद ही सबके सर्वोपरि भगवान हैं।

वीडियो लिंक :

https://drive.google.com/file/d/11oFph4ZaYDWN8hfQK-18C7revM2r-jbyM/view?usp=drivesdk

ब्रह्मस्वरूपदास स्वामी :

(i) वडताल के ब्रह्मस्वरूपदास नाम के स्वामी पाटीदारों सहित अनेक जातियों की कुलदेवी खोडियार माता के विषय में कहते हैं: "(हमारे) कुछ सत्संगी अपनी कुलदेवी को छोड़ नहीं सकते; उन्हें लगता है कि ये देवियाँ नाराज़ हो जाएगी। लेकिन उन्हें इस बारे में चिंता करने की आवश्यकता नहीं है। जब कुलदेवता जान जाते हैं कि उनके वंश का कोई सदस्य सर्वोपरि पुरुषोत्तम नारायण सहजानंद का भक्त बन गया है, तो वे स्वयं को धन्य मानते हैं। स्वामीनारायण भगवान एक बार जोबनपगी के खेत में गए और कुछ देखकर पूछा, 'यह कौन है?' जोबनपगी ने उत्तर दिया, 'यह मेरी कुलदेवी खोडियार माता हैं।' तब महाराज ने खोडियार माता पर पानी छिड़कते हुए कहा, 'आज से खोडियार माता भी हमारे सत्संगी बन गए हैं।' उसके बाद क्या खोडियार माता जोबनपगी पर नाराज़ हुई? नहीं, वे नाराज़ नहीं हुई। यही बात है।"

वीडियो लिंक :

https://drive.google.com/file/d/15gEo_DLRb9oMvp3GiCSw915MQ8xyy/view?usp=drivesdk)

(ii) अन्य एक वीडियो में यही ब्रह्मस्वरूपदास स्वामी सनातन धर्म के गौरवशाली गोरखपंथ संप्रदाय के साधुओं को "कानफट्टा राक्षस" कह रहे हैं, और गुजरात के गोरखनाथ पंथ के पूजनीय संत गेबीनाथजी को असुर कह रहे हैं।

वीडियो लिंक :

https://drive.google.com/file/d/1-DpQkGEX4-XCcvqwGUK_hZXJuK4k-9mGL/view?usp=drivesdk

वडताल के एक स्वामी ज्ञानदीप :

जगतजननी माँ अंबिका को अप्सरा कहकर उनके शरीर और अंग–उपांग के विषय में अश्लील टिप्पणी करते हैं। इस स्वामी को इसके लिए सूरत के एक मॉल में सनातनियों ने थप्पड़ मारा था ।

लिंक :

https://drive.google.com/file/d/10KW2t1vXt9o2ZvVfvEduOhzNLrjM-0k2Q/view?usp=drivesdk)

यही स्वामी फिर वर्ष २०२५ में तब विवादों में आए जब उन्होंने अपने संप्रदाय की पुस्तकों में लिखी गई गलत व्याख्या सार्वजनिक करने का प्रयास किया कि रामभक्त जालाराम बापा का वीरपुर स्थित सदाव्रत उनके संप्रदाय के स्वामी गुणातीतानंद के आशीर्वाद से चलता है। सनातन धर्म के ईश्वरों के साथ उनके भक्तों के जीवन को भी अपने अधीन करने का यह प्रयास गुजरात में भारी विरोध का कारण बना।

वडताल से जुड़े SGVP–मेमनगर गुरुकुल के हरिस्वरूप दास स्वामी के तीन वीडियो :

(i) सौ–दो सौ वर्ष पूर्व लिखे गए किसी व्यक्ति के विकृत कथन को उद्धृत करके यह कहा जा रहा है कि भगवान कृष्ण श्यामलाजी स्वरूप में गोपालानंद स्वामी के साथ खेलने आते थे। फिर भी गोपालानंद जैसे लोगों ने कृष्ण स्वरूप का ध्यान छोड़कर, राम स्वरूप और शिव स्वरूप का ध्यान छोड़कर सहजानंद स्वामी का ध्यान करना शुरू कर दिया। यही दिखाता है कि सहजानंद स्वामी सब से सर्वोपरि भगवान हैं। सनातन धर्म के ईश्वरों को संप्रदाय के किसी स्वामी के साथ खेलते दिखाना और फिर कहना कि उस स्वामी ने उन वैदिक ईश्वरों को छोड़कर सहजानंद को भगवान के

रूप में अपनाया — यह केवल सनातन धर्म के वैदिक ईश्वरों का अपमान ही नहीं है, बल्कि हिंदुओं के धर्मांतरण का स्पष्ट प्रयास भी है।

वीडियो लिंक :
https://drive.google.com/file/d/1X2McJVXTk-3tpNayvs-59p_XKp-SQdSg6/view?usp=drivesdk

(ii) इस वीडियो में हरिस्वरूप स्वामी कह रहे हैं कि जो लोग जीवन में एक बार भी शराब और गाँजा पीते हैं वे शिवजी के कैलास धाम में जाते हैं, उन्हें अक्षरधाम में स्थान नहीं मिलता। वे सब गाँजा पीने वाले शिवजी के कैलास में जाते हैं, उन्हें अक्षरधाम में स्थान नहीं मिलता। भगवान शिव को केवल "शिवजी" कहकर संबोधित करना और उनके आध्यात्मिक दिव्य आनंद की अवस्था के लिए प्रसिद्ध पवित्र कैलास धाम का ऐसा घोर अपमान करना निंदनीय है।

वीडियो लिंक :
https://drive.google.com/file/d/19EKiYW01cjwUBiTozveOCorPppCBz-0jn/view?usp=drivesdk

(iii) इस वीडियो में हरिस्वरूप स्वामी २०० वर्ष पहले ईसाई पादरियों के निकट संपर्क में रहे सहजानंद स्वामी के निकट शिष्यों द्वारा जो सनातन धर्म विरोधी पुस्तकें लिखी गईं उन्हें उद्धृत करके निर्लज्जतापूर्वक कह रहे हैं कि "इन सब शास्त्रों (पुस्तकों) में लिखा है, इसलिए हम सहजानंद स्वामी को ही सनातन धर्म के सभी वैदिक ईश्वरों और आराध्य देवों से सर्वोपरि मानते हैं।" ब्रिटिश काल के गुजरात में अंग्रेजों और ईसाई पादरियों के गहरे संबंधों से लिखी गई ऐसी पुस्तकें किसी भी भ्रष्ट या असात्विक व्यक्ति द्वारा किसी विधर्मी के प्रभाव में ही लिखी जा सकती हैं। वे सनातन धर्म के ग्रंथ नहीं हो सकतीं, विशेषकर तब जब वे वेद, वेदांग, षड्दर्शन और अठारह पुराणों तक फैले सनातन धर्म के शास्त्रों में स्थापित साकार पंचदेव स्वरूप के विपरीत हों और पंचदेव का अपमान करके उनकी उपासना को लुप्त करने का प्रयास कर रही हों। ऐसी पुस्तकें और इस प्रकार के कथन सनातन धर्म और सनातनी हिंदू समाज पर विधर्मी आक्रमण हैं।

वीडियो लिंक :
https://drive.google.com/file/d/1X5ShMfxIbcYaHnBtn3rhSx94Bz-thsja/view?usp=drivesdk

साळंगपुर के हरिप्रसाद दास स्वामी के कथन :

(i) एक वीडियो में, वडताल साळंगपुर के हरिप्रकाश स्वामी देवी दुर्गा के विषय में कहते हैं :

"करोड़ों देवियों ने स्वामीनारायण की स्तुति करके शक्ति प्राप्त की। वे स्वामीनारायण का जाप करती है, और तब शक्ति पाती है। इसलिए, रखनी जरूरी हो तो आप देवी की तस्वीर रख सकते हैं, लेकिन उसे बगल में रखें। सिंहासन का मुख्य स्थान हमेशा स्वामीनारायण भगवान का ही होना चाहिए। आप अपनी कुलदेवियों की पूजा कर सकते हैं, लेकिन हमेशा याद रखें कि मैं उसी नाम का जाप करने वाला हूँ जो उन्हें (देवियों को) शक्ति देता है। हमारे (स्वामीनारायण) महाराज की शक्ति इन सब देवियों में प्रवाहित होती है।"

लिंक :

https://drive.google.com/file/d/1TljHO8bBy3xxjdYArPqzb1dQGqlz7jxV/view?usp=sharing)

(ii) इस वीडियो में वे भगवान कृष्ण के प्रसिद्ध भक्त नरसिंह मेहता की भक्ति पर शंका उत्पन्न कर कहते हैं:

"लोग कहते हैं कि नरसिंह मेहता की भक्ति सुनकर उनकी हुंडी (पुकार) द्वारिकावाले कृष्ण भगवान ने स्वीकार की। अब वह स्वीकार की या नहीं की यह किसी ने देखा नहीं, पर इस साळंगपुर मंदिर में गोपालानंद स्वामी के चमत्कार से कष्टभंजन देव रोज हुंडी सुनते हैं, यह तो हम सब देखते हैं।"

यही विकृत कुतर्क हिंदुओं को उनके ईश्वरों के बारे में बार–बार दिए जाते हैं कि "तुमने अपने राम–कृष्ण को कहाँ देखा है? हमने तो अपने भगवान को प्रत्यक्ष देखा है।"

वीडियो लिंक :

https://drive.google.com/file/d/1-KJvuZaENQtrXVKwUQc7HPrmYvW-8GLNP/view?usp=drivesdk

कुंडलधाम के ज्ञानजीवन स्वामी :

यह स्वामी कह रहे हैं कि सनातन धर्म में परमात्मा के पंचदेव स्वरूपों में से एक गणेश भगवान को स्वामीनारायण ने विघ्ननाशक का कार्य सौंपा है। वे कह रहे हैं कि:

"गणपति को यह अधिकार स्वामीनारायण ने दिया है, गणपति ने छीना नहीं है। यह कार्य उन्हें स्वामीनारायण द्वारा सौंपा गया है, की जाओ और लोगों के विघ्न दूर करो ।"

वीडियो लिंक :

https://drive.google.com/file/d/10vng_Rj_OcJ_E86-K2hgIg_Xd8LaXDgs/view?usp=drivesdk

सतश्री :

इस वीडियो में सतश्री नामक एक स्वामी कह रहे हैं कि :

"साळंगपुर में हनुमानजी की कृपा और चमत्कार उनके संप्रदाय के स्वामी गोपालानंद के तेज के कारण है। हनुमानजी गोपालानंद से ही शक्ति प्राप्त करके वहाँ चमत्कार करते हैं। यह गोपालानंद ब्रह्मांड के ईश्वर कहे जाने वाले ब्रह्मा, विष्णु और शंकर से भी ऊपर ईश्वर हैं।"

वीडियो लिंक :

https://drive.google.com/file/d/1dz_3TDsdIPRKA7dLwAJPOVnSAK-mU8LsU/view?usp=drivesdk

राजकोट गुरुकुल के रुग्णाथचरण स्वामी का प्रवचन :

इस प्रवचन में कहा गया है कि एक दिन भगवान शिव (जिन्हें यह स्वामी सिर्फ़ "शिवजी" कहते हैं) स्वामीनारायण के दर्शन करने आए। उनके कक्ष के द्वार पर एक अन्य शिष्य सच्चिदानंद स्वामी ने भगवान शिव को रोका और कहा कि कोई भी सहज रूप से भगवान से नहीं मिल सकता, केवल सच्चे भक्तों को ही उनके दर्शन का अधिकार मिलता है।

जब शिवजी (भगवान शिव) ने पूछा कि अपनी भक्ति कैसे सिद्ध कर सकता हूँ, तब स्वामी ने उत्तर दिया :

"तुम्हें मेरे साथ कुश्ती लड़नी होगी। यदि तुम जीत गए, तो हम तुम्हें भगवान का सच्चा भक्त मानेंगे ।"

एक कुश्ती का मुकाबला हुआ जिसमें स्वामी ने शिव को अपनी बाँहों में दबोचकर कंधे पर उठा लिया और फेंकने ही वाले थे कि भगवान शिव ने हाथ जोड़कर कहा:

"हाँ, हाँ। मैं मानता हूँ कि तुम भगवान के मुझसे बड़े भक्त हो।"

वीडियो लिंक :

https://drive.google.com/file/d/1-elnLT9B-kxkqoxrTi3Pd1lRmnDY-Iyg/view?usp=drivesdk

सूरत गुरुकुल के धर्मवल्लभ स्वामी :

एक वीडियो में कहते हैं :

"क्या श्रीकृष्ण भगवान थे? फोन लगाओ शिशुपाल को। पूछो! क्या कहते हैं? क्या पाँच वर्णसंकर पांडवों ने कृष्ण को पूजा, इसलिए वह भगवान हो गया? वह तो ग्वाला है।"

हालाँकि यह कहकर उन्होंने थोड़ीदेर बाद बात को घुमाया कि शिशुपाल जैसे लोग आज भी हैं, हमें इस पर ध्यान नहीं देना है। परंतु यह वीडियो भी वडताल की पुस्तकों की तरह ही दो अर्थ रखता है। जब स्वामी पूछते हैं कि "क्या कृष्ण भगवान थे? थे?" और फिर शिशुपाल की बात करते हैं, तब वे अपनी पुस्तकों की भूमिका की तरह ही कृष्ण के भगवान होने पर सवाल खड़ा करते हैं।

लिंक :

https://drive.google.com/file/d/1sDHpidht-B5O8VDBPH_ybBFbapcRo-jBt/view?usp=drivesdk

(*राजकोट गुरुकुल वडताल गादी से जुड़ा हुआ है, और सूरत गुरुकुल राजकोट गुरुकुल से उत्पन्न हुआ है।)

• विकृत साहित्य :

अ] पुस्तक 'श्री स्वामीनारायण महामंत्र महिमा' (आचार्य श्री अजेन्द्रप्रसादजी महाराज का समूह जिसे सिद्धांत पक्ष के रूप में जाना जाता है और वर्तमान में आचार्य नृगेन्द्रप्रसादजी द्वारा चलाया जाता है.), पृष्ठ २५-२६

पीडीएफ लिंक :

https://drive.google.com/file/d/1HnIpT0xqiU8R7ucgAkqC-2pqbrIn7VfT/view?usp=drive_link

इस प्रकार उस सभा में सुंदर उपदेश देकर सर्व के गुरुपद पर विराजमान भगवान श्री सहजानंद स्वामी ने समस्त सभा को दोनों हाथ ऊपर करके संबोधित करते हुए कहा: "हे प्यारे संतो–भक्तो! आज तक सत्संग में सब अलग–अलग नामों से भजन–माला आदि करते हो। जैसे कोई कृष्ण–कृष्ण जपता है, तो कोई राम–राम... ऐसे जपता है तो कोई कपिल–कपिल और कोई दत्त–दत्त... कहता है... तो कोई नारायण–नारायण... करता है; पर एक ही संप्रदाय के सभी भक्तों का भजन तो एक ही मंत्र से हो, वही उचित माना जाएगा, तो आज ऐसे एक सर्वोपरी मंत्र का हम उद्घोष करते हैं कि जो

मंत्र नहीं बल्कि महामंत्र होगा। उस मंत्र को आप ध्यान से सुनो और अब से माला में, भजन में, धुन में उसी महामंत्र का जप करना। दूसरे अनंत नाम–मंत्र इस सर्वोपरी महामंत्र के सामने कैसे लगते हैं, वह कहता हूँ, सुनो...

"हे भक्तजनों! आज तक हमारे बहुत–से नाम पड़े हैं। जैसे कि छोटे थे तब धर्मपिता के घर आए मार्कण्डेय ऋषि ने हमारा नामकरण करते हुए कहा था कि यह सबके चित्त को आकर्षण प्राप्त कराएगा इसलिए इस तेजस्वी पुत्र का नाम 'कृष्ण' रखो, और अनंत की वृत्तियों को अपने स्वरूप में हर लेगा

इसलिए 'हरि' रखो और दोनों गुण मिलें तो हरिकृष्ण बने इसलिए 'हरिकृष्ण' रखो और तप–त्याग व वैराग्यमय ऐसा इसका जीवन होगा इसलिए 'नीलकंठ' नाम रखो। और बचपन में हमारे मित्र–माता–पिता सभी हमें 'घनश्याम' नाम से बुलाते थे। तो गुरु श्री रामानंद स्वामी ने हमें 'सहजानंद' और 'नारायणमुनि' नाम से परिचित कराया। परंतु हमारा मुख्य सर्वोपरी नाम अभी किसी के हाथ में आया नहीं है। जिसे हम आज प्रकट करते हैं... तो एकाग्रचित्त होकर सुनो।' (पुरुषोत्तमलीलामृत सुखसागर : तरंग १३)

श्री स्वामीनारायण नाम महामंत्र प्रवृत्ति हेतु :

"हे संतो–भक्तो! नारायण नाम तो बहुत हैं जैसे सूर्यनारायण, वैराटनारायण, लक्ष्मीनारायण, नरनारायण, वासुदेवनारायण आदि... सब नारायण मात्र के हम स्वामी (ऐश्वर्य प्रदाता) हैं और नियंता हैं इसलिए हमारा नाम 'स्वामीनारायण' है, उसका आज से सभी भजन और जप करें। आज दिन तक तो आप सभी ने जिसे जो पसंद आया उस नाम से भगवान का भजन किया, पर आज हम अनादि का जो हमारा नाम है वह कहते हैं। जिस मंत्र का भजन हमारे अक्षरधाम में अनंत मुक्त करते हैं। ऐसा महामहिमावंत हमारा नाम है 'स्वामीनारायण'। इस नाम के द्वारा आज से सभी को भजन–व्यक्ति जो करना है वह इसी मंत्र से करना। यह जो स्वामीनारायण मंत्र है, वैसा दूसरा कोई मंत्र बलवान नहीं है। इस मंत्र से चारों पुरुषार्थ की सिद्धि होती है। इस मंत्र से तो वासनाओं के भँवर टूट जाते हैं, इस मंत्र से सदेह ही मुक्त अवस्था प्राप्त होती है — ऐसा बलवान यह मंत्र है।"

(पुरुषोत्तमलीलामृत सुखसागर : तरंग १३)

ब] "अक्षरानंद स्वामीनी बातो" नामक पुस्तक, जो वडताल लक्ष्मीनारायण देव गादी से संबंधित कुंडलधाम से प्रकाशित हुई है, उसमें नीचे अनुसार बातें लिखी गई हैं:

पीडीएफ लिंक :

https://drive.google.com/file/d/1Z4VFk7wj_nZ6c7eJeCU4hKaJdBD_8G-Zw/view?usp=sharing

१. पृष्ठ १०-११

शिवजी को सच्चिदानंद स्वामी (सहजानंद की टोली के एक शिष्य) में लीन होते देखकर एभल बापू ने महाराज (सहजानंद) के दर्शन का नियम लिया। :

एक बार वर्षा ऋतु थी और घेळा नदी में पानी दोनों किनारे बह रहा था। और एभल खाचर का सामने वाले किनारे नीलकंठ महादेव के दर्शन करने का नियम था; पर संध्या तक पानी उतरा नहीं, इसलिए एभल खाचर ने शंकर के दर्शन किए बिना भोजन नहीं किया। फिर संध्या समय मोटीबा महाराज के पास अक्षर ओरड़ी में गए और महाराज से कहा कि, "महाराज! मेरे बापू ने भोजन नहीं किया और डोले खा रहे हैं।" महाराज बोले, "उन्हें यहाँ बुलाओ।" फिर महाराज उगमणा द्वार के ओटे के ओसरे में विराजमान हुए। और एभल खाचर को बुलाया और महाराज ने पूछा कि, "एभल खाचर! आज क्यों नहीं खाया?" एभल खाचर बोले, "महाराज! शंकर के दर्शन का नियम है, इसलिए दर्शन किए बिना भोजन नहीं किया जाता।" तब महाराज ने सूरज अस्त होते द्वार के ओटे तथा उगमणा बार के ओटे तथा उत्तरादा बार के ओटे तथा दक्षिणादा बार के ओटे — सभी ओटों की ओसरी की किनारी पर सौ शंकर के स्वरूप दिखाए। और महाराज ने एभल खाचर से कहा कि, "एभल खाचर! इनमें कौन तुम्हारे गुरु हैं? करो दर्शन।" ऐसा जब कहा तब सबके हाथ में डमरू और डाक थे, वे (सौ शिव उसे) लेकर बजा रहे थे। यह देखकर एभल खाचर विचार में पड़ गए कि, 'इनमें मेरे गुरु कौन? सबके समान स्वरूप हैं।' फिर वे सब शिव के स्वरूप सच्चिदानंद स्वामी (सहजानंद के वही शिष्य, जिनकी कथा लिखी है कि भगवान शिव को उन्होंने कुश्ती मे दबोच दिया था, और उठाकर नीचे पटकनेवाले थे तब शिवजी ने उनके सामने हाथ जोड़ दिए) में लीन हो गए। तब एभल खाचर को यह निश्चय हुआ कि, महाराज से बड़ा कोई नहीं, इसलिए आज से महाराज के दर्शन किए बिना भोजन नहीं करना।

२. पृष्ठ २७१

महाराज के दर्शन को ब्रह्मा, विष्णु और महेश आए: महाराज एक बार (जेतलपुर) माहोल में विराजमान थे और ब्रह्मा, विष्णु और शंकर, तीनों दिव्यस्वरूप में तेज के गोले के रूप में वहाँ उतरे। और फिर विमान से उतरकर अलग–अलग स्वरूप होकर महाराज को दंडवत कर चरणों में लगे।

३. पृष्ठ ३८६

एक बार पर्वतभाई साँती हाँक रहे थे और अपने मन में यह हुआ कि, 'शास्त्र में नरसिंहावतार कहा है वह कैसा होगा?' ऐसा संकल्प उनके मन में हुआ। तब महाराज (सहजानंद) ने विचार किया कि, 'नरसिंहावतार देखने का संकल्प किया है, इसलिए उसे दिखाना पड़ेगा। और दूसरे अवतार का संकल्प करेगा तो वह भी दिखाना पड़ेगा, इसलिए चव्वीसों अवतार दिखाऊँ।' फिर जब पर्वतभाई साँती हाँक रहे थे, उनकी आगे चव्वीसों अवतार चलते गए। यह देखकर पर्वतभाई के मन में आश्चर्य हुआ और विचार किया कि, 'इन चव्वीसों अवतारों का कारण कौन होगा?' फिर वे चव्वीसों अवतार महाराज के स्वरूप में लीन हो गए। तब पर्वतभाई के मन में यह हुआ कि, 'श्रीजी महाराज सर्व अवतारों के अवतारी और सर्व अवतारों के कारण हैं।' ऐसा अपने मन में दृढ़ निश्चय हुआ।

४. पृष्ठ ४१९-४२०

फिर श्रीजी महाराज (सहजानंद) ने गोपालानंद स्वामी से बात की कि, "स्वामी, हमारा यहाँ आने का कारण आप जानते हैं?" तब स्वामी बोले, "नहीं महाराज, मैं नहीं जानता।"

महाराज बोले, "आप आदिक अक्षर–मुक्त अक्षरधाम में बैठे थे और हम दोनों अक्षरधाम में बात कर रहे हैं। यह ब्रह्मांड बहुत काल से रच रहा हूँ, पर कोई जीव अक्षरधाम में आता नहीं। तब हमने दत्त तथा कपिल आदि अवतारों को भेजा, वे भी वहाँ आए नहीं और उन्हें भजकर भी कोई आया नहीं। फिर त्रेतायुग में रामचंद्रजी को भेजा। उस समय मनुष्य की दस हजार वर्षों की आयु थी, पर वे स्वयं ग्यारह हजार वर्ष तक रहे, फिर भी वे एकान्तिक धर्म प्रवर्तित न कर सके। फिर हमने श्रीकृष्ण को भेजा, वे भी कलियुग में सौ वर्ष की आयु के बावजूद स्वयं सवा–सौ वर्ष रहे। तब भी एकान्तिक धर्म प्रवर्तित न कर सके। तब आपने कहा कि, "हे महाराज! जो–जो धाम से जो–जो अवतार इस पृथ्वी पर आते हैं, उन्हें भजकर जीव वे–वे धाम को पाते हैं। तो जब आप पुरुषोत्तम इस पृथ्वी पर पधारें तभी वे जीव आपको भजकर अक्षरधाम में आएँ।" तब हमने कहा कि, जब हम पृथ्वी पर पधारें तब आपको भी आना होगा। तब आपने कहा कि, 'हमारा क्या काम है?' तब हमने कहा कि, आपका काम तो इतना है कि, आप धर्म पालकर दूसरों को धर्म पालना सिखाएँ। भक्ति करके भक्ति करना सिखाएँ।" तब आपने कहा कि, "महाराज! आप पधारेंगे तब हमारे बिना छुटकारा है?" इसलिए आपके जैसे अक्षर–मुक्त लेकर यहाँ आए हैं।"

फिर श्रीजी महाराज बोले कि, "स्वामी, इन छह हेतुओं के लिए हम इस पृथ्वी पर आए हैं।" तब महाराज बोले:

"(१) जो–जो अवतारों को हमने भेजा उन्हें अक्षरधाम में ले जाना है। (२) उन्हें भजकर जो–जो जहाँ–जहाँ गए हों उन्हें अक्षरधाम में ले जाना है। (३) और भक्ति–धर्म को एकान्तिक सुख देना। (४) इस पृथ्वी पर एकान्तिक धर्म प्रवर्तित करना। (५) और समस्त जीव–प्राणिमात्र में स्वामीनारायण की निष्ठा प्रवर्तित करना। (६) और नए मुमुक्षु उत्पन्न करना।"

क] वडताल गादी द्वारा प्रकाशित और आचार्य राकेशप्रसादजी से प्रेरित अधिकृत ग्रंथ "श्री हरिलीलामृतम् – १ (कलश १,२,३)" से लिए गए कुछ अंश यहाँ दिए गए हैं :

पीडीएफ लिंक :

https://drive.google.com/file/d/1GTdWUxLs-1OX4mhzO_SHr4JHiBQS8Wp/view?usp=sharing

१. (पृष्ठ संख्या ११५)

उस समय ब्रह्मा सहित सभी देवताओं ने सहजानंद के अवतरण का ज्ञान पाया। वे शंकर और अन्य देवों के साथ विमान लेकर वहां आए, भगवान को उसमें बैठाया और अप्सराओं को साथ लाया। गणेश, विष्णु, रमेश, शेष, वरुण, कुबेर, शशि, दिनेश — तथा दश दिशाओं के दस दिक्पाल भी तत्क्षण वहां उपस्थित हो गए।

२. (पृष्ठ ११८)

स्वयम्भू (ब्रह्मा), विष्णु और शंकर आपकी इच्छा से शरीर धारण करते हैं, आपके आदेश का पालन करते हैं और सृजन, पालन तथा संहार का कार्य करते हैं। (सहजानंद की स्तुति)

३. (पृष्ठ १४८)

जब बालक सहजानंद जल में स्नान और खेल रहे थे, तब अचानक ब्रह्मा, विष्णु और रूद्र प्रकट हुए और उन्हे प्रभु के तेजोमय रूप का दर्शन होने लगा।

४. (पृष्ठ १४८)

सहजानंद को उन्होंने ऊपर बैठाया और वे जलक्रीड़ा में व्यस्त रहने लगे; उसी समय अचानक ब्रह्मा, विष्णु और रूद्र आये। वे सहजानंद के पास आकर खड़े हुए — उनका रूप तेजोमय था — उस महान तेज को देखकर चंद्र और सूर्य भी फीके पड़ गए। ऐसा तेज देखकर सभी देवी–देवताएँ विस्मित हो गए; सबने उस शरीर का

भान भूलकर समाधि प्राप्त कर ली।

५. (पृष्ठ १७७)

सभी मुक्त आत्माएँ पुरुषोत्तम नारायण सहजानंद की उपासक हैं। राधा और लक्ष्मी जैसी अनंत शक्तियाँ सहजानंद की सेवा करती हैं, और उनके वैभव का चिंतन करने के बावजूद भी वे उसकी परा स्थिति को नहीं पा सकतीं।

५. (पृष्ठ १७९)

राधा और अन्य शक्तियाँ जीवन्त रूप में प्रभु (सहजानंद) की सेवा के लिये कलश लेकर खड़ी थीं।

६. (पृष्ठ १८२)

जिसे परं शंकर साकार रूप कहा गया है, वह हरि की स्तुति में नृत्य और गायन कर रहे थे। चतुरमुख ब्रह्मा वेदों का पाठ कर रहे थे और मुक्त भक्त प्रेमपूर्वक हरि (सहजानंद) कथा सुन रहे थे।

७. (पृष्ठ २४३)

उस समय स्वयं बद्रीनाथ ने अपने हाथों से प्रेमपूर्वक प्रभु (सहजानंद) की पूजा की — धूप, दीप, नैवेद्य अर्पित कर आरती की और उनकी स्तुति करते हुए कहा — "अहो! इस अक्षरधाम के स्वामी महाराज भारत देश में धर्मस्थापना के लिए अवतरित हुए हैं और सभी तीर्थों को पवित्र करेंगे..."

८. (पृष्ठ २७१)

उन्होंने (सहजानंद ने) अक्षरधाम का दर्शन कराया, जहाँ सभी मुक्त आत्माएँ प्रभु की उपासना कर रही थीं। वहाँ उन्होंने अपनी ही मूर्ति का दर्शन कराया। अक्षरधाम में ब्रह्मा, विष्णु और शंकर ने अत्यंत भक्ति-पूर्वक उनकी स्तुति की।

९. (पृष्ठ २८६)

माता भक्ति ने प्रभु (सहजानंद) को नारायणसर ले जाया, जहाँ शीघ्र ही ब्रह्मा, विष्णु और शंकर उपस्थित हुए। जब मैंने यह कथा तुम्हें सुनाई थी, तब शंभु कैलास की ओर दौड़ पड़े। जिस मूर्ति को उन्होंने ध्यान में देखा था, वही मूर्ति उन्होंने समाधि में प्रकट की; शंभु ने वह रूप धारण कर प्रभु के चरणों में मन स्थापित किया। लंबे समय के बाद जब त्रिपुरारी जागे, तब नारद वहां आए; भवानी के साथ उन्होंने शिव को प्रणाम किया और शुभ समाचार सुनाया — "मैं मृत्युलोक से आपके लिए शुभ समाचार लाया हूँ; अक्षरधाम के स्वामी पुरुषोत्तम अवतरित हुए हैं। वे सभी अवतारों के अवतारी हैं, जिनका दर्शन दुर्लभ है; वे पृथ्वी पर धर्मस्थापना और महाभार का उत्थान करने के लिए प्रकट हुए हैं। उन्होंने वर्णी स्वरूप धारण किया है और दक्षिण

के वनों में विहार कर रहे हैं; उनके दर्शन से मैं कृतार्थ हुआ हूँ।"

शिव ने कहा — "मैंने भी उस अद्भुत रूप को देखा जो संसारिक भय का नाश करता है; जो नारायणसर (वड़ताल का एक छोटा तालाब) में प्रकट हुआ है, वही मूर्ति सत्य है। अब वे हीर तीर्थ में विहार कर रहे हैं — मैं भी उनके दर्शन को जाऊँगा।" यह सुनकर राणी पार्वती ने कहा — "हे त्रिशूलधारी! क्या मैं कुछ कहूँ? सारे व्रत, यज्ञ और तीर्थयात्राएँ पत्नी के साथ ही करनी चाहिए — यह शास्त्रों में स्पष्ट लिखा है; तो फिर आप उसका पालन क्यों नहीं करते? जब देवता नारायणसर के दर्शन करने गए थे, तब आपने मुझे साथ क्यों नहीं लिया? वह आचरण उचित नहीं था।"

ख) कुंडलधाम की पुस्तक 'लीलाचरित्रनी बातो' से

1. (पृष्ठ 185)

एक बार महाराज के पाँच साधु विंध्याचल की झाड़ी में भटक गए। वे रास्ता न पाते हुए असमंजस मे पड़ गए। वहाँ एक बड़े सिर वाले पुरुष को बैठे देखकर साधु डर गए — वह पुरुष पाँच हाथ लम्बा, बड़ी और मजबूत भुजाएँ, बड़े और मोटे पैर, बड़ी आँखें, मोटा शरीर और पीला-सा रंग वाला था। वह देखकर साधु भयभीत हुए और बोले, 'यह कौन हो सकता है?' तब उस पुरुष ने साधुओं से कहा, "तुम यहाँ आओ, बैठो।" साधु उसके पास गये। उस पुरुष ने कहा, "तुम स्वामीनारायण के साधु हो, यह मैं जानता हूँ। और महाराज (सहजानंद) गढ़ड़ा में विराजमान हैं; तुम यह मेरा हार पहनाकर उन्हे चरणों में लगकर नमन करो।"

साधु बोले, "महाराज के आगे हम आपका क्या नाम लें?" तब उस पुरुष ने कहा, "मेरा नाम वे जानेंगे।" ऐसा कहकर उसने साधुओं को मार्ग दिखाया; साधु उसके चरणों में गिरकर चरणस्पर्श कर गए। फिर वे चल दिये। बाद में साधु गढ़ड़ा पहुँचे और सारी बात बतायी। महाराज से हार देकर पूछा, "हे महाराज! वह कौन था?" तब महाराज ने कहा, "वह परशुराम थे।" फिर वह हार महाराज ने मूलजी शेठ को पास बैठा कर दे दिया। बात वहीं समाप्त हुई।

2. (पृष्ठ 282)

प्रकृतिपुरुष से परे अनादि अक्षर है, और उस अक्षर का भी नियंता परमात्पर मेरे श्री सहजानंद स्वामी हैं। वे समस्त धामों के धामी हैं, सभी नामों के नामी हैं। उनकी बराबरी कर पाने वाला कोई नहीं है; तो उनसे अधिक दूसरा कौन होगा?

पूर्व में भगवान के अनेक अन्य अवतार हुए हैं और होंगे, पर जो भी अवतार हुए हैं और होंगे, वे सब सर्वावतारी भगवान श्रीस्वामीनारायण के अनुयायी हैं। यह भगवान श्रीस्वामीनारायण ब्रह्मा के आयु के दौरान एक बार अवतरित हुए हैं। ऐसे अवतारी पुरुषोत्तम नारायण की उपासना मेरे हृदय में जमी है।

• गोपालानंद और साळंगपुर :

वडताल गादी के साळंगपुर मन्दिर में हनुमानजी को स्वामीनारायण का दास दिखाने हेतु साळंगपुर में एक मंदिर बनवाया गया है। उस मंदिर में एक वानर आकार की मूर्ति है जिसे एक जीवा खाचार नामक व्यक्ति के पालिये से बनवाया गया था। पर उस मंदिर में कहीं 'जय श्रीराम' नहीं लिखा है, न वहाँ राम का जयकार होता है, और न ही कहीं हनुमान चालीसा लिखी है। वहाँ हनुमान चालीसा का पाठ भी नहीं होता क्योंकि हनुमान चालीसा में बार-बार हनुमानजी के राम के भक्त होने तथा शिव-अवतार होने का वर्णन है। इसलिए उन्होंने एक नई हनुमान आरती तैयार की है जिसमें मंदिर की वह वानर आकृति को हनुमानजी कहा गया है और उसे सहजानंद स्वामी का सेवक बताया गया है। साळंगपुर मंदिर के प्रांगण में एक बड़ी हनुमान मूर्ति बनाई गई है, जिसके ललाट पर स्वामीनारायण संप्रदाय का तिलक है, और मूर्ति के नीचे भित्ति-चित्र बने हैं जिनमें हनुमानजी सहजानंद तथा उनके माता-पिता की सेवा करते हुए दर्शाये गये हैं। इन भित्ति-चित्रों के कारण सनातनी संतों द्वारा स्वामीनारायण संप्रदाय के विरुद्ध एक बड़ा आन्दोलन भी हुआ है। संप्रदाय की पुस्तकों में भी यहाँ-वहाँ हनुमानजी के वे फोटो और चित्र मिलते हैं जिनमें वे सहजानंद स्वामी की सेवा करते दिखाए गए हैं।

इस प्रकार हनुमान का उपयोग करके सनातन धर्म के लोगों को मंदिर में बुलाया जाता है और वहाँ हनुमान के माध्यम से उन्हें स्वामीनारायण नाम के एक नए सर्वोपरी भगवान से जोड़ा जाता है, जो संप्रदाय के विकृत अर्थ मे सनातन देवी देवताओं के बॉस और लीडर है। पर एक मूलभूत प्रश्न यह है कि हनुमान कोई सामान्य वानर का नाम नहीं है जिसे किसी भी वानर मूर्ति पर लगा दिया जाए। हनुमानजी रामायण का एक पात्र हैं जो केवल और केवल राम के भक्त हैं; यदि वे महाभारत में भी आते हैं तो वे राम के ही दूसरे अवतार — श्रीकृष्ण — को प्रभु राम मानकर उनकी सहायता करते हैं, पर उनकी भक्ति का स्वरूप राम-रूप का ही रहता है। वह हनुमान है। जहाँ राम नहीं है, जहां हनुमान चालीसा नहीं है, राम की जय नहीं है — वहाँ हनुमान भी

नहीं है। और हनुमान कभी भी राम के सिवा किसी अन्य के सेवक नहीं हो सकते।

संप्रदाय के स्वामियों ने अपनी कथाओं में हनुमानजी की महिमा इस तरह गाई है कि 'सेवक बनना हो तो हनुमान जैसा बनो। उसने राम की भी सेवा की, कृष्ण की भी सेवा की और स्वामीनारायण भगवान की भी बहुत सेवा की।' सहजानंद स्वामी के समय की उनकी टोली में रहे एक शिष्य गोपालानंद स्वामी ने जीवा खाचर नामक काठी दरबार के पालिए से वह वानर मूर्ति बनाई थी — ऐसा संप्रदाय की पुस्तकों में कहा गया है। गोपालानंद की बातों की पुस्तकों और अन्य स्थानों पर गोपालानंद का नाम लेकर सनातन धर्म के आराध्य देवताओं के विरोध में विकृत कथानक भी लिखे गए हैं। स्वामीनारायण मंदिर कच्छ-भुज के वचनामृत के पृष्ठ १९३ पर लिखा है कि, "फिर गोपालानंद स्वामी ने पूछा कि, 'शिवजी उध्वरीता थे पर मोहिनी रूप देखकर वीर्यपात हुआ; जिस के शरीर में वीर्य है उसे जाग्रत या स्वप्न में स्त्री का योग हो तो उसमें वीर्यपात होगा; अतः जहाँ तक शरीर में वीर्य है वहाँ तक उसे निष्कामी कैसे कहा जा सकता है?' तब श्रीजी महाराज (सहजानंद) बोले कि, 'शंकर की भी इतनी योगकला में दोष कहा जाता है और जिसे जाग्रत या स्वप्न में योग करके स्त्री के संकल्प से वीर्यपात होता हो तो उसे परिपक्व ब्रह्मचारी नहीं कह सकते..."

कहीं-कहीं ऐसे लेख और प्रवचन भी मिलते हैं कि गोपालानंद स्वामी इतने महान योगी हैं कि श्रीकृष्ण और हनुमानजी को भी उनसे योग-शक्ति मिलती है। इसलिए इस संप्रदाय की विकृतियों का सामना करने वाले सनातनी योद्धाओं ने गोपालानंद का उपहासपूर्वक नाम "गपगोलानंद" रखा। इस संप्रदाय की पुस्तकों में लिखा है कि गोपालानंद स्वामी ने साळंगपुर में उस वानराकार मूर्ति को अपनी भक्ति की शक्ति से सिद्ध दिया और मंदिर में स्थापित किया। फिर अपने एक शिष्य गोविंदानंद को कहा, 'जाओ, उस मूर्ति का दर्शन करो।' गोविंदानंद वहां जाकर मूर्ति के चरणों में गिरकर हाथ जोड़ने लगे; तभी उस मूर्ति (संप्रदाय के कथन मे हनुमानजी) उनके हाथ पकड़ कर बोलकर उठ खड़ी हुई और कहा, 'आप मेरे सामने हाथ न जोड़ो। आप भी गोपालानंद के सेवक हो और मैं भी गोपालानंद का सेवक हूँ। हम तो गुरुभाई हैं।' एक अन्य प्रसंग में गोपालानंद की भक्ति या किसी क्रिया से वह मूर्ति कंपित हुई और गोपालानंद के चरणों में गिर पड़ी। पर जैसा हमने पहले कहा, यदि वह मूर्ति राम के स्थान पर किसी ऐसे व्यक्ति की भक्ति का प्रतीक बनती है जो १८२० ईस्वी के आसपास अंग्रेजों के शासनकाल में अंग्रेजों एवं ईसाई पादरियों से धन पाकर स्वयं

सनातन धर्म के वैदिक पंचदेव से ऊँचा सर्वोपरी भगवान बन बैठा हो, तो उसे हनुमान कहना राम-भक्त हनुमानजी का ही अपमान है। हनुमानजी तो वह राम-भक्त पात्र हैं जो रामायण में संसार के सामने आते हैं, और वे राम के अलावा किसी अन्य के सेवक कभी नहीं बन सकते।

• BAPS का साहित्य :

अ] पुस्तक 'नीलकंठ चरित्र' की भ्रष्ट बातें

पीडीऍफ़ लिंक :

https://drive.google.com/file/d/1AgHdjqNUsdLo3-4tI1vLLgFuS0B3hD-kD/view?usp=sharing

१. पद्मासन पर बैठकर वे विराजमान हुए। जब वर्णी (सहजानंद) ध्यान से जागे तो उन्होंने हनुमानजी को सामने बैठे देखा। सामने पाकर हंसते हुए वर्णी ने पूछा: "तुम कब आए हो?" हनुमानजी ने कहा: "महाराज! आपका नित्य दर्शन करने का मेरा नियम है। उस नियम के अनुसार आज अयोध्या में आपको देखने गया था पर आप वहां नहीं थे, इसलिए सरयातट पर आया। वहां भी आप नहीं दिखे। फिर ध्यान में देखा तो जाना कि आप इस ओर आए हो इसलिए यहाँ आ गया। अब आपकी आज्ञा हो तो आपकी सेवा में रहूँ।" यह कहते हुए वर्णि ने उन्हें कहा: "अभी मैं अकेले विचरण करने का विचार कर रहा हूँ, इसलिए जब मैं स्मरण करूँ तब आ जाना; अयोध्या में स्वजनों को सुन्दर समाचार देना।" इतना कहकर वह फिर ध्यानमग्न हो गए। (पृष्ठ २)

२. नीलकंठ वर्णी नर–नारायण के बदरिकाश्रम में पहुंचे। इस ब्रह्मांड के भोमिया नरनारायण ने पचास वर्ष और ढाई पहर तक एक पैर पर खड़े रहकर स्तुति की थी। तब पूर्णपुरुषोत्तम नारायण (सहजानंद) पृथ्वी पर प्रकट हुए। नरनारायण की इस तपस्या का फल देने के लिए ही आज प्रत्यक्ष पुरुषोत्तम नीलकंठ वेश में यहाँ आए थे। नरनारायण ऋषि हर्षोल्लासित होकर नीलकंठ वर्णी की गदगद कंठ से स्तुति कर बोले: "आपका प्रताप किसी को ज्ञात नहीं। आपके प्रताप से ही हमारी प्रतिष्ठा है। जो हमें महान समझते हैं वे वास्तव में आपके प्रताप को नहीं समझते।" ... अपनी सेवाएँ स्वीकार कराकर नीलकंठ ने विदा लेते हुए नरनारायण ऋषि से कहा: "ऋषिवर्य! आपने मेरी बहुत सेवा की है; इसलिए आपकी मूर्ति की स्थापना अवश्य करूँगा भारतखंड में।" (पृष्ठ १४)

३. महाकाली का उपासक पिबेक मूलतः एक मुमुक्षु ब्राह्मण था। पर खराब संगत के कारण वह बहुत बिगड़ गया। मांस–मछली खाने लगा; भांग, शराब पीने लगा; देवी की उपासना करता और भूत–भैरव की साधना करता। ... पिबेक को देखकर सिद्ध बावाएँ थरथर काँपने लगे। वे सभी उठकर पिबेक की शरण में जाने की तैयारी करने लगे। नीलकंठ ने उन्हें शान्ति से कहा: "तुम लोग क्यों चलने लगे? ऐसे मलिन देव–देवी के उपासक से तुम क्यों भाग रहे हो?" (पृष्ठ ३५)

४. तम्बोली ने पूछा, "वर्णीराज! वह भालू आपके पास आकर क्यों शांत हो गया? वह क्यों रो रहा था? वह कौन था जिसने नमस्कार किया और चला गया?" नीलकंठ ने कहा, "उसका नाम जांबुवन है। कृष्ण के समय में उसने कृष्ण की सेवा की थी, पर मन में संदेह रह गया था इसलिए भटकता रहा। आज उसका कल्याण हुआ। यह भालू अब इस देह का त्याग कर देगा और मनुष्य रूप में सत्संग में जन्म लेगा। हमारा उसे योग होगा और वह अक्षरधाम पाएगा।" (पृष्ठ ४६)

५. ऐसा सोचते ही कपडी बावा और बावीन वेश में एक पुरुष और स्त्री पोठिया पर बैठकर वहाँ आ पहुँचे। इस घोर जंगल में जहाँ मनुष्य का कभी प्रवेश न हुआ हो — वहां यह कौन आ गया? नीलकंठ ने उनका परिचय माँगा। स्त्री ने कहा: "यह शिवजी हैं और मैं सती हूँ। आप इतने दिनों से भूखे हैं इसलिए आपके लिए साठवा लाए हैं।" नीलकंठ ने उन्हें नमक और साठवो (खाना) दिया। शालिग्राम लेकर नीलकंठ ने नमक और साठवो खाए। शिव–पार्वती नीलकंठ की सेवा करके अत्यंत प्रसन्न हुए। फिर प्रणाम कर नीलकंठ के आशीर्वाद लेकर आकाशमार्ग से अदृश्य हो गए। (पृष्ठ ६३)

ब] 'सहजानंद चरित्र' पुस्तक की भष्ट बातें

पीडीएफ लिंक :

https://drive.google.com/file/d/13v0xW63Mmv6MZGPFZ9ZBQpAQl0Z-BIYiA/view?usp=sharing

१. रामानंद स्वामी ने कहा: "इस सहजानंद स्वामी में सभी अवतार समाहित हैं। वे अवतारों के भी अवतारी और सबके कारण हैं।" (पृष्ठ ३)

२. तब शारदादेवी ने कहा, "तू क्यों घर से निकला था? तुझे भगवान दिखाई दिए थे न? और कन्या मिलने पर भी तू क्यों ब्रह्मचारी रहा? भगवान देखने के लिये।

इतने उपदेश देकर अंत में कहा: 'स्वामीनारायण तो इंद्र, चंद्र, विष्णु, महेश आदि सभी देवताओं के स्वामी तथा मेरे भी उपास्य हैं। वे किसी से पराजित नहीं हो सकते। मेरे जैसी कितनी देवीयाँ उनके चरणों की सेवा चाहती हैं। आश्रित हो जाओ। त्यागी बनकर ज्ञान, सेवा और दीनता से उनकी भक्ति द्वारा उन्हें राजी कर लो।' " (पृष्ठ १०)

३. संतदासजी ने कहा, "मैं समाधि में अक्षरधाम गया था। वहाँ दिव्य सिंहासन पर महाराज (सहजानंद) को विराजमान देखा और वहाँ सेवा में खड़े गुरु रामानंद स्वामी को स्तुति करते देखा। शिव, ब्रह्मा आदि अनंत देव, ऋषि और अवतारों को एक पग पर खड़े होकर महाराज की स्तुति करते देखा।" (पृष्ठ १५)

४. यह सुनकर महाराज ने कहा... "दस अवतार, चार व्यूह, चौबीस मूर्तियाँ और ब्रह्मा, विष्णु व महेश एक–एक ब्रह्मांड में रहे हैं — ऐसे अनंत ब्रह्मांडों को मूलजी धारण कर रहे हैं। मूलजी तो मूल माया, मूल पुरुष—वह सब से परे है; वह तुम्हारे घर पुत्र रूप में प्रकट हुआ है।" (पृष्ठ ४१)

५. तब महाराज निसरणी के कदमों पर आकर बोले: "मैं सहजानंद यह रहा। यहीं हूँ। मैं तुम्हारे पास आ रहा हूँ।" ऐसा कहकर महाराज नीचे उतरे। जगजीवनने कटाक्ष में पूछा: "क्या तुम परमेश्वर हो? क्या तुम ही राधा और लक्ष्मी के पति हो?"

"हाँ, मैं ही सच्चिदानंद परब्रह्म पुरुषोत्तम हूँ। मैं ही राधा–लक्ष्मी का नाथ हूँ। शास्त्रों में मेरा महिमा कहा गया है।" (महाराज ने कहा)। (पृष्ठ ५६)

६. महाराज जीवा खाचर के दरबार में संतो और हरिभक्तों की सभा करके बैठे। वहाँ एक योगी बिल्कुल दिगंबर अवस्था में आए—नंगे, माथे पर जटाएँ, हाथ में त्रिशूल और शांत पर कुछ उग्र मुख। उस योगी को देख सुरा खाचर के मुँह से निकला, "गधी का कहेंगे, बावा! वस्त्र बिना नंगा घूम रहा है।" बावा कुछ बोले बिना महाराज (सहजानंद) के चरणों में छूकर फिर लौट आया। महाराज ने कहा, "सुराखाचर, तुमने अपशब्द क्यों कहा?" सुरा खाचर ने कहा, "महाराज! वह हमारी काठी की रीति कही जाती है। निंदा, स्तुति जो कुछ भी कहना हो वह 'गधी' शब्द से शुरू किया जाता है। काठी सिर्फ 'गधी' शब्द बोलना सीख ले तब ही सब कुछ ठीक कहा जायेगा।" महाराज ने कहा, "तुम जानते हो? असल मे वे शिवजी थे, जो बावा का रूप धारण करके दर्शन करने आए थे। इसलिए आज से नियम लो—कोई सत्संगी नीच शब्द या गाली न बोले।" (पृष्ठ ६८) (*इस कथा में गाली नहीं देनी चाहिए ऐसे उपदेश का पाखंड करके भगवान

शिव को गाली दिलाई गई है, उन्हे सहजानंद का सेवक बताया गया है, और काठी राजपूतों के चरित्र का भी हनन किया गया है। यह इस संप्रदाय के पुस्तक और प्रवचन का तरीका है)

७. इस प्रकार महाराज ने अपने सर्वोपरि होने की अनेक बातें कही। महाराज (सहजानंद) ने लोया, नागड़का और पंचाला में लगभग आठ माह परमहंसों को अपने पास रखकर अपनी सर्वोपरीता की बातें कीं। "अक्षरधाम सर्व धामों से परे है; उसमें माया का भाव नहीं; स्त्री–पुरुष का भाव नहीं। अग्नि, वरुण, वायु, इन्द्र, सूर्य, ब्रह्मा, विष्णु, महेश, अनिरुद्ध, प्रद्युम्न, वासुदेव, रामचंद्र, नरनारायण, श्रीकृष्ण, वैराटपुरुष... आदि—सब से पर हमारा अक्षरब्रह्म है। इसलिए मैं भी उनसे पर हूँ। पर तुम सबको सुख मिले इसलिए मैंने मनुष्य जैसा रूप लिया। मेरा अवतार तो अविद्या का नाश करने तथा सबको एकान्तिक स्थिति प्रदान कर अंत्यंत कल्याण देने के लिये हुआ है।" (पृष्ठ ८३-८४)

८. तब कुछ परमहंसों ने कहा, "महाराज! आपको दत्त, कपिल, व्यास जैसे कहा गया है।" और कुछ ने कहा, "महाराज! हमने आपको अवतार जैसा कहा है।" यह सुनकर महाराज (सहजानंद) ने मुस्कुराते हुए कहा, "बहुत अच्छा किया।" फिर दृष्टांत देते हुए बोले: "बिलकुल कबूतर के कबूतर ही रहे। खाने में खीर, मालपुआ, पुरी, सब्जी, दाल, कढ़ी, चावल और मूली सब खा ली जायें; पर जब ओडकार आये तो सब स्वाद दब जाता है और मूली का ओडकार आए बिना नहीं रहता। ऐसे मैंने तुम्हें अपने स्वरूप की इतनी-इतनी बातें बताईं फिर भी तुम्हें अच्छा न लगा? बिलकुल कबूतर के कबूतर ही रहे। यदि मेरे सर्वोपरीप होने का महिमा समझ आया है तो वह कहे बिना कैसे रहा जाएगा?" इस प्रकार उन्होंने कहा। जिन्होंने महाराज को अवतारादि कहा था उन्हें अपनी भूल समझ आई; जिन्होंने महाराज को सर्वोपरि और सर्व अवतारों के अवतारी कहा उन्हें बहुत आनंद हुआ। (पृष्ठ ८४)

९. वहाँ महाराज (सहजानंद) ने उसकी ओर दृष्टि की; उसे चरणारविंद में से तेज का समूह निकलता हुआ दिखा—ऐसा तेज जो अनंत ब्रह्मांडों को समाहित कर ले। उसे समाधि हुई; समाधि में अक्षरधाम दिखाई दिया। दिव्य सिंहासन पर महाराज बैठे दिखे; सभी अवतार और मुक्तात्माएँ महाराज की सेवा में खड़ी दिखीं। उसे अनंत शिवजी महाराज की सेवा में नजर आए।

ब्राह्मण शंकर का उपासक था। इसलिए शंकर ने उससे कहा, "श्रीजी महाराज तो सर्व अवतारों के अवतारी और सर्व कारणों के कारण पुरुषोत्तम नारायण

हैं; अतः उनका आश्रय कर उनका भजन कर—तभी तुझे अक्षरधाम की प्राप्ति होगी।" (पृष्ठ ८६-८७)

१०. (महाराज ने) माथे पर पाघ धारण किया। फिर कहा, "बोलो, अब मुझे क्या कहो—साधु रूप या राजा रूप?" तब सभी बोले, "महाराज! यह दोनों में से कोई नहीं कहा जाये।" तब महाराज ने कहा, "मेरे समान तो मैं एक ही हूँ; सभी अन्य तो अवतार हैं और मैं अवतारी हूँ।" सभी समझ गए। सबको निश्चय हुआ; अवतार और अवतारी का भेद समझ आया। (पृष्ठ ११३)

क] 'अक्षरपुरुषोत्तम उपासना' पुस्तक की विकृत बातें

पीडीएफ लिंक :

https://drive.google.com/file/d/1hFuDv9UKCCh2Whvk_T-ZZrRIei-Hd-PIK/view?usp=sharing

१. "महाराज को (सहजानंद को) पुरुषोत्तम जाने बिना अक्षरधाम में जाया नहीं जा सकता।" (पेज २८) "और यदि कोई सत्संग में रहता होगा और शास्त्र के वचनों में भी रहता होगा और उसे यदि भगवद् स्वरूप की निष्ठा पक्की न हो तो वह जब देह छोड़ देगा तब या तो ब्रह्मा के लोक में जाएगा या किसी दूसरे देवता के लोक में जाएगा, परंतु पुरुषोत्तम भगवान के धाम को प्राप्त नहीं होगा। इसलिए अपने सामने प्रकट हुए भगवान के स्वरूप को सदा दिव्य साकारमूर्ति और सभी अवतारों का कारण अवतारी ऐसा जानना चाहिए और यदि ऐसा न जाने और निराकार जाने या दूसरे अवतारों जैसा माने तो वह द्रोही कहलाएगा।" (पेज २९)

२. "यह बात सद्गुरु निष्कुलानंद स्वामी ने स्पष्ट रूप से समझाई है; 'ब्रह्मा को रखा सत्यलोक में, शिव को रखा कैलास; विष्णु को रखा वैकुंठ में, ऐसा दिया अलग-अलग निवास। इन्द्र को रखा अमरावती, शेषजी को रखा पाताल; जहाँ-जहाँ की हरि ने आज्ञा, वहाँ रहे सदा काल। बद्रीतल में रखे ऋषिवर। नीरन्नमुक्त रखे श्वेतद्वीप में; गोपीगोप रखे गोलोक में, रखे मुक्त अक्षर समीप में।'

अक्षरधाम के अलावा ये सभी लोक माया के अंदर ही आए हैं, इसलिए वहाँ त्रिविध ताप भी है। लेकिन अक्षरधाम माया से परे है, इसलिए वहाँ त्रिविध ताप नहीं है। परिणामस्वरूप वहाँ का सुख भी अत्यधिक है।

समझाते हुए श्रीजी महाराज कहते हैं: 'पशु के सुख से मनुष्य का सुख अधिक

है और उससे राजा का सुख अधिक है, और उससे देवताओं का सुख अधिक है, और उससे इन्द्र का अधिक है और उससे बृहस्पति का और उससे ब्रह्मा का और उससे वैकुंठलोक का और उससे गोलोक का सुख अधिक है। और उससे भगवान के अक्षरधाम का सुख अति अधिक है।'

इसलिए श्रीजी महाराज कहते हैं, 'जो अक्षरधाम है, उसके सामने अन्य देवताओं के लोकों को मोक्षधर्म में नरक तुल्य कहा है।' साथ ही, अक्षरधाम के अलावा अन्य स्थान नाशवान हैं, जबकि अक्षरधाम अविनाशी है। (पेज २९, ३०)

अन्य धाम नाशवान होने से वहाँ जाने के बाद भी पुनः गिरना पड़ता है। लेकिन अक्षरधाम में जाने के बाद पुनरागमन नहीं होता। .... अन्य धामों की अवधि है। जैसे गोलोक, वैकुंठ आदि कुछ योजन तक फैले हुए हैं – ऐसा शास्त्रों में वर्णन है। जबकि अक्षरधाम की कोई अवधि नहीं है, वह अधो-ऊर्ध्व और प्रमाण रहित है। अन्य धामों के वर्णन में माणिक्य-मणिमय महल, रत्न आदि लौकिक पदार्थ हैं, जबकि अक्षरधाम में सर्वत्र अलौकिक दिव्य तेज है और उस तेज के समूह में पुरुषोत्तम, अक्षर और अक्षरमुक्त हैं। (पेज ३१)

३. श्रीजी महाराज ने पुराने खरड़े में लिखवाया है: 'दूसरा अवतार है सो कार्य-कारण अवतार हुआ है, और मेरा यह अवतार है सो तो जीवों को ब्रह्मरूप करके आत्यन्तिक मुक्ति देने के वास्ते अक्षरातीत पुरुषोत्तम जो हम वहाँ मनुष्य जैसा बने हैं।' अर्थात् पूर्व श्रीकृष्ण पर्यन्त सभी अवतार किसी कार्य निमित्त (असुरों के संहार आदि हेतु) हुए थे और वह कार्य पूर्ण होते ही पृथ्वी से अंतर्धान हो गए। लेकिन भगवान स्वामिनारायण तो जीवों को ब्रह्मरूप करने और उनका आत्यन्तिक कल्याण करने के लिए ही प्रकट हुए थे। (पेज ३३)

४. 'इस सत्संग में जो भगवान विराजमान हैं (श्सहजानंद) वही भगवान से सभी अवतार हुए हैं।"

उनसे कोई पूछे कि श्रीजी महाराज की सर्वोपरी महिमा की बातें तो शास्त्रों में नहीं हैं। तो वे कहते कि शास्त्रों में यह बात कहाँ से होगी? 'जन्म हुआ हो तो शादी कहाँ लिखी होती? इसी तरह पुरुषोत्तम पहले आए नहीं थे, तो उनकी बात शास्त्रों में कहाँ लिखी होगी?' श्रीजी महाराज इस लोक में पहले पधारे ही नहीं थे, तो उनकी बात शास्त्रों में मिल ही क्यों? (पेज ३४, ३५)

५. पूर्व अवतारों में जितना ऐश्वर्य है, उसमें उतने ही जीव तरते हैं। आज तो सभी अवतारों के अवतारी और सभी कारणों के कारण पुरुषोत्तम ही पधारे हैं। (सहजानंद स्वामी विषयक)

वाड़ी, फूलवादी और गारड़ी – इसमें वाड़ी हो तो वह गरीब साँप हो तो उसे पकड़ लेता है, फूलवादी हो तो हाथ आए तो पकड़ लेता है, न हो तो कपड़े के छोर से मार डालता है, और गारड़ी हो तो उसके सामने चाहे कैसा भी मणिधारी हो, वह भी काँपने लगे। .... दत्तात्रेय, कपिल वे तो वाड़ी के समान हैं, वे तो मुमुक्षु का कल्याण करते हैं। और रामचन्द्र और श्रीकृष्ण वे फूलवादी के समान हैं। वे तो अपना वचन मानने वाले का कल्याण करते हैं और न मानने वाले को तर्क से समझाकर कल्याण करते हैं। और महाराज (श्रीजी महाराज) तो गारड़ी के समान हैं और उनके सामने तो जीव, ईश्वर, पुरुष और अक्षरादि सभी हाथ जोड़कर खड़े हैं। (पेज ३६)

पहले बड़े-बड़े अवतार हो गए हैं, लेकिन इनके सामने तो सत्संगी बालक भी करोड़ों-करोड़ गुना अधिक दैवत्व वाला दिखाई देता है; तो बड़े-बड़े हरिभक्त, बड़े-बड़े साधु और महाराज की महिमा तो कहना ही क्या! (पेज ३६)

नोट : यहाँ कहा जा रहा है कि सनातन धर्म में अब तक जितने भी अवतार हुए हैं, उनसे भी अधिक सहजानंद स्वामी के इस संप्रदाय में सत्संग करने वाले एक बालक का तेज करोड़ों-करोड़ गुना अधिक है। तो फिर अन्य स्वामियों और सहजानंद के तेज के बारे में क्या कहा जाए? यही कारण है कि आगे आनेवाले एक वीडियो में एक स्वामी एक प्रसंग कह रहा है कि BAPS के स्थापक योगीजी महाराज अपने शिष्य से डाकोर कृष्ण मंदिर में जाने के विषय ऐसा कहते थे: "तुम्हें पता नहीं हम कौन हैं और हमारा स्थान क्या है? जाओ डाकोर मंदिर में कृष्ण को दर्शन देकर आओ।" इस विकृत विचार की जड़ उनके ग्रंथों में लिखे ऐसे कथनों में निहित है। आज इन्हीं विकृत लिखनों से बल लेकर प्रबोधस्वामी के शिष्य कहते है कि शिवजी ने किसी निशीतभाई से कहा: "प्रबोध स्वामी के दर्शन करने का ऐसा सौभाग्य तो मेरा अभी जागा नहीं है, लेकिन आपके दर्शन हुए, इससे मैं धन्य हो गया।" और फिर भगवान शिव (जिन्हें ये लोग हमेशा 'शिवजी' ही कहते हैं) उनके किसी निशीतभाई के चरणों में गिरकर चले गए।

६. 'तो पहले गणेश को प्रभु कहते हैं। ब्रह्मा, विष्णु और शिव को कहते हैं। अनिरुद्ध, प्रद्युम्न और संकर्षण को कहते हैं, तो इनमें से किसे प्रभु माना जाए? तब इसका तो ऐसा ही है जैसे जीव की करोड़ों संख्या, ईश्वर की करोड़ों संख्या, ब्रह्मा की भी करोड़ों-करोड़ संख्या है। उन सबका कारण तो महाराज स्वयं हैं, ऐसा समझे तो सही बात कही जाए और अनंत करोड़ राम, अनंत करोड़ कृष्ण और अनंत करोड़ अक्षरमुक्त – उन सबके आधार, सबके नियंता और सबके कारण महाराज

(सहजानंद) को समझे तो ही ज्ञान होता है।'

.... 'श्रीकृष्ण ने कितना ज्ञान किया, तब एक उद्धव ने त्याग किया। और आज तो (इस संप्रदाय में सहजानंद स्वामी के पीछे) बीस-बीस वर्ष के लोग संसार त्यागकर आ जाते हैं। ... अन्य अवतार बड़े-बड़े पारस मणि जैसे हैं और पुरुषोत्तम (सहजानंद) तो चिंतामणि हैं। .... जैसे चक्रवर्ती राजा और खंडिया राजा में भेद है, वैसे ही अवतार और अवतारी का भेद समझना चाहिए।' (पेज ३७)

७. श्रीजी महाराज को आषाढ़ी मेघ की उपमा दी कि जैसे मेघवर्षा से पृथ्वी सचेतन होकर फलवती बनती है, वैसे ही वे हैं। जबकि अन्य अवतारों को ओस की बूंदों जैसा कहा है, जिनका पृथ्वी पर कोई प्रभाव नहीं होता। .... 'कोटी-कोटी विष्णु ब्रह्मा कर जोड़ी, शंकर कोटी सुरत आनी, शारदा शेष अरु नारद बरने, नहीं मानत नार अभिमानी। परब्रह्म पुरण पुरुषोत्तम, स्वामिनारायण सुमरानी।' (पेज ३९)

८. लालजी भक्त ने पूछा: 'यह वर्णी कितने बड़े हैं? हमारे जैसे?'
रामानंद स्वामी ने कहा: 'हमसे भी बड़े हैं। यह वर्णी सभी अवतारों के कारण परात्पर, अप्राकृत गुण और ऐश्वर्य वाले पुरुषोत्तम हैं।' ..... 'जैसे कृष्ण बड़े सभी से, वैसे ही ये बड़े उनसे भी; ये हैं अवतारों के अवतारी, और क्या ही विस्तार से कहें...' (पेज ४९)

९. BAPS अपने ग्रंथों में वर्णन करता है कि सहजानंद स्वामी ने उस समय की हिंदू प्रजा को कैसे इस नए सर्वोपरी भगवान वाले संप्रदाय में परिवर्तित किया। पेज नंबर ५४-५५ पर एक प्रश्न का उत्तर दिया गया है। प्रश्न है: 'यदि भगवान स्वामिनारायण सर्वोपरी हैं, तो वचनामृत में, संप्रदाय की अन्य पुस्तकों में और परमहंसों के कीर्तन में उन्हें कृष्ण क्यों कहा गया है?'
उत्तर बिल्कुल वैसा ही दिया गया है, जैसा इस्लाम के उदय से पहले देवी-देवताओं वाले अरब समाज में अल्लाह नामक एक नए सर्वोपरी ईश्वर को स्थापित करने हेतु दिया गया था। उत्तर है: 'श्रीजी महाराज के प्राकट्य के समय अनेक मतपंथ, शक्तिपंथ, असत संप्रदाय, गुरु, वहम, यंत्र-मंत्र-तंत्र आदि का जोर था। उन सबका इस नए संप्रदाय के विरुद्ध जबर्दस्त विरोध था। ऐसे कठिन समय में यदि मनुष्यधारी स्वयं को ही परमात्मा स्पष्ट रूप से कहते तो लोग भड़ककर इस संप्रदाय में आते ही नहीं। जैसे पथ्य के अनुसार औषध दी जाती है, वैसे ही पहले सत्पुरुष जैसे, फिर अवतार जैसे और उसके बाद सर्वावतारी पुरुषोत्तम जैसे कहा। .... जीवों को अपने स्वरूप में जोड़ने के लिए ही श्रीजी महाराज ने

जहाँ-जहाँ जो उपासना प्रधान थी, वहाँ उन देवों की मूर्तियाँ स्थापित कीं, ताकि मुमुक्षु अपने इष्टदेव के दर्शन करने आएं और फिर संत के संग से श्रीजी महाराज के सर्वोपरी स्वरूप की उपासना दृढ़ करें। इस तरह संप्रदाय में सर्वोपरी उपासना क्रमशः प्रसिद्ध हुई।'

प्रमुख स्वामी को सनातन धर्म के आराध्य ईश्वरों से ऊपर देवता बनाने के प्रयास :

प्रमुख स्वामी जन्म शताब्दी महोत्सव के अंतिम दिन, जनवरी २०२३ में, स्वामी भद्रेशदास ने BAPS के स्वामियों को एकत्र कर उस उद्देश्य को मजबूत करने के लिए सामूहिक मंत्रोच्चार करवाया, जिसके लिए पूरा एक महीना वह जन्मोत्सव मनाया गया था। इस घटना का एक वीडियो वायरल है, जिसमें भद्रेशदास पूछते हैं:

"जब गीता में 'यदा यदा हि धर्मस्य ग्लानिर्भवति...' कहा गया है, तो वह किसके विषय में था?"

तो स्वामियों की भीड़ ने उत्तर दिया: "प्रमुख स्वामी महाराज।"

फिर भद्रेशदास ने आगे पूछा: "आज वह किसके विषय में है?" और भीड़ ने उत्तर दिया : "महंत स्वामी महाराज।"

यहाँ हिंदू शास्त्रों के श्लोक, जो परंपरागत रूप से श्रीकृष्ण या भगवान विष्णु को संबोधित करते हैं, उन्हें BAPS के प्रमुख स्वामी और महंत स्वामी से जोड़कर पाखंड करने का प्रयास किया गया है, ताकि उन्हें भगवान स्वरूप में प्रस्तुत किया जा सके।

वीडियो लिंक :

https://drive.google.com/file/d/19D3eW3bST5QjeyMB33N9cF-pxT-HUQw44/view?usp=drivesdk)

प्रमुख स्वामी विषयक सबसे चौंकाने वाला लेखन **"श्री प्रमुख स्वामी महाराज – महिमाष्टक"** नामक अध्याय में है **(पुस्तक 'स्त्रोत सिंधु')**, जिसके कारण गुजराती समाचार चैनलों में भी विवाद उठा था। उसमें लिखा है: "समुद्र की बूँदें गिनी जा सकती हैं, आकाश के तारों की संख्या मापी जा सकती है... लेकिन क्या ब्रह्मा, विष्णु और शिव जैसे देवता भी प्रमुख स्वामी महाराज के गुणों की गणना कर सकते हैं? बिल्कुल नहीं। यहाँ तक कि वेद और पुराणों के रचयिता वेदव्यास भी गुणों के खजाने प्रमुख स्वामी महाराज की पूरी स्तुति करने में असमर्थ हैं!" (पृ. ७२)

पीडीएफ लिंक :

https://drive.google.com/file/d/1KUuiE24fZd8ly9xq91gvsyN2srmEEZzD/

view?usp=sharing

BAPS ने बच्चों के लिए **"सत्संग विहार"** नामक कॉमिक शैली की पुस्तकें भी प्रकाशित की हैं, जो छोटे बच्चों के मन में यह पाखंड बैठाती हैं कि स्वामिनारायण सनातन धर्म के सभी देवताओं से सर्वोपरी ईश्वर हैं। इन पुस्तकों में प्रमुख स्वामी को भी इस स्तर तक उठाने का प्रयास देखा जाता है।

सत्संग विहार भाग १ के पेज नंबर २६ पर 'सर्व कर्म में मर्म' नामक एक बालकथा में लिखा है कि, एक बार सहजानंद स्वामी ने अपनी आँखों को दायीं ओर से बायीं ओर घुमाया। तब भक्तों ने पूछा: "महाराज, आपने यह क्या किया?" तो स्वामी ने कहा: "एक ब्रह्मांड के ब्रह्मा, विष्णु और महेश वहाँ की प्रजा के साथ अनुकूल नहीं थे, इसलिए हमने दूसरे ब्रह्मांड के ब्रह्मा, विष्णु और महेश को वहाँ लाकर उनकी अदला-बदली की।"

पीडीएफ लिंक :

https://drive.google.com/file/d/1QQHRLuU4n3PlZ3HQdaMH1Y-dZE5Mpzi7F/view?usp=sharing

सत्संग विहार भाग २ के पेज नंबर १५ पर 'ब्रह्माजी कौवे के रूप में प्रसाद लेने आए' नामक कथा है। उसमें लिखा है कि, एक कौआ सहजानंद स्वामी की थाली में से रोटी का टुकड़ा ले गया। तब भोजन परोस रही एक माँजी ने पूछा: "यह क्या हुआ?" तो सहजानंद स्वामी ने कहा: "वह ब्रह्माजी थे। हमारा प्रसाद लेने आए थे। वर्षों से प्यासे थे, इसलिए आज हमने उन्हें लाभ दिया।"

पीडीएफ लिंक :

https://drive.google.com/file/d/1865MpFhY6wDHnGDmLt4JCGm7tr_aE-HsM/view?usp=sharing

इसी तरह **सत्संग विहार भाग १** के पेज नंबर २२ पर 'गुणातीत संत में सर्व प्रगट' नामक कथा में लिखा है कि शिवजी (भगवान शिव) अपने एक भक्त से कहते हैं : *"यदि तुझे मोक्ष चाहिए तो प्रमुख स्वामी के पास जा।"*

हालाँकि, नई आवृत्ति में यह भाग हटाकर महंत स्वामी के बारे में लिखा गया है। लेकिन इस लेखन का फोटो उपलब्ध है।

पीडीएफ लिंक :

https://drive.google.com/file/d/19Tpm4WyG6-6c0Wp6W5j_KSiN_Kdl-cCtE/view?usp=sharing

• **BAPS से अलग हुए हरिधाम सोखड़ा के प्रबोध स्वामी और प्रेम स्वामी समूह के अपमानजनक वचन :**

१. BAPS से अलग हुए समूह हरिधाम सोखड़ा से अलग पड़े प्रबोधवामी समूह के आनंदसागर स्वामी नामक व्यक्ति ने प्रवचन में कहा:

"मुझे स्वप्न आया कि मंदिर के बाहर गेट के पास निशीतभाई (उनके संप्रदाय के एक व्यक्ति) को शिवजी मिले। निशीतभाई ने शिवजी से कहा: 'शिवजी, अंदर आइए और हमारे गुरु हरि प्रबोधस्वामी के दर्शन कीजिए।' तो शिवजी ने कहा: 'नहीं, प्रबोध स्वामी के दर्शन करने जैसा सौभाग्य मेरा अभी जागा नहीं है, पर आपका दर्शन हुआ यह मेरा अहोभाग्य है।' ऐसा कहकर शिवजी ने निशीतभाई के चरण स्पर्श किए और चले गए।"

वीडियो लिंक :

https://drive.google.com/file/d/1-aZ0t_EorZHLE0wJF36MU_E8GTfT-wGls/view?usp=drivesdk)

२. प्रबोध स्वामी समूह के एक अनुयायी ने प्रबोध स्वामी के लिए कहा:

"हाल में महाकुंभ चल रहा है, पर हममें से कई लोग उसमें जा नहीं सके। पर गंगा के प्रवाह को पवित्र करने वाले जो प्रभु हैं वह स्वयं आज यहां पधारने वाले हैं (प्रबोध स्वामी — इस समूह के प्रमुख) इसलिए वह संत आज यहां होंगे, और उनके दर्शन हमें मिलेंगे। इसलिए हमारे लिए आज का दिन महाकुंभ जैसा है।"

वीडियो लिंक :

https://drive.google.com/file/d/1-l-AQgbZwOyvO6HV_TmG-W7jckF_QQ8o/view?usp=drivesdk

३. सोखड़ा मंदिर के एक दूसरे वीडियो में, श्रीजी सौरभ नाम के स्वामी ने एक कहानी कही:

एक स्त्री भक्त, जो शिव की महान भक्त थी, और लगातार शिव से प्रार्थना कर रही थी कि उसे ऐसा पुत्र मिले जो स्वामीनारायण संप्रदाय का भक्त बने।

शिव उसकी भक्ति से प्रसन्न होकर उसे बोले:

"जिस गुरु की तू सेवा करती है, उनके दर्शन करने का भाग्य अभी मेरा भी जागा नहीं है। उनकी सेवा करने के लिए, मैं तेरे गर्भ से जन्म लूँगा।"

वीडियो लिंक :

https://drive.google.com/file/d/1GJEs8UgTHt0kW9dskhqprcZseez-1zRAG/view?usp=drivesdk

४. सोखड़ा प्रेमस्वामी समूह के एक वीडियो में, एक स्वामी ने कहानी कही: एक शिष्य और योगीजी महाराज (BAPS के स्थापक) डाकोर मंदिर (भगवान कृष्ण का एक मंदिर) के पास से गुजर रहे थे। शिष्य ने योगीजी महाराज से पूछा: "क्या मैं डाकोर मंदिर में दर्शन करने जा सकता हूं?"

योगीजी महाराज ने उत्तर दिया: "जाओ, जाओ, और दर्शन देकर आओ।" फिर स्वामी ने कहा: "सोचो, हमारा स्टेटस क्या है! ऐसी निष्ठा हमें रखनी चाहिए।"

वीडियो लिंक :

https://drive.google.com/file/d/1-nId1JRySVJ2FMvRJcbeQOp5b-SLadRkc/view?usp=drivesdk)

*

प्रकरण - ५

विकृत पुस्तकों और बीभत्स प्रवचनो से सनातन धर्म पर आक्रमण भाग २ : कालूपुर गादी और संलग्न फिरके

- **कालूपुर स्वामिनारायण मंदिर की वेबसाइट से**

यह लिखकर कि देवी लक्ष्मी सहजानंद के दर्शन के लिए आईं, लक्ष्मीजी को सहजानंद की पत्नी के रूप में दिखाया गया है, जो सहजानंद की सेवा करने की अनुमति मांग रही है।

लिंक :

https://www.swaminarayan.in/our-sampraday/swaminarayan-faith/ghanshyam-charitra/laxmiji-visits-her-husband

ऋषि मार्कंडेय सहजानंद के घर एक ब्राह्मण के रूप में आए और उनका नामकरण किया।

लिंक :

https://www.swaminarayan.in/our-sampraday/swaminarayan-faith/ghanshyam-charitra/markanday-names-ghanshyam

सहजानंद के यज्ञोपवित समारोह के साक्षी बनने के लिए ब्रह्मा, विष्णु, और महेश आए।

लिंक :

https://www.swaminarayan.in/our-sampraday/swaminarayan-faith/ghanshyam-charitra/janoi-yagnopavit

खेलते समय सहजानंद घायल हो गए थे, तब अश्विनी कुमार स्वर्ग से आए और उनकी पट्टी बांधी।

लिंक :

https://www.swaminarayan.in/our-sampraday/swaminarayan-faith/ghanshyam-charitra/khapa-talavdi

बद्रीकाश्रम से नारनारायण देव सहजानंद के दर्शन के लिए आए।

लिंक :

https://www.swaminarayan.in/our-sampraday/swaminarayan-faith/ghanshyam-charitra/narnarayan-dev-arrive-for-ghanshyam-s-darshan

• कालुपुर की जेतलपुर शाखा के पुस्तक

A) पुस्तक 'श्री हरीलीला सुधाकर'

पीडीएफ लिंक:

https://drive.google.com/file/d/1TJuEDIpozC3koQw72XTM-7MJ0W1s2qzim/view?usp=sharing

इस पुस्तक में सनातन धर्म के उन सारे संप्रदायों और संतों को पूर्व जन्म के राक्षस कहा गया है, जो सहजानंद स्वामी का सनातन धर्म के शास्त्रों के विपरीत बातें फैलाने पर विरोध कर रहे थे। अंग्रेज लेखक रेमंड ब्रैडी विलियम्स ने अपनी पुस्तक "An Introduction to Swaminarayan Hinduism" में बताया है की कैसे १८०२ में रामानंद स्वामी का संप्रदाय अपने हाथ में लेने के बाद से १८१७ तक गुजरात के हिंदू समाज के द्वारा सहजानंद स्वामी का विरोध और उनकी प्रताड़ना हो रही थी। अहमदाबाद के राजा पेशवा ने सहजानंद पर अहमदाबाद में आने पर प्रतिबंध लगा दिया था। पर नवंबर १८१७ में पेशवा की अंग्रेजों के सामने हार हुई, और अंग्रेजों ने फ़रवरी १८१८ में सहजानंद स्वामी को अहमदाबाद बुलाया, और उन्हें कालुपुर में मंदिर बनाने के लिए जमीन भेंट दी। और तब से अंग्रेज अफसर और उनके ईसाई पादरियों से सहजानंद स्वामी की गहरी दोस्ती रही जिसने सहजानंद को गुजरात में स्थापित किया। इस हकीकत को कालूपुर का यह पुस्तक पूरे सनातन धर्म के विविध संप्रदायों के अनुयायियों को राक्षस बताकर उनका नाश करने आए सहजानंद को नया नारायण बता रहा है। यानी की पूरे वर्तमान सनातन धर्म के ढाँचे को और उसके

संप्रदायों को नष्ट करने का कार्य एक काल्पनिक नारायण को खड़ा करने की कोशिश की गई है। आइए, पुस्तक के अंश देखते है:

पुस्तक 'श्री हरिलीला सुधाकर' के पृष्ठ २४ और २५ पर लिखा है,

पूर्व समय में जिन असुरों को भगवान श्रीकृष्ण ने मारा था, उन सबने उस वैरभाव के कारण एकत्र होकर यह विचार किया कि नारायण अब हमारा शत्रु बनकर जन्म लेने वाला है, तो उसके लिए पहले से ही विचार कर लेना चाहिए। ॥३॥

इस प्रकार वे सभी असुर (दैत्य) आपस में चर्चा और विचार-विमर्श करके पृथ्वी पर अलग-अलग स्थानों पर जन्म लेने लगे। उन्हें यह ज्ञान था कि भगवान का अवतार होना है, इसलिए वे भगवान (सहजानंद) के भक्तों को बहुत ही पीड़ा देने लगे। ॥९॥

कोई चाचा के रूप में, कोई बहन के रूप में, कोई ससुर के रूप में, कोई माता के रूप में, कोई मामा के रूप में, और कोई पुत्र के रूप में असुर जन्म लेकर उस समाज में प्रवेश करते थे। ॥१०॥

कोई मित्र के रूप में, कोई गुरु के रूप में तथा भगवान के संबंधी बनकर सभी के बीच में प्रवेश कर जाते थे और भगवान (सहजानंद) के आश्रितों को अनेक प्रकार से बलपूर्वक दुःख और पीड़ाएँ देने लगते थे। ॥११॥

उनमें से कुछ रामानुज संप्रदाय में, कुछ सूर्य उपासकों में, कुछ मध्य संप्रदाय में, कुछ विष्णु मार्ग में, कुछ कूड़ा-पंथ में, कुछ कबीर-पंथ में, कुछ नास्तिक मार्ग में और कुछ शक्ति (शाक्त) मत में, इस प्रकार अनेक मतों, संप्रदायों, पंथों में, विश्वासि धर्म में, जीवोपासक धर्म में और निर्देशिक संप्रदायों में प्रवेश करते थे। ॥१२॥

वे असुर संत पुरुषों और भगवान (सहजानंद) के भक्तों से वैर रखते हुए, अलग-अलग संप्रदायों और धर्मों में रहकर, उनमें मिलकर झूठे आडंबर फैलाकर, मोक्ष से संबंधित कार्यों, भगवद्भक्ति आदि का विरोध करते थे। ॥१३॥

कंठी माला धारण करने वाले वैष्णव, शैव आदि संप्रदाय के लोग, उर्ध्वपुंड्र तिलक, चंदन आदि धारण करने वाले, शाक्त मत वाले, कूड़ा-पंथी, नास्तिकवादी — ये सभी धर्म के द्वेषी असुर भगवान और धर्म की बहुत निंदा किया करते थे। ॥१५॥

वे सभी कबीरपंथी, नास्तिकवादी, जैन मत के लोग भगवान (सहजानंद) के साकार स्वरूप का अनेक युक्तियों और तर्कों के माध्यम से निषेध करते थे और लोगों को भटका कर अधर्म की ओर ले जाते थे। ॥१६॥

इस प्रकार पृथ्वी पर अधर्म की शक्ति बहुत बढ़ गई। अधर्ममय वातावरण पूरे संसार में फैल गया। उस समय केवल गिनती के कुछ जीवात्मा ही धर्म का पालन कर रहे थे, इसलिए धर्म का पालन केवल नाम मात्र रह गया था। ॥१७॥

B) पुस्तक 'घर सत्संग सभा':

पीडीएफ लिंक:

https://drive.google.com/file/d/1BCjvtcw4T6VtGaWtsDvGfu-jbsHxUTC5F/view?usp=sharing

१. पृष्ठ २८

जिन ब्रह्मा आदि सभी देवता और काल आदि तत्त्व, तथा स्वयं अक्षर ने भी जिनसे अपनी समानता (साधर्म्य) प्राप्त की — ऐसे अनंत कोटि मुक्त और अक्षर जिनसे उत्पन्न हैं, वे श्री महाराज (सहजानंद) उन सबके ऊपर स्थित हैं। वे ही उन सबके प्रेरक, प्रवर्तक और नियंता हैं। वे ही ज्ञान और ऐश्वर्य के दाता, सेवनीय, स्वामी और भजनीय हैं।

पृष्ठ ६४

स्वामी कहते हैं — "जब श्रीजी महाराज (सहजानंद) प्रकट हुए, तब जो-जो अवतारों के उपासक उनके दर्शन करने आते, उन सबको महाराज भजन में बैठाकर उनके-अपने इष्टदेव के दर्शन कराते । इस प्रकार चौबीसों अवतारों के दर्शन कराकर, मुसलमानों को अल्लाह के और श्रावकों (जैनों) को तीर्थंकरों के दर्शन कराकर, वे सबको अपना आश्रय कराते ।

और अपने विषय में चौबीसों अवतारों को अपने में लीन कराकर व्यापकानंद स्वामी को अपने पुरुषोत्तमत्व का दृढ़ विश्वास कराया। इसी प्रकार हरिभक्त पर्वतभाई ने संकल्प किया कि 'परमेश्वर के अवतार कैसे होंगे?' तब उस भक्त के सामने स्वयं चौबीसों अवतार प्रकट हुए और ब्रह्मपुर में भी ऐसे ही दर्शन जीवों को सहज रूप में कराते थे ।

इस प्रकार की अनेक सामर्थ्य (अलौकिक शक्तियों) को सत्संग में देखकर श्रीजी महाराज के पुरुषोत्तमत्व की उपासना बिना किसी संशय के अत्यंत दृढ़ करनी चाहिए। क्योंकि जो स्वयं पुरुषोत्तम भगवान हैं, वे ही इस युग में अवतरित हुए हैं — यह कथा परम सत्य है। और इसे उन्हीं परम भागवत भक्तों ने कहा है जो वास्तव में परमेश्वर की मरज़ी को जानते हैं।"

पृष्ठ ७२

और पुरुषोत्तम भगवान (सहजानंद) के स्वरूप को कैसे समझें?' इस प्रश्न का उत्तर स्वामी ने इस प्रकार दिया:'जैसी राम, कृष्ण आदि भगवान की मूर्ति है, वैसी ही पुरुषोत्तम भगवान की मूर्ति है। लेकिन स्वरूप, स्वभाव, गुण और विभूति आदि ऐश्वर्य

तथा प्रकाश और शक्ति आदि की अनंत अतिशयता के कारण वह अत्यंत विलक्षण है। इसका दृष्टांत यह है: जैसे चित्र का सूर्य और प्रत्यक्ष सूर्य तथा चित्र की होली की अग्नि और प्रत्यक्ष होली की अग्नि — वैसे ही पुरुषोत्तम भगवान (सहजानंद) के स्वरूप को समझना चाहिए।'

२. पृष्ठ ८०

और 'स्वयं, अंश, कला और विभूति' — ये चार प्रकार के अवतारों का भेद कैसे समझें?' इस प्रश्न का उत्तर स्वामी (सहजानंद) ने इस प्रकार दिया:भगवान के अवतार दो प्रकार के होते हैं — सगुण और निर्गुण। सगुण में प्रद्युम्न, अनिरुद्ध और संकर्षण — ये स्वयं अवतार हैं। ब्रह्मा, विष्णु और शिव — ये अंशावतार हैं। कश्यप आदि — ये कला-अवतार हैं। निर्गुण में श्रीकृष्ण आदि स्वयं अवतार हैं। दत्तात्रेय, कपिल आदि अंशावतार हैं। मत्स्य, कूर्म आदि कला-अवतार हैं। और विभूति तो इंद्र आदि को जानना चाहिए। वह विभूति भगवान (सहजानंद) की छड़ी (शक्ति) है। गीताजी में तो राजा को भी भगवान की विभूति कहा गया है। इसलिए छड़ी (शक्ति) को सभी में मानना योग्य है। देखो न, राजा परीक्षित का ऋषि ने सम्मान नहीं किया, तो कितनी समस्या उत्पन्न हो गई?

३. पृष्ठ ८६

इस पर महाराज (सहजानंद) ने बात की कि जब प्रथम सृष्टि का समय आया, तब भगवान (सहजानंद) ने अक्षर की ओर देखा। उस समय अक्षर में अनंतकोटि मुक्त बैठे थे। उनमें से जिसका सदाशय (सद्भाव) था, वह पुरुष आगे आकर खड़ा हुआ। उसे वृत्ति देकर माया में जोड़ा। तब माया से अनंतकोटि महाविष्णु बने। फिर प्रत्येक महाविष्णु से एक-एक ब्रह्मांड उत्पन्न हुआ। इस प्रकार अनंतकोटि ब्रह्मांड उत्पन्न हुए। कुछ लोगों ने ऐसा माना कि उनमें राग था इसलिए वे जुड़े। कुछ ने कहा, राग तो था और महाराज की आज्ञा से माया से जुड़े। और कुछ ने ऐसा माना कि उन्हें जुड़ना नहीं था लेकिन महाराज की आज्ञा से माया से जुड़े। इन दोनों बातों से जो टालमटोल करें, उन्हें दूर करना चाहिए। जो ऐसा समझे, उसे उत्तम, निर्विकल्प, निश्चयवाला कहा जाता है।

४. पृष्ठ १०८

...ऐसे अनंतकोटि महाविष्णुओं का तेज एकत्र करें, तो वह किसी महापुरुष के एक रोम (शरीर ले बाल या त्वचा के छिद्र) के कोटि-भाग में भी लीन हो जाए। और

ऐसे अनंतकोटि महापुरुषों का तेज मिलाएं, तो वह अक्षर के सामान्य मुक्त (संप्रदाय का आश्रित सामान्य अनुयायी) के एक रोम के कोटि-भाग में लीन हो जाए। और ऐसे अनंतकोटि मुक्तों का तेज मिलाएं, तो वह अक्षर के मध्यम निर्विकल्प निश्चयवाले मुक्त के एक रोम के कोटि-भाग में लीन हो जाए। और ऐसे अनंतकोटि मुक्तों का तेज मिलाएं, तो वह अक्षर के महामुक्त के एक रोम के कोटि-भाग में लीन हो जाए। और वे सारे अक्षर के जो मुक्त हैं, उन सबका तेज मिलाएं, तो वह अक्षर (संप्रदाय के तथाकथित सन्यासी स्वामी) के एक रोम के कोटि-भाग में लीन हो जाए। और ऐसे अनंतकोटि अक्षरों का तेज मिलाएं, तो वह पुरुषोत्तम नारायण (सहजानंद) के एक रोम के कोटि-भाग में लीन हो जाए।

वह पुरुषोत्तम नारायण ही भक्ति धर्म के पुत्र श्रीहरिकृष्णजी महाराज (सहजानंद का वह नाम जिस नाम से उन्होंने वड़ताल मे स्वयं की मूर्ति स्थापित की थी) हैं — यह प्रकट प्रमाण है, ऐसा जानना चाहिए। अब तो वे गृहस्थ के घर में भी बंधेंगे और त्यागी की क्रिया में भी बंधेंगे। कामी पुरुष जैसे स्त्रियों को देखा करता है, वैसे भगवान जीव की ओर देख रहे हैं कि, "कौन मुझे स्मरण करता है?" लेकिन जीव ऐसा उल्टा है कि वह अन्य पदार्थों की ओर देखता है, पर भगवान की ओर नहीं देखता।

और उस पुरुषोत्तम को कैसे पहचानें? तो जब महापुरुष आदि अवतार लेकर आते हैं, तब जितना उनका ऐश्वर्य हो, उतना ही दिखाते हैं, अधिक नहीं दिखाते। क्योंकि जितना उनका है, उतना ही दिखा सकते हैं, अधिक कैसे दिखाएं? और जब पुरुषोत्तम स्वयं पधारते हैं, तब वे अक्षरधाम, अनंतकोटि अन्य धाम और अपनी समस्त विभूतियां — जिन-किनकी अपनी मूर्ति से संबंध हुआ हो, ऐसे सभी सत्संगी (जो सहजानंद को एकमात्र पूजने योग्य ईश्वर मानते है) और कुसंगी (जो सहजानंद के सिवा अन्य किसी को भगवान मानते है) — उन्हें दिखा देते हैं।

५. पृष्ठ ११६

"और उस अक्षरधाम में तो केवल एक पुरुषोत्तम (सहजानंद) की मूर्ति के साथ ही रमण है, और केवल पुरुषोत्तम के दो चरणारविंद की ही उपासना है, जबकि अन्य धामों में चार चरणारविंद की उपासना होती है। इसलिए, यदि कोई पुरुष मुक्त हो और उसमें स्त्री की इच्छा हो, तो वह अक्षरधाम को स्वप्न में भी नहीं देख सकता, तो अन्य कैसे देख पाएंगे? और यदि कोई स्त्री मुक्त हो और उसमें पुरुष के प्रति भोगबुद्धि हो, तो वह भी अक्षरधाम को स्वप्न में भी नहीं देख सकती, तो अन्य को वह कैसे प्राप्त हो?"

६. पृष्ठ १४८-१४९

"फिर मुक्तानंद स्वामी आदि परमहंस वहाँ आए। तब मुक्तानंद स्वामी ने पूछा, 'हे महाराज! आपके शरीर में कुछ कमी हो गई थी क्या?' तब श्रीजी महाराज बोले, 'हमारे शरीर में कोई कमी नहीं हुई थी, परंतु तुमने बहुत तप किया था, इसलिए तुम्हारे हित में धाम को देखने गए थे, इस कारण इस लोक की विस्मृति हुई थी; जिससे शरीर में कमी जैसी प्रतीति हुई। सबसे पहले हम बदरिकाश्रम गए। वहाँ के निवासी नर-नारायण बोले, "हे महाराज! आप कृपा करके हमारे आश्रम में पधारे।" फिर उन सभी ने हमारी पूजा, आरती, स्तुति की और बैठ गए। तब हमने कहा, 'हमारे साधु ने बहुत तप किया है, इसलिए अच्छे धाम को देखने आए हैं।' तब उन्होंने कहा, 'हे महाराज! यह धाम तो आपका ही है, इसलिए साधु को यहीं रखिए।' तब हमें विचार हुआ कि यहाँ जैसा तप तो वहाँ भी होता है। फिर वहाँ से हम श्वेतद्वीप गए। वहाँ के वासुदेव ने हमें पधारवाया, पूजा, आरती, स्तुति की और बैठ गए। तब वे बोले, 'हे महाराज! आपने बहुत दया करके हमें दर्शन दिए।' हमने कहा, 'हम हमारे साधु के तप के कारण अच्छे धाम को देखने आए हैं।' तब उन्होंने कहा, 'हे महाराज! यह धाम तो आपका ही है, साधु को यहीं रखिए।' लेकिन हमें वहाँ प्रभु भजन का पूरा सुख प्रतीत नहीं हुआ, क्योंकि क्षीर सागर में एक कोर हलचल करता है। फिर वहाँ से हम अक्षरधाम गए। वहाँ के मुक्तजनों ने हमारी कई प्रकार की सेवा-पूजा कर के स्तुति की और बैठ गए। तब हमने उन्हें कहा, 'हम मृत्यु लोक में पधारे थे। वहाँ के संतों व मनुष्यों ने बहुत तप कर हमें प्रसन्न किया है, इसलिए उनके लिए हम उत्तम धाम को देखने आए हैं, जिसमें अधिक सुख हो, वहाँ उन्हें रखें।' इसलिए हमने बदरिकाश्रम, श्वेतद्वीप, वैकुण्ठ, गोलोक आदि धाम देखे। लेकिन उन धामों में कोई ऐसा स्थान नहीं देखा जिसमें प्रभु भजन का सम्पूर्ण सुख बिना विघ्न प्राप्त हो। इसलिए हम यहाँ आए हैं।' तब मुक्तजनों ने कहा, 'यह धाम तो आपका ही है और हम भी आपके ही हैं, इसलिए उन साधुओं को यहीं लाकर आपकी मूर्ति का सुख दीजिए।' ऐसा कहकर मुक्त बोले। फिर हम अक्षरधाम से लौटे और सब संतों से कहा कि हम तुम्हारे लिए अक्षरधाम देखकर यहाँ आए हैं। इसलिए हमारे परमहंस और सत्संगी सभी यह निश्चित करें कि "हमें तो उस अक्षररूप मुक्त की पंक्ति में मिलना है और अक्षरधाम जाकर अखंड भगवान की सेवा में संलग्न रहना है; लेकिन नाशवान व तुच्छ मायिक सुख की इच्छा नहीं करनी चाहिए, और उसमें किसी भी स्थान पर आकर्षित नहीं होना चाहिए।" ऐसा दृढ़ निश्चय रखते हुए, सभी अवतारों के अवतारी और अक्षरधाम के स्वामी श्री पुरुषोत्तम भगवान (सहजानंद) तुमको प्रत्यक्ष प्राप्त हुए हैं।"

७. पृष्ठ १५२-१५३

"फिर वहाँ से हम वैकुण्ठ लोक में गए। वहाँ के वैकुण्ठवासी श्रीरामचंद्रजी ने हमें पधारवाया, हमारी पूजा, आरती, स्तुति की और बैठे। फिर उन्होंने कहा, 'हे महाराज! आपने बहुत दया करके दर्शन दिए।' तब हमने कहा, 'हमारे साधु ने बहुत तप किया है, इसलिए हम उनके लिए उत्तम धाम को देखने आए हैं।' तब उन्होंने कहा, 'हे महाराज! यह धाम तो आपका ही है, इसलिए यहाँ साधु को रखिए।' लेकिन हमें वहाँ प्रभु भजन का कोई विशेष सुख प्रतीत नहीं हुआ; क्योंकि चार भुजाओं और स्त्रियों का प्रसंग उपयुक्त नहीं जान पड़ा।

फिर वहाँ से हम गोलोक गए। वहाँ के निवासी श्रीकृष्ण ने हमें सिंहासन पर पधारवाया, हमारी पूजा, आरती, स्तुति की और बैठ गए। फिर उन्होंने कहा, 'हे महाराज! आपने बहुत दया करके दर्शन दिए।' तब हमने कहा, 'हमारे साधु ने बहुत तप किया है, इसलिए हम उनके लिए धाम को देखने आए हैं।' तब उन्होंने कहा, 'हे महाराज! यह धाम तो आपका ही है, इसलिए यहाँ साधु को रखिए।' लेकिन हमें वहाँ प्रभु भजन में सुख का अनुभव नहीं हुआ; क्योंकि वहाँ गोप, गोपियाँ, गायें, बछड़े, छाछ आदि अनेक प्रकार के विघ्न हैं, जिससे प्रभु भजन नहीं हो पाता।"

"फिर मुक्तानंद स्वामी ने पूछा, 'हे महाराज! भगवान का अक्षरधाम कैसा है?' तब श्रीजी महाराज बोले, 'वह भगवान का धाम सनातन है, नित्य है, अप्राकृत है और सत-चित-आनंद रूप है, और भगवान का जैसा धाम है वैसा स्थानक अनंत कोटि ब्रह्मांडों में कहीं नहीं है, जिससे उसकी तुलना की जा सके। इंद्र, वरुण, कुबेर, शिव, ब्रह्मा, विराट, प्रधान-पुरुष, प्रकृति-पुरुष आदि जिनके अपने स्थानक हैं, और भी अनेक प्रकार के भगवानों के धाम हैं, परंतु उनमें कोई ऐसा नहीं है जिससे भगवान (सहजानंद) के अक्षरधाम की तुलना हो सके। और जो भक्त उस भगवान के अक्षरधाम में रहते हैं, उन्हें जो सुख प्राप्त होता है, वैसा अनंत कोटि ब्रह्मांडों में किसी को सुख प्राप्त नहीं होता, जिससे उसकी तुलना की जा सके।"

८. पृष्ठ १५८

"वडताल में श्रीजी महाराज (सहजानंद) ने परमहंसों के समक्ष अपने पुरुषोत्तम होने की महिमा की बात पाँच-छह दिन तक की। फिर श्रीजी महाराज ने संतों से कहा, 'मेरी बात का रहस्य तो यह नित्यानंद स्वामी समझते हैं।' तब सभी संतों ने पूछा, 'हे महाराज! यह कैसे समझते हैं?' तब श्रीजी महाराज ने कहा, 'तुम उनसे पूछो।' तब सभी संतों ने पूछा। नित्यानंद स्वामी ने कहा, 'आपने जो पुरुषोत्तम कहा, वह तो

महापुरुष हैं, और पुरुषोत्तम तो अक्षर से भी परे हैं, रामकृष्ण आदि सभी अवतारों के अवतारी हैं और सर्वकारणों के कारण हैं – यह प्रत्यक्ष प्रमाण श्रीजी महाराज ही हैं।' फिर सभी संतों ने श्रीजी महाराज से कहा, 'हे महाराज! आपके स्वरूप का सर्वोपरि निश्चय हो सके, ऐसी कृपा करके कहिए।' तब श्रीजी महाराज बोले, 'जहाँ प्रकट पुरुषोत्तम होने की बात आती है, वहाँ सभी की बुद्धि भ्रमित हो जाती है; परंतु जहाँ भी प्रत्यक्ष हरिकृष्ण पुरुषोत्तम को लेकर किसी और को पुरुषोत्तम कहा गया है, वह हरिकृष्ण पुरुषोत्तम के बिना है, तो अक्षर को भी भगवान नहीं कहा जा सकता – तो औरों की तो बात ही क्या! इसलिए ऐसे शब्द सुनकर बुद्धि भ्रमित नहीं करनी चाहिए। और पुरुषोत्तम तो राम कृष्ण आदि समस्त अवतारों के अवतारी, प्रत्यक्ष हरिकृष्ण – हम ही हैं, इसमें किंचित मात्र भी संदेह नहीं।' इस प्रकार श्रीजी महाराज ने संतों के सामने अपने पुरुषोत्तम होने की बात कही।"

- **भुज स्वामिनारायण मंदिर द्वारा प्रकाशित पुस्तक और वीडियो प्रवचन**

श्री पुरुषोत्तमलीलामृतसागर (कच्छलीला):

पीडीएफ लिंक:

https://drive.google.com/file/d/1L910RctDsRkigwOfN-MvzWo_uOeeNaajg/view?usp=sharing

१. वे (सहजानंद) सभा बात करने लगे। उस समय उस सभा के दर्शन करने के लिए ब्रह्मा आदि सभी ईश्वरगण तथा अनंत करोड़ों मुक्तजन और देवता आए और पीपल के वृक्ष की प्रत्येक पत्ती और शाखा पर बैठ गए। (पृष्ठ २९८)

२. एक दिन श्रीजी महाराज (सहजानंद) फूलेश्वर महादेव के मंदिर में पधारे। उन्हें देखकर फूलेश्वर महादेव ने स्वयं को धन्य माना और अपने दोनों पुत्र गणपति और कार्तिक स्वामी, पत्नी पार्वतीजी तथा अपनी जटाओं में स्थित गंगाजी को लेकर श्रीजी महाराज के पास आए और गद्गद वाणी में दो हाथ जोड़कर स्तुति की। फिर केसर, चंदन और पुष्पमालाओं से श्रीजी महाराज की पूजा की। शिवजी ने अपनी पंद्रह आँखों से एकाग्र दृष्टि से श्रीजी महाराज के दर्शन किए और कहा, "हे महाराज! मैं तो तमोगुण का अधिष्ठाता हूँ, फिर भी आपने मुझ पर कृपा करके अपने दर्शन दिए और मुझे कृतार्थ किया। मेरे पुत्र कार्तिक स्वामी ने भी अपनी बारह आँखों से आपके दर्शन कर कृतार्थता पाई है और मेरे पुत्र गणपति ने भी दो आँखों से आपके दर्शन कर स्वयं को धन्य माना है। साथ ही मेरी जटाओं में स्थित गंगाजी और मेरी पत्नी

गिरिजा ने भी आपके दर्शन से कृतार्थता पाई है।"

ऐसा कहकर श्रीजी महाराज को साष्टांग प्रणाम कर प्रार्थना करते हुए (महादेव ने) कहा, "हे महाराज! जब दक्ष ने यज्ञ किया था और उसमें घृत, जौ, शाल आदि हविष्यद्रव्यों की आहुतियाँ दी थीं, तब यज्ञपुरुष रूप में आप प्रसन्न होकर अग्निकुंड से प्रकट हुए थे। उस समय दक्ष ने यज्ञ में मेरा भाग निकाल दिया था, जिससे मेरे तमोगुण में वृद्धि हुई और मैंने आपको बाण से विद्ध किया। इस अपराध के कारण मुझे पाप लगा। उस पाप को दूर करने के लिए मैं आपके बद्रिकाश्रम में स्थित नारायण स्वरूप के पास गया। वहां जाकर मेरा पाप दूर हुआ। जब ब्रह्मा काम वश विकल होकर अपनी ही पुत्री के साथ अंगसंग करना चाहते थे, तब मैंने उन्हें बहुत समझाया, लेकिन ब्रह्मा क्रोधित होकर अपने पाँचवें मुख से मुझे शाप देने लगे। तब मैंने त्रिशूल से उनका पाँचवां मुख काट दिया। इस कारण मुझे ब्रह्महत्या और यज्ञपुरुष वध का पाप लगा, लेकिन वह दोनों पाप भी उसी आश्रम में समाप्त हो गए। इसलिए आप, जो स्वयं नारायण के भी कारण, साक्षात पुरुषोत्तम हैं, जब हमारे आश्रम में पधारे और अपने दर्शन दिए, तब मैंने अपने को पूर्णकाम अनुभव किया। मैं अपने को धन्य मानता हूँ और अपने असंख्य अपराध क्षमा करने की प्रार्थना करता हूँ। मैं तो तमोगुण का देव हूँ।" ऐसा कहकर शिवजी अपनी मूर्ति में अंतर्धान हो गए। (पृष्ठ ३००-३०१)

३. "मैं समस्त अवतारों का अवतारी और अक्षरधाम का निवासी हूँ। तुम्हारे सुख के लिए कौशल देश के छपैया गांव में भक्ति-धर्म के साथ जन्म लेकर पृथ्वी पर तीर्थाटन करते हुए यहाँ आया हूँ। अतः मेरी मूर्ति का ध्यान और भजन करके जीव जन्म-मरण और गर्भवास के दुखों से मुक्त हो जाता है। ऐसा मेरा महिमा समझकर मेरा निरंतर भजन करना।" (पृष्ठ ३०७)

४. तब मेहता जगजीवन बोले, "वे तो ईश्वर थे, आप तो ऐसे कैसे हो सकते हो?" तब श्रीजी महाराज (सहजानंद) बोले, "हम तो ईश्वर के भी ईश्वर हैं।

हम सीता के पति हैं और राधाजी के भी पति हैं। श्रीकृष्ण रूप जैसा मैं हूँ, जब तू मेरी भक्ति करेगा तब तेरा कल्याण होगा।" (पृष्ठ ३१२)

५. "हे महाराज! कल रात को साधु ने तेज का एक गोला देखा और फिर वह अदृश्य हो गया, इसका क्या कारण था?" तब श्रीजी महाराज (सहजानंद) बोले, "हमारे दर्शन के लिए ब्रह्मा, शिव और विष्णु आए थे, वे फिर अदृश्य हो गए।" (पृष्ठ ३२६)

६. तब उनके (सहजानंद के) शरीर में मंदवाड़ जैसा अनुभव हुआ और वे कुछ भी नहीं खा रहे थे। उनके एकांतिक भक्त भगुजी आदि ने बहुत प्रार्थना की, "हे महाराज! कुछ तो खा लीजिए।" तब उन्होंने कहा, "मेरे लिए तो लक्ष्मीजी और

शिवजी आदि देवता थाल लेकर खड़े हैं, लेकिन उनसे मुझे कोई सुख नहीं। मैं तो आत्मा के सुख से ही सुखी हूँ।" (पृष्ठ ३५५)

७. अग्निदेव मूर्तिमान होकर नारियल लेकर आए और फिर मूर्ति उठाकर फाल्गुन वदी तृतीया के शुक्रवार को सिंहासन पर प्रतिष्ठित की। उस समय चार वेद मूर्तिमान होकर ब्राह्मण रूप में आए और वेदों की ऋचाओं का उच्चारण करने लगे। (पृष्ठ ३८६)

८. जो अनंत कोटि ब्रह्मांडों का कारण है, वही स्वयं स्वामिनारायण हैं। वे पृथ्वी पर अधर्म का खंडन कर धर्म की स्थापना करने प्रकट हुए हैं और अनगिनत जनों का उद्धार करते हैं। ब्रह्मा, विष्णु और महेश जिनकी स्तुति करते हैं, और शेषनाग तथा शारदा जिनके गुण गाते हैं। (पृष्ठ ३९२-३९३)

९. उस समय महाराज (सहजानंद) ने सच्चिदानंद स्वामी को अंगूठे के पास की उंगली से संकेत करके बुलाया और कहा, "तुम सभी अक्षरधाम के मुक्तजनों को सूचित करो। इसी प्रकार गोलोक, वैकुंठ आदि धामों में भी जानकारी दो और ब्रह्मा, विष्णु, शिव, इंद्र, वरुण, कुबेर, सूर्य और चंद्र आदि नवग्रह, दस दिक्पाल, बृहस्पति आदि सभी ऋषियों, पितरों, मुनियों और गंगा आदि नदियों को भी सूचना दो कि महाराज श्रीनगर में नरनारायण देव की मूर्तियाँ स्थापित कर रहे हैं, वहां सभी पधारें।" फिर शतानंद स्वामी को बुलाकर कहा, "तुम श्वेतद्वीप, बद्रिकाश्रम, मेरु पर्वत और हिमालय आदि आठ कुल पर्वतों में भी जानकारी दो कि अपने सेवक और सेविकाओं सहित आना है।" ऐसा कहकर इन दोनों संतों को भेजा। उन्होंने १४ लोक, ७ द्वीप, ९ खंड और सभी धामों में सूचना दे दी। जिन जिन देशों के संघ आमंत्रित किए गए थे, वे सब पालकियों, विमानों, हाथियों, घोड़ों, ऊँटों आदि से सुसज्जित होकर बहुत शोभायमान दिखाई दिए। गांव के बाहर उनके ठहरने की व्यवस्था की गई। काठी क्षेत्र के सवार, पाला, परमहंस, ब्रह्मचारी और संन्यासी भी आए। साथ ही सात स्वर्ग के देवता भी मनुष्य रूप धारण कर आए। (पृष्ठ ३९२-४०१)

भुज फिरके के विकृत प्रवचन का वीडियो

भुज गुट के शुकदेवस्वरूप स्वामी अपने प्रवचन में सनातन धर्म के वैदिक ईश्वरों और पंचदेव के स्वरूप को पलटकर सहजानंद को सर्वोपरि ईश्वर बताती उनकी भ्रष्ट पुस्तकों की बातों को खुलेआम बोल रहे है, और कह रहे है कि कृष्ण स्वामीनारायण सहजानंद स्वामी के अवतार है।

वीडियो लिंक :

https://drive.google.com/file/d/1-Sfk2xRlR9x-FenlbDJ2pmdcaeUmHkvQ/view?usp=drivesdk

• मणिनगर स्वामिनारायण गादी संस्थान के पुस्तक और प्रवचन

A) पुस्तक "सर्वोपरि श्री स्वामिनारायण भगवान – भाग २" से

पीडीएफ लिंक:

https://drive.google.com/file/d/1U7e-W9KvnP_cIyojklTv-SucbnsXuU75K/view?usp=sharing

इस पुस्तक के पृष्ठ २२७ पर एक चित्रण है जिसमें शिव और पार्वती, नंदी के साथ, नीलकंठ वर्णी रूप में सहजानंद स्वामी की सेवा करते हुए दिखाए गए हैं। उसमें लिखा है:

"वर्णी ने पूछा : 'तुम कौन हो? हम किसी अज्ञात व्यक्ति का भोजन स्वीकार नहीं करते।' शिव और पार्वती ने उत्तर दिया, 'आप पाँच दिनों से भूखे हैं, इसलिए हमने यह साधारण भेंट आपके लिए लाई है। शिव ने कहा, 'हे सर्वज्ञानी प्रभु! यद्यपि आप सब कुछ जानते हैं, फिर भी आप पूछते हैं। मैं कैलाशवासी शिव हूँ, और यह पार्वती है।'"

उनकी सेवा से प्रसन्न होकर, वर्णी ने उन्हें आशीर्वाद दिया, "मैं तुम्हें अपनी सेवा में रखूँगा।" इस वादे के अनुसार, श्री हरि ने बाद में जूनागढ़ मंदिर में शिव और पार्वती की मूर्तियाँ स्थापित कीं।"

B) पुस्तक "श्री संकल्पमूर्ति सद्गुरु श्री गोपालानंद स्वामी नी बातों" में से (संप्रदाय के सबसे विकृत पुस्तक मे से एक)

पीडीएफ लिंक:

https://drive.google.com/file/d/1rH8BejpW5Fh2qaB6WIjW-3JdMh3HXaZFj/view?usp=sharing

स्वामी गोपालानंद के नाम से भगवान शिव और आद्य शक्ति के बारे में कई विकृत कथाएँ बताई गई हैं।

१. वार्ता २५, पृष्ठ ५३, ५४, ५५ में से :

"मुस्कुराते हुए गोपालानंद स्वामी ने पूछा, 'तुम किस देवता की पूजा करते हो?' नाना साहेब ने उत्तर दिया, 'मैं देवी का भक्त हूँ। हमारी कुल देवी महिषासुरी और चामुंडा हैं।'

इस पर सद्गुरु गोपालानंद स्वामी ने समझाया, 'जब आप परम भगवान की

पूजा कर सकते हैं, तो इन तुच्छ देवियों की पूजा क्यों करते हैं? अन्य देवताओं और देवियों की पूजा से केवल घोर नर्क और जन्म-मृत्यु के चक्र का ही परिणाम होता है। यदि आप इस जीवन का सच्चा उद्देश्य प्राप्त करना चाहते हैं, तो देवताओं की पूजा का त्याग कर हमारे परम गुरु, सभी कारणों के कारण श्री स्वामिनारायण भगवान की पूजा करें।''' (पृष्ठ ५३/५४)

... "एक रात, जब वह नरुपंत नाना सो रहे थे, तब उनकी कुल देवी महिषासुरी और चामुंडा उनके सामने प्रकट हुइ और कहा, 'नरूपत, देखो! तुम्हारे घर के देवता हनुमानजी और गणेशजी स्वामिनारायण का नाम जप रहे हैं। उन्होंने अपनी गदा उठाई है और हमें यहाँ से जाने का आदेश दे रहे हैं क्योंकि तुम सत्संग (स्वामिनारायण संप्रदाय) के अनुयायी बन गए हो। अब से तुम केवल स्वामिनारायण की ही पूजा करना और हम यहाँ से चले जाएंगे।' देवियों के जाने के बाद, यहाँ तक कि उसके घर में सौ वर्षों से जल रही अखंड ज्योति भी स्वयं बुझ गई। यह देखकर नरूपत का हृदय बदल गया। अगले दिन, वह जागा, देवी की मूर्ति को अपने घर से हटा दिया, और पूरे स्थान की सफाई करते हुए स्वामिनारायण का नाम जपने लगा।" (पृष्ठ ५५)

२. वार्ता ११, पृष्ठ १६०

उपासना को शुद्ध रखना चाहिए, उसमें किसी प्रकार की मिलावट या पक्षपात नहीं होना चाहिए। और जिस उपासना में भेद होता है, वह पक्षपात के कारण होता है। क्योंकि जो अपने पक्ष के लोग होते हैं, उन्हें समझाते हैं कि "जो लक्ष्मीनारायण हैं जो नरनारायण है वही महाराज (सहजानंद) हैं।"

इसलिए हमें किसी अवतार को विशेष नहीं समझना चाहिए। महाराज (सहजानंद) ही समस्त अवतारों के अवतारी हैं, और समस्त अवतारों के स्वामी भी वे ही हैं। बाकी सभी अवतार श्रीजी महाराज (सहजानंद) के भक्त हैं — ऐसा हमें समझना चाहिए और दूसरों को भी वैसा ही समझाना चाहिए।

हम ऐसा क्यों मानें? क्योंकि एक बार हमें श्रीजी महाराज और श्रीकृष्ण के एक साथ दर्शन हुए, तब श्रीकृष्ण श्रीजी महाराज की सेवा में दिखे। इसी प्रकार रामचंद्रजी और महाराज के दर्शन हुए, तब भी रामचंद्रजी महाराज की सेवा में दिखे। नरनारायण और महाराज के दर्शन हुए, तब भी नरनारायण महाराज की सेवा में दिखे।

महाराज ने व्यापकानंद स्वामी को भी अपने स्वरूप में चौबीसों अवतार लीन करके दिखाए। पर्वतभाई भी चौबीस अवतारों को श्रीजी महाराज की स्तुति करते हुए

निरंतर देखा करते थे। एक भक्त को समाधि लगी, तब उसने अक्षरधाम के द्वार पर नरनारायण को देखा (*जैसे वकुंठ के बाहर जय विजय होते है)।

एक बार विज्ञानदासजी हमारे दर्शन को आए, फिर उन्होंने कहा, "मुझे नरनारायण के दर्शन करने हैं।"

तब हमने कहा, "समाधि करके अक्षरधाम में महाराज के पास जाओ।" तब वे समाधि करके अक्षरधाम गए, उसी समय नरनारायण श्रीजी महाराज के दर्शन हेतु आए हुए थे। फिर महाराज ने नरनारायण को आज्ञा दी, "अब तुम बदरिकाश्रम जाओ।" तब नरनारायण वहाँ से निकलकर अपने स्थान को चले गए।

३. वार्ता २४, पृष्ठ ४७–४८

रामचंद्र के हृदय में अब भी यह बात बनी हुई थी — "मैं अपने इष्टदेव रणछोड़जी (कृष्ण) को कैसे छोड़ दूँ?" ऐसे विचार से वे अपने नियम के अनुसार शरद पूर्णिमा के उत्सव पर डाकोर गए। वहाँ रणछोड़राय के दर्शन कर वे रात में सो गए। रात्रि में रणछोड़जी ने स्वप्न में दर्शन देकर कहा, "तुम्हें स्वयं श्री स्वामीनारायण भगवान के संत ने कहा है, फिर भी तुम अब तक संदेह रखते हो? हम तो उन्हीं भगवान के सेवक हैं। यदि तुम्हें वास्तव में दर्शन करने हैं, तो गढ़पुर जाओ — वहाँ तुम्हें भगवान की पहचान अवश्य होगी। उनके संत गोपलानंद स्वामी भी महा समर्थ हैं।" ऐसा कहकर रणछोड़जी अदृश्य हो गए।

इतना कहते ही श्री स्वामीनारायण भगवान की इच्छा से रामचंद्र को समाधि लग गई और उन्होंने दिव्य, अलौकिक, तेजोमय श्री स्वामीनारायण भगवान के अनंत आश्चर्ययुक्त दर्शन किए, जहाँ रणछोड़रायजी जैसे असंख्य देवता भी श्री स्वामीनारायण भगवान की स्तुति कर रहे थे।

४. वार्ता २७, पृष्ठ ५८–५९

इसके बाद शास्त्रीजी प्रतिदिन की भाँति शिव रहस्य नामक ग्रंथ पढ़ने बैठे थे। अचानक एक ज्योतिर्मय प्रकाश गोला निकला, जो ऊपर जाकर फट पड़ा, और चारों ओर दिव्य तेज फैल गया। उस प्रकाश में करोड़ों सूर्य–चंद्रमा भी फीके प्रतीत हो रहे थे, पर वह शीतल और शांतिदायक था। उसमें श्री स्वामीनारायण भगवान और सद्गुरु श्री गोपालानंद स्वामी दिव्य सिंहासन पर विराजमान दिखाई दिए। उन्होंने देखा कि जिन शिव का वे पूजन करते थे, वैसे अनंत शिव श्री स्वामीनारायण भगवान की स्तुति कर रहे थे। यह देखकर शास्त्रीजी परम आनंद सागर में डूब गए और कुछ क्षण तक उस दिव्य दृश्य को निहारते रहे।

५. वार्ता ३२, पृष्ठ ७७

रावसाहेब को सच्चे भाव से प्रार्थना करते देख सद्गुरु श्री गोपालानंद स्वामी अत्यंत प्रसन्न हुए। उन्होंने अपना कोमल कर उनके सिर पर रखकर कहा, "अब तुम निश्चिंत रहो। चलो, अब उस नाग का मोक्ष कर दें।" ऐसा कहकर उन्होंने भगवान महादेव से कहा, "तुम्हारे गले में नाग का आभूषण नहीं है। इसलिए गणपति को आज्ञा दो कि रावसाहेब के भूमिगत घर में जो सात फणों वाला नाग है, उसे लाकर तुम्हारे गले में धारण कराए। वासना से प्राप्त उस क्षुद्र देह वाले नाग को हम बाद में मोक्ष देंगे।"

सद्गुरु की आज्ञा से महादेव ने गणपति को भेजा, जिन्होंने नाग को पकड़कर महादेव के गले में लपेट दिया। यह सब देखकर सब लोग अत्यंत आश्चर्यचकित रह गए। श्री गोकुलानंद स्वामी ने उस पर जल छिड़का, जिससे वह नाग दिव्य गति को प्राप्त हुआ और शिव के गले में निशानी के रूप में रह गया।

६. वार्ता ३३, पृष्ठ ७७–७८

श्रीमंत रावसाहेब के भाई आबासाहेब भी चरित्रवान सत्संगी थे। वे प्रतिदिन सद्गुरु श्री गोपालानंद स्वामी के दर्शन, सेवा और संग का लाभ लेते थे। एक दिन उन्होंने पूछा, "स्वामी! मेरे परिवार वाले कुसंगी हैं और वे द्वारका की यात्रा पर जाने को कह रहे हैं। क्या मुझे जाना चाहिए? क्या वहाँ भगवान के दर्शन मिलेंगे?"

सद्गुरु श्री गोपालानंद स्वामी ने कहा, "अब वहाँ भगवान कहाँ हैं? यदि तुम्हें प्रत्यक्ष भगवान के दर्शन करने हों तो वडताल जाओ — वहाँ श्री स्वामीनारायण भगवान तुम्हारी मनोकामना पूर्ण करेंगे।" स्वामी की अनुमति लेकर आबासाहेब निकले, पर उनके कुसंगी रिश्तेदारों ने द्वारका जाने पर ज़ोर दिया, और अंततः वे उनके साथ द्वारका की ओर चले गए। जब वे सागर तट पर पहुँचे और जहाज़ में बैठे, तो कुछ समय बाद भीषण तूफान उठा। जहाज़ लहरों में उलझ गया और देखते ही देखते डूबने लगा। डूबते हुए आबासाहेब ने सोचा, "सद्गुरु श्री गोपालानंद स्वामी ने मुझे जो कहा था, उसे मैंने नहीं माना, इसी से मुझे यह कष्ट मिला।"

यह सोचकर उन्होंने 'स्वामीनारायण, स्वामीनारायण' का जप शुरू किया। तब दयासागर श्री स्वामीनारायण भगवान और सद्गुरु श्री गोपालानंद स्वामी ने उन्हें दिव्य तेजोमय रूप में दर्शन देकर कहा, "यह लकड़ी का टुकड़ा जो तैर रहा है, इसे पकड़ लो, इससे तुम पार हो जाओगे। तुम्हारे परिवार वाले तुम्हारे पूर्व जन्म के शत्रु हैं, इसलिए वे तुम्हें गलत मार्ग पर ले गए, पर तुम हमारे भक्त हो, अतः हमने तुम्हारी रक्षा की।" यह कहकर वे अदृश्य हो गए।

७. वार्ता ४०, पृष्ठ ९७

दूसरे दिन सरकार ने सेठ को बुलाया और कहा, "बहादुर सेठ! यह तो बड़ा अनर्थ हुआ। इतनी भयंकर गर्मी में यह वर्षा कैसी? अवश्य तुमसे किसी महान का अपराध हुआ होगा, बिना कारण ऐसा संकट नहीं आता।"

सेठ ने कहा, "नहीं सरकार, मैंने तो बहुचर माता (गुजरात स्थित शक्तिपीठों मे से एक) से पाँच हजार रुपए की मन्नत मानी है, फिर यह क्यों हुआ, मुझे समझ नहीं आता।"

सरकार ने कहा, "तुमने माता की मानता मानी, पर पिता की अवमानना की, इसलिए वह माता क्या रक्षा करेगी? तुम श्री स्वामीनारायण भगवान, उनके संतों और सत्संगियों के विरोधी हो, इसलिए तुम्हारी ऐसी दुर्दशा हुई है।"

सेठ यह सब मुँह झुकाकर सुनते रहे, पर मूर्खता से उनका हृदय नहीं पिघला। तभी यमदूत उन्हें लेने आए। यम का विकराल रूप देखकर उन्होंने कहा, "हे श्री स्वामीनारायण भगवान! आप सत्य हैं।" इतना कहते ही यमदूत भाग गए और वह यमपाश से मुक्त हो गया। तभी बहुचर माता ने दर्शन देकर कहा, "तुम्हें यम से श्री स्वामीनारायण भगवान और श्री गोपालानंद स्वामी ने छुड़ाया है, इसलिए अब तुम उनके शरण होकर उनका भजन करो, सब कुछ अच्छा होगा।" इसके बाद उसने श्री गोपालानंद स्वामी की प्रार्थना की और श्री स्वामीनारायण भगवान का आश्रय लिया।

८. वार्ता ६२, पृष्ठ १२४–१२५

एक बार सद्गुरु श्री गोपालानंद स्वामी सारंगपुर पधारे। वहाँ वाघा खाचर ने गद्गद कंठ से प्रार्थना की,

"स्वामी! हम व्यवहार में बहुत दुर्बल हैं। यह गाँव श्रीजी महाराज (सहजानंद) की प्रसाद भूमि माना जाता है, इसलिए दर्शनार्थ आने वाले लोगों को सीधे प्रसाद देना कठिन होता है। कृपया कोई उपाय बताइए।"

स्वामी ने कहा, "मैं तुम्हें एक कमाने वाला पुत्र देता हूँ।" ऐसा कहकर उन्होंने बोटाद के काना कड़िया को बुलाया और कहा, "तुम हनुमानजी की मूर्ति बनाओ।" काना ने कहा, "स्वामी! मुझे चित्र बनाना नहीं आता।"

स्वामी बोले, "मैं चित्र बनाऊँगा, तुम उसी के अनुसार मूर्ति बनाना।" स्वामी ने तुरंत हनुमानजी का चित्र बनाया, और कड़िया ने उसके अनुसार मूर्ति बनाई। फिर स्वामी ने विधिपूर्वक उसका प्रतिष्ठा–पाठ किया। जब यह हो रहा था, स्वामी अपनी छड़ी पर दाढ़ी टिकाकर खड़े थे। तभी हनुमानजी की मूर्ति कांपने लगी — क्योंकि

स्वामी ने संकल्प किया था कि "मूर्ति में मूर्तिमान हनुमान स्वयं प्रवेश करें।" कांपते हुए हनुमानजी को देखकर धोलेरा के गरासिया पुंजाभाई और बोटाद के भगाभाई दोशी आदि भक्तों ने मन में सोचा, "यदि स्वामी हनुमानजी में सारा ऐश्वर्य रख देंगे, तो लोग अन्य मंदिरों में नहीं जाएंगे।" सर्वज्ञ स्वामी ने उनका संकल्प जानकर कुछ ऐश्वर्य कम रखा। फिर भी उस हनुमानजी के ऐश्वर्य का अनुभव सबको हुआ। देवता में इतना ऐश्वर्य रखने वाले (गोपालानंद) में कितना दिव्य ऐश्वर्य होगा, यह पाठक समझ लें।

हनुमानजी की प्रतिष्ठा के समय गोविंदानंद स्वामी स्नान के लिए गए थे। जब वे लौटे, तब स्वामी ने कहा, "हनुमानजी के पास जाओ, वे तुमसे कुछ कहेंगे।" गोविंदानंद स्वामी गए और जब उन्होंने हनुमानजी के चरण स्पर्श किए, तो हनुमानजी ने उनका हाथ पकड़कर उठाया और कहा, "तुम्हें मेरे चरण नहीं छूने चाहिए — तुम श्री गोपालानंद स्वामी के सेवक हो, और मैं भी उनका सेवक हूँ।" गोविंदानंद स्वामी ने आकर सब कुछ बताया। सब लोग चकित रह गए।

स्वामी ने कहा, "अभी हनुमानजी छोटे हैं, आगे वे अपना ज्यादा प्रताप दिखाएँगे।"

*

प्रकरण - ६

सहजानंद की टोली, ब्रिटिश अधिकारी और ईसाई मिशनरियों का षड्यंत्र

अब हम स्वामिनारायण उर्फ़ सहजानंद स्वामी पर ईसाई मिशनरियों और ब्रिटिश अधिकारियों के प्रभाव की चर्चा करेंगे, और जानेंगे कि कैसे इस गहरे सबंध ने इस संप्रदाय के और गुजरात के सामाजिक इतिहास को आकार दिया।

हमारा ध्यान इस संप्रदाय के ग्रंथों में लिखे उस कथन पर गया, जहाँ लिखा है कि "स्वामिनारायण ने अंग्रेज अधिकारी माल्कम को आशीर्वाद दिया कि उसका शासन सौ वर्ष तक चलेगा।" यहाँ लगा कि दाल में कुछ काला अवश्य है। हमने गूगल पर खोज की, 'स्वामिनारायण और ब्रिटिश अधिकारी माल्कम'। इस खोज के दौरान गूगल पर इस संप्रदाय की ईस्ट इंडिया कंपनी और ईसाई पादरियों के साथ जुड़ाव की जो ऐतिहासिक जानकारी सामने आई, वह उस कथन के बिल्कुल विपरीत चित्र प्रस्तुत करती थी। आशीर्वाद स्वामिनारायण ने नहीं दिया था, बल्कि आशीर्वाद अंग्रेज गवर्नर माल्कम ने स्वामिनारायण को दिया था। आइए जानते हैं इन ब्रिटिश दस्तावेजों में प्रस्तुत तस्वीर को।

१८१५ में फ्रांस के नेपोलियन की वाटरलू की लड़ाई में हार के बाद, अंग्रेजों का दबदबा दुनिया में बढ़ गया। और तभी से अंग्रेजों ने वैश्विक स्तर पर 'पैक्स ब्रिटानिका (Pax Britannica)' नामक एक अभियान शुरू किया, जिसका अर्थ है 'ब्रिटिश शांति'। इस अभियान का उद्देश्य यह था कि जिन क्षेत्रों पर अंग्रेजों का अधिकार हो, वहाँ के समाज को सभ्य (अंग्रेज जैसे) बनाने के प्रयास किए जाएँ और अंग्रेजी सरकार के साथ उनकी समरसता और शांति स्थापित की जाए। दुनिया भर में ब्रिटिश शासित क्षेत्रों में यह अभियान १८१५ में शुरू हुआ और १९१४ में प्रथम विश्व युद्ध की शुरुआत के साथ इसका अंत हुआ।

इस सौ वर्षों के Pax Britannica अभियान के दस्तावेजों का एक विशाल संग्रह ब्रिटेन की यूनिवर्सिटियों और पुस्तकालयों में उपलब्ध है। इनमें गुजरात में पैक्स ब्रिटानिका को कैसे लागू किया गया, यह भी लिखा गया है। इन दस्तावेजों में सहजानंद स्वामी के बारे में विस्तृत चर्चा है। जिस प्रकार बंगाल में पैक्स ब्रिटानिका अभियान के दस्तावेजों में राजा राममोहन राय एक महत्वपूर्ण पात्र के रूप में उभरते हैं, उसी प्रकार गुजरात में इस अभियान में सहजानंद स्वामी का उल्लेख है।

राजा राममोहन राय के साथ बंगाल में जो सामाजिक सुधार आंदोलन चला, वह वास्तव में पैक्स ब्रिटानिका का ही एक हिस्सा था। इन्हीं दस्तावेजों के आधार पर ब्रिटेन के लेखकों ने ऑक्सफोर्ड और कैम्ब्रिज विश्वविद्यालय के लिए स्वामिनारायण संप्रदाय पर कुछ पुस्तकें लिखी हैं। इनमें प्रमुख हैं रेमंड ब्रैडी विलियम्स की An Introduction of Swaminarayan Hinduism और उनकी अन्य पुस्तक A New Face of Hinduism - Swaminarayan Religion।

इन पुस्तकों और दस्तावेजों में अंग्रेज गवर्नर जॉन माल्कम को मुख्य नायक बताया गया है, जिसने सहजानंद स्वामी रूपी एक सहायक पात्र की मदद से गुजरात में Pax Britannica स्थापित की। ब्रिटिश दस्तावेज और ईसाई पादरियों की डायरियों में सहजानंद स्वामी को हिंदू-ईसाई संवाद का जनक और ब्रिटिश एवं स्वामिनारायण हिंदुओं के संबंधों को आगे बढ़ाने वाला व्यक्ति बताया गया है। वह हिंदू शास्त्रों का नया अर्थ निकालने और उन्हें शुद्ध करने वाले समाज सुधारक के रूप में वर्णित हैं।

अब आइए इन दस्तावेजों और पुस्तकों में वर्णित इतिहास को जानते हैं। यहाँ प्रस्तुत सभी जानकारी ब्रिटिश दस्तावेजों और स्वामिनारायण संप्रदाय के अनुयायियों से बातचीत के दौरान प्राप्त जानकारियों से बनी रेमंड ब्रैडी विलियम्स की पुस्तक An Introduction of Swaminarayan Hinduism के अध्याय १ - 'The Beginning of Swaminarayan Hinduism' से ली गई है।

उन्नीसवीं सदी की शुरुआत में गुजरात में दो नेता दो अलग दिशाओं से आए और उन्होंने गुजराती समाज में ऐसा उथल-पुथल मचाया जिसकी गूंज आज भी गुजरात और विदेशों में बसे गुजराती समुदायों में सुनाई देती है। ये दो नेता थे बॉम्बे प्रेसीडेंसी के गवर्नर जॉन मैल्कम और स्वामिनारायण हिंदूवाद के सहजानंद स्वामी। जॉन मैल्कम वही थे जिन्होंने १८१८ में पेशवा के अंग्रेजों के सामने आत्मसमर्पण को स्वीकार किया था। इसके साथ ही गुजरात अंग्रेजों के नियंत्रण में आ गया, जहां वडोदरा को अपना राज्य स्वतंत्र रूप से चलाने का अधिकार दिया गया क्योंकि वडोदरा के गायकवाड़ ने १७८२ में ही पेशवा से अलग होकर ब्रिटिश संरक्षण स्वीकार कर लिया था। इस

प्रकार, वडोदरा राज्य को छोड़कर पूरा गुजरात अंग्रेजों के नियंत्रण में आ गया। लेकिन अंग्रेज दस्तावेज के अनुसार, यह गुजरात पेशवा के कुशासन के कारण कई रियासतों और लुटेरों के इलाकों में बंटा हुआ था। समाज में हिंसा और कुरीतियां चरम पर थीं। एक प्रकार से उस समय का गुजरात पूरे भारत में सबसे अधिक हिंसक और बिखरा हुआ क्षेत्र था। बंगाल का समाज शिक्षित और बुद्धिजीवी था, इसलिए वहां राजा राममोहन राय की मदद से ईसाई और ब्रिटिश सिद्धांतों के साथ हिंदुओं का सामाजिक आंदोलन खड़ा किया गया। लेकिन गुजरात जैसे हिंसक और अस्त-व्यस्त समाज में ब्रिटिश शांति का यह आंदोलन ईसाई मिशनरियों से लाना कठिन था।

इसलिए क्रांतिकारी विचारों वाले जॉन मैल्कम ने ईसाई मिशनरियों से अलग हटकर गुजराती समाज के धार्मिक नेताओं के माध्यम से समाज को अंग्रेजी सरकार के साथ जोड़ने का प्रयास किया। इसके लिए उन्होंने सहजानंद स्वामी की मदद ली, जो काठियावाड़ के एक क्षेत्र में अच्छे अनुयायियों के साथ सक्रिय थे। उनका निवास स्थान दादा ख़ाचर नामक एक प्रमुख काठी जमींदार का घर था। दादा ख़ाचर उनके अनुयायी बनने के कारण खाचर की जागीर के सभी तेरह-चौदह गांव सहजानंद स्वामी के अनुयायी बन गए थे। सहजानंद स्वामी इन गांवों में एक वैष्णव जैसा लेकिन सामाजिक सुधारवादी पंथ चला रहे थे।

लेकिन १८०२ में रामानंद स्वामी का उध्दव संप्रदाय संभालने से लेकर १८१८ में अंग्रेजों के गुजरात में आने तक के सोलह वर्ष का समय सहजानंद स्वामी के लिए गुजरात की जनता द्वारा विरोध और उत्पीड़न का दौर था। काठियावाड़ के कुछ राजाओं ने उन्हें धर्मविहीन और जनता को भ्रमित करने वाला बताकर बलपूर्वक रोकने का प्रयास किया था। अंग्रेजों के आने से पहले पेशवा ने सहजानंद स्वामी के अहमदाबाद में प्रवेश पर प्रतिबंध लगाया हुआ था। जनता में उनके प्रति रोष का कारण जातिगत भेदभाव वाले उपदेश देना, महिलाओं का अनादर करना और मूल वैष्णव संप्रदाय से अलग उपदेश देना आदि थे। रामानंद स्वामी का संप्रदाय सहजानंद स्वामी के हाथों में आने के बाद रामानंद स्वामी की दो महिला शिष्याओं और एक पुरुष शिष्य रघुनाथदास ने सहजानंद का विरोध कर उध्दव संप्रदाय छोड़ दिया था। इससे भी समाज में सहजानंद स्वामी के खिलाफ विरोध था।

लेकिन फरवरी १८१८ में अंग्रेजों द्वारा अहमदाबाद का नियंत्रण अपने हाथ में लेते ही खेडा के मजिस्ट्रेट एडवर्ड आयरनसाइड ने सहजानंद स्वामी के अहमदाबाद में प्रवेश पर से प्रतिबंध हटा दिया और उन्हें मिलने आने के लिए आमंत्रित किया। स्वामिनारायण संप्रदाय के ग्रंथों में आयरनसाइड का उल्लेख 'इरॉन साहब' के रूप

में कई बार किया गया है। संप्रदाय की पुस्तकों में 'इरॉन साहब' को स्वामिनारायण को यह विश्वास दिलाने वाला व्यक्ति बताया गया है कि अंग्रेज उनके उपदेश देने के अधिकार की रक्षा करेंगे और उनके साधुओं को उत्पीड़न और हमलों से बचाएंगे। स्वामिनारायण और आयरनसाइड की पहली मुलाकात १८०९ में खेडा में हुई थी, और वे १८१७ में भी मिले थे।

१८१८ में जब अहमदाबाद में अंग्रेजी सत्ता आई, तो आयरनसाइड ने सहजानंद स्वामी को बुलाया। १८१९ में उन्होंने सहजानंद स्वामी को कालीपुर में मंदिर निर्माण के लिए भूमि देने का वचन दिया और कहा कि अब वे सूरत जा रहे हैं और अहमदाबाद में डनलप साहब (जॉन एंड्रू डनलप) रहेंगे।

जॉन एंड्रू डनलप १८१९ में अहमदाबाद के पहले कलेक्टर नियुक्त हुए। डनलप ने १८२० में सहजानंद स्वामी को अहमदाबाद में मंदिर निर्माण के लिए भूमि प्रदान करने की अनुमति ब्रिटेन की सरकार से दिलवाई। उसी जमीन पर फरवरी १८२२ में कालुपुर का नर-नारायण मंदिर बनकर तैयार हुआ। रेमंड विलियम्स अपनी पुस्तक An Introduction to Swaminarayan Hinduism में लिखते हैं, "१८२० में अहमदाबाद के कलेक्टर ने सहजानंद स्वामी को मंदिर बनाने के लिए जमीन दी, और पहला मंदिर वहीं बना। इस प्रकार, अंग्रेज इस संप्रदाय के पहले मंदिर के निर्माण में शामिल थे, जो इस बात का सटीक प्रतीक था कि 'पैक्स ब्रिटानिका' और 'पैक्स सहजानंदा' समान लक्ष्यों की ओर बढ़ने वाले समांतर आंदोलन थे। १८२३ में जब नर-नारायण मंदिर का उद्घाटन हुआ, तो सहजानंद स्वामी के साथ ५०,००० लोग उपस्थित थे। इस प्रकार, अंग्रेजों के आने से पहले सहजानंद स्वामी के वर्ष विरोध और उत्पीड़न के थे, लेकिन अंग्रेजों के आने के बाद के उनके अंतिम दस वर्ष महान सफलता, उच्च सम्मान और बड़े सामाजिक सुधार के वर्ष बने।"

• ईसाई पादरियों के साथ मुलाकातें :

आयरनसाइड (इरोन साहिब) और एंड्रू डनलप, बॉम्बे प्रेसीडेंसी के गवर्नर जॉन मैलकम की योजना के तहत सहजानंद स्वामी के साथ काम करने वाले अंग्रेज़ अधिकारी थे। जॉन मैलकम ने आगे इस कार्यक्रम में ईसाई बिशपों को भी जोड़ा। एंड्रू डनलप ने कालूपुर मंदिर के निर्माण के दौरान के दो वर्षों में सहजानंद स्वामी के जीवन और कार्यों पर एक रिपोर्ट तैयार की, जिसका नाम था "हिंदुओं का एक नया संप्रदाय" (A New Sect of Hindus)। डनलप ने इस रिपोर्ट को सबसे पहले कलकत्ता की बिशप कॉलेज के पहले प्रिंसिपल विलियम होज मिल के साथ साझा किया ।

कालुपुर मंदिर के उद्घाटन के चार महीने बाद, जून १८२२ में, जब विलियम होज मिल गुजरात के दौरे पर आए, तो डनलप ने उन्हें यह रिपोर्ट दिखाई, जिसे मिल ने अपनी डायरी में लिखा। यह डायरी अब ऑक्सफोर्ड विश्वविद्यालय की बोडलियन लाइब्रेरी में संरक्षित है। इस रिपोर्ट का विस्तारित संस्करण १८२२ में बॉम्बे कूरियर में गुमनाम रूप से प्रकाशित हुआ था, जिसे 'स्वामिनारायण हिंदुवाद' पर अंग्रेज़ी में पहली कृति माना जाता है।

स्वामिनारायण के अनुयायी इन ब्रिटिश अधिकारियों के साथ संपर्क और जानकारी के मध्यस्थ थे। विलियम होज मिल अपनी डायरी में उल्लेख करते हैं कि उन्होंने एक गृहस्थ कुबेरसिंह छड़ीदार और साधु भजनानंद स्वामी से मुलाकात की और इस रिपोर्ट पर चर्चा की। कुबेरसिंह ने ईसाई धर्म के ग्रंथों की मांग की, जिसे मिल ने स्वीकार करते हुए उन्हें ईसाई (बाइबल) नए करार के सभी ग्रंथ दिए। कुबेरसिंह ने प्रत्येक ग्रंथ के नाम और विषयवस्तु लिखे और इन्हें स्वामिनारायण के साथ साझा करने का वादा किया। साथ ही, उन्होंने मिल को उनके संप्रदाय के सिद्धांतों से संबंधित सभी संस्कृत या हिंदी ग्रंथ भेजने का वादा भी किया। उनके भाई मोतीलाल चोपदार, अहमदाबाद में ब्रिटिश ईस्ट इंडिया कंपनी के कार्यालय में क्लर्क के रूप में काम करते थे और ब्रिटिश और स्वामिनारायण नेताओं के बीच बैठक आयोजित करने में मध्यस्थ की भूमिका निभाते थे।

भजनानंद स्वामी काव्यशास्त्र, पुराणों और आयुर्वेदिक औषधियों के विद्वान थे। वचनामृत के पाँच प्रवचनों में उनका छह बार उल्लेख हुआ है। भजनानंद स्वामी ने विलियम होज मिल से राजा राममोहन राय के उपदेशों की जानकारी मांगी, जिनके सुधारों ने बंगाल में विवाद खड़ा किया था और जिन्हें मिल व्यक्तिगत रूप से जानते थे। भजनानंद ने कहा कि मिल उन्हें राय के कुछ प्रकाशन हिंदी या संस्कृत में भेजें।

मार्च १८२५ में, एक अन्य पादरी, बिशप रेजिनाल्ड हेबर, सहजानंद स्वामी से मिलने आए। प्रसिद्ध कवि, स्तोत्र लेखक और कलकत्ता के लॉर्ड बिशप हेबर, अपनी कलकत्ता से बॉम्बे यात्रा के दौरान, नडियाद में सहजानंद स्वामी से मिले। सहजानंद स्वामी अपने भतीजे के जनेऊ संस्कार के कार्यक्रम के लिए नडियाद आए हुए थे। हेबर अपने लेखन में इस मुलाकात को विचित्र बताते हैं, क्योंकि सहजानंद स्वामी के साथ २०० घुड़सवार थे, और उससे भी अधिक संख्या में बंदूकधारी अनुयायी थे। सहजानंद स्वामी की सुरक्षा के लिए यह प्रबंध अंग्रेज़ों ने किया था। हेबर के साथ भी १०० घुड़सवार थे। हेबर को विलियम होज मिल ने सहजानंद स्वामी के बारे में पहले से बता रखा था। नडियाद पहुंचने के बाद, काठियावाड़ के एक राजकुमार ने भी हेबर

से मुलाकात की और स्वामिनारायण संप्रदाय के बारे में नकारात्मक बातें बताई। इस राजकुमार ने इस संप्रदाय को बलपूर्वक दबाने का प्रयास किया था, लेकिन अंग्रेज़ों ने उसे रोक दिया। अंग्रेज़ों द्वारा सहजानंद स्वामी की प्रशंसा किए जाने के कारण, हेबर ने सम्मानपूर्वक उनसे मुलाकात की।

मुलाकात में, सहजानंद ने अपने कुछ प्रोजेक्ट्स के लिए हेबर का समर्थन और ब्रिटिश अधिकारियों के साथ अच्छे संबंध स्थापित करने की आशा जताई। मुलाकात के बाद, उन्होंने वडताल में लक्ष्मीनारायण मंदिर, एक निवासस्थान और एक अस्पताल के लिए आर्थिक मदद की मांग की। हेबर ने मंदिर के निर्माण के लिए समर्थन देने से इनकार कर दिया, लेकिन अस्पताल और निवास स्थान के लिए बंबई के गवर्नर श्री एल्फिंस्टन से सहायता की मांग करने की सहमति दी।

चर्चा का मुख्य मुद्दा भगवान के सिद्धांत पर असहमति थी। सहजानंद ने ईश्वर की अभिव्यक्ति को लेकर स्वामिनारायण संप्रदाय द्वारा प्रस्तुत एक अलग हिंदू स्वरूप को समझाने की कोशिश की, लेकिन हेबर इसे स्वीकार नहीं कर पाए। सहजानंद ने कहा कि जो है और जो एक ही है, उसके कई नाम हो सकते हैं। हमने और अन्य हिंदुओं ने उसे ब्रह्म कहा है। हेबर ने इसे एक प्रकार के एकेश्वरवाद के रूप में स्वीकार किया, लेकिन यह पश्चिमी ईसाई एकेश्वरवाद नहीं था।

हैबर को सहजानंद के इस स्पष्टिकरण से आश्चर्य हुआ कि कृष्ण भगवान का एक स्वरूप है जिसकी वे पूजा करते हैं, और साथ ही सहजानंद स्वयं को भी भगवान का एक स्वरूप मानते थे। सहजानंद ने अपनी मान्यता समझाते हुए कहा कि "विभिन्न देशों में भगवान के कई अवतार हुए हैं, एक ईसाइयों के लिए, और भूतकाल में एक हिंदुओं के लिए," और फिर कुछ संकेत देते हुए उन्होंने कहा कि कृष्ण या सूर्य का दूसरा अवतार उनमें (सहजानंद) हुआ है। इस संकेत के साथ सहजानंद स्वामी ने हैबर को एक चित्र भेंट किया जिसमें बीच में श्वेतद्वीपपति वासुदेव खड़े थे और उनके बगल में नर-नारायण ऋषि उन्हें पंखा झल रहे थे ।

इस प्रकार, धीरे-धीरे ब्रिटिश सहायता और संबंधों की मदद से सहजानंद स्वामी का प्रभाव और प्रतिष्ठा बढ़ती गई, और उन्होंने एक के बाद एक कुल छह मंदिर बनाए। हैबर के प्रसंग से यह रहस्य स्पष्ट होता है कि १८२६ में सहजानंद स्वामी ने शिक्षापत्री में भगवान कृष्ण को ही अपने आराध्य और पूर्ण पुरुषोत्तम सर्वोपरि ईश्वर बताया और पंचदेव उपासना करने का निर्देश दिया था - वह एक छल था। क्योंकि उसके एक वर्ष पूर्व १८२५ में ही बिशप हेबर के साथ अपनी मुलाकात के बाद सहजानंद वडताल मंदिर में अपनी ही मूर्ति सर्वोपरि के रूप में स्थापित कर चुके थे। मार्च १८२५ की

मुलाकात में बिशप हैबर ने सहजानंद स्वामी की ईश्वर की अवधारणा को एकेश्वरवाद का एक रूप माना, लेकिन इसे ईसाई दृष्टिकोण से अलग बताया। उन्होंने वडताल मंदिर के लिए भूमि देने से इनकार कर दिया। लेकिन साथ ही अस्पताल और निवास भवन के लिए आर्थिक सहायता देने की बात क़बूलकर यह संकेत दिया कि अगर सहजानंद अपने एकेश्वरवाद को और अधिक ईसाई स्वरूप के निकट लाएंगे, तो ब्रिटिश अधिकारी और ईसाई पादरी उनसे प्रसन्न होकर अधिक सहायता करेंगे। शायद इसी कारण, १८२५ में वडताल का लक्ष्मी-नारायण मंदिर तैयार होने पर सहजानंद स्वामी ने राधा-कृष्ण की मूर्ति के बगल में अपनी एक मूर्ति स्थापित करवाई और उसे हरिकृष्ण महाराज नाम दिया। वडताल के स्वामी आज अपने प्रवचनों में और अन्य फिरके अपनी पुस्तकों में कहते हैं कि उस समय सहजानंद स्वामी ने कहा था कि "जब लोग इस मंदिर में अपने इष्ट देव लक्ष्मी-नारायण के दर्शन के लिए आएंगे, तो धीरे-धीरे उनकी श्रद्धा हरिकृष्ण महाराज के रूप में उन्हें (सहजानंद को) सर्वोपरि ईश्वर के रूप में जानकर दृढ़ होगी।"

इस प्रकार, इस संपूर्ण सनातन विरोधी विकृत संप्रदाय की नींव इसी क्षण में दिखाई देती है। इसके दूसरे वर्ष शिक्षापत्री में कृष्ण को सर्वोपरि ईश्वर बताना मात्र एक छल था जिससे हिंदू समाज में भगवान कृष्ण के नाम के साथ एक वैष्णव संप्रदाय के रूप में घुसपैठ की जा सके, और धीरे धीरे हिंदुओं को जीसस जैसे इस एकमात्र सर्वोपरि ईश्वर की उपासना में लाया जा सके, जहां सहजानंद सर्व वैदिक उपास्य देवों से ऊपर एकमात्र पूजने योग्य ईश्वर हों। शिक्षापत्री के बाद उसी के लेखक शतानंद ने सहजानंद की जीवनी सत्संगी जीवन लिखा जिसमें सहजानंद को इसी तरह धीरे धीरे सारे वैदिक ईश्वरों के ऊपर एकमात्र सर्वोपरि ईश्वर दिखाया गया। और बाद के पुस्तकों में तो यह बात खुलके लिखी गई, और वैदिक ईश्वरों को नीचा दिखाने तक बात होने लगी।

इस तरह, ब्रिटिश अधिकारियों और ईसाई बिशपों को सहजानंद स्वामी के पीछे लगा कर गवर्नर जॉन मैलकम ने गुजरात में Pax Britannica स्थापित किया। और जब यह कार्य पूरा हो गया, तो सेवानिवृत्ति से पहले फरवरी १८३० में, जॉन मैलकम पहली बार राजकोट में सहजानंद स्वामी से मिलने आए, वह भी इसलिए क्योंकि सहजानंद स्वामी गंभीर बीमारी से ग्रसित थे। इस पर रेमंड विलियम्स अपनी पुस्तक में लिखते हैं, "२८ फरवरी, १८३० को राजकोट में सर जॉन मैलकम और स्वामिनारायण की मुलाकात हुई, जो गुजरात में ब्रिटिश नियंत्रण और स्वामिनारायण हिंदूवाद के सहजानंद स्वामी की बढ़ती लोकप्रियता का स्वाभाविक परिणाम थी।

यह मुलाकात पहले ब्रिटिश अधिकारियों और ईसाई पादरियों की स्वामिनारायण के धार्मिक नेताओं के साथ हुई कई बैठकों का परिणाम थी। यह बैठक सहजानंद स्वामी की अंतिम बीमारी के दौरान हुई और उनकी अंतिम मुलाकातों में से एक थी। जून में सहजानंद स्वामी के निधन के बाद, उसी साल दिसंबर में जॉन मैलकम भी ब्रिटेन लौट गए। उनकी जोड़ी ने उन ताकतों को गति दी, जिन्होंने भारत के राजनीतिक, सामाजिक, और सांस्कृतिक परिदृश्य को महत्वपूर्ण रूप से प्रभावित किया। इन ताकतों ने ब्रिटेन और आधुनिक संक्रमण नेटवर्क में, जहां कहीं भी गुजरात से प्रवास हुआ, प्रभाव डालना जारी रखा।"

रेमंड विलियम्स अपनी पुस्तक में यह भी लिखते हैं कि, "गुजराती लंबे समय से ब्रिटिश शासन और सहजानंद के मंत्रालय के जुड़ाव को पहचानते हैं। उस समय की एक पुरानी गुजराती कहावत है: 'टोपी [ब्रिटिश की हेलमेट] और तिलक [स्वामिनारायण संप्रदाय के अनुयायियों द्वारा माथे पर किया गया निशान] एक साथ आए है, और वे एक साथ ही जाएंगे।' अंग्रेज आए और गुजरात में व्यापक परिवर्तन के एजेंट बने। उनका प्रभाव हर जगह स्पष्ट है, लेकिन वे अदृश्य हो गए हैं। गुजरात में और अब इंग्लैंड में भी तिलक बहुतायत में हैं, और सहजानंद द्वारा स्थापित धार्मिक संस्था गुजरात के धार्मिक जीवन में और जहां कहीं भी गुजराती हैं, एक प्रमुख शक्ति बनी हुई है।"

लेकिन यहाँ अंग्रेज़ लेखक गुजरात के समाज की सच्ची तस्वीर और गुजरातियों की वास्तविक भावना को समझने में चूक कर गया है। क्योंकि यह पुरानी कहावत पूरे समाज की उलझन को उजागर करती है। और आज इस पुस्तक में दिखाई गई इस संप्रदाय की जो विकृति हम देख रहे हैं, उसका निर्माण कार्य हमारे वे गुजराती पूर्वज २०० साल पहले ही झेल रहे थे। विदेशी सत्ता और अपने धर्म के विपरीत संप्रदाय के गठजोड़ से समाज में उठी बेचैनी इस कहावत में झलकती है। एक पूरा समाज एक कहावत का सहारा लेकर प्रतीक्षा करने का साहस जुटा रहा था कि एक दिन यह समय बीत जाएगा। लेकिन इस पुस्तक के दूसरे अध्याय में दिखाई गई विकृति के बाद यह कठोर सत्य हमारे सामने आता है कि वह समय पूरी तरह कभी बीता ही नहीं। क्योंकि सहजानंद स्वामी के उस संप्रदाय ने नई-नई टोपियों (सत्ताओं) के साथ जुड़ने और उनका उपयोग करने की क्षमता विकसित कर ली थी। आज़ादी के बाद कांग्रेस और फिर भाजपा। और आज, बिल्कुल २०० साल बाद, जब यह लिखा जा रहा है, २०१७ से २०२४ तक गुजरात के सनातनी समाज में वही उलझन है जो १८१७ से १८३० के बीच और उसके बाद थी। फर्क बस इतना है कि टोपी के रूप में अंग्रेज़ अधिकारी और ईसाई पादरियों की जगह भाजपा और हिंदू संगठन आ गए

हैं। और पिछले सात सालों से, आज का गुजराती समाज उसी पुरानी कहावत का भाव दूसरे शब्दों में कहता है। आज वह कहता है, "यह तो इस संप्रदाय को वर्तमान सत्ता का पूरा समर्थन है, इसलिए यह सब पाखंड चल रहा है। जिस दिन यह सरकार नहीं रहेगी, उस दिन इसका पाप का घड़ा भी भर जाएगा।"

लेकिन न तो आज का गुजराती समाज यह जानता है, न ही आज की सत्ताधारी पार्टियाँ, कि इस संप्रदाय की उत्पत्ति ही इस खेल से हुई है। पैसे, भोग, और सत्ता की लालच में इस संप्रदाय के स्थानों पर सलाम ठोकने को अपना सौभाग्य समझने वाले भाजपा और सहयोगी संगठन यह नहीं जानते कि उनकी जैसी कई टोपियाँ इस संप्रदाय ने बदल दीं, और वह क्रम में तीसरे या चौथे होंगे। जॉन मैलकम उन्हें सत्ता और चर्च के गठजोड़ से समाज पर वर्चस्व स्थापित करने का वह यूरोपीय रास्ता दिखा गया है। और उसी में पारंगत यह संप्रदाय सनातन धर्म और उसके आराध्य ईश्वरों को नष्ट करने के लिए आपका उपयोग कर रहा है।

ईसाई पादरियों और अंग्रेजों के संपर्क के बाद इस संप्रदाय में जो परिवर्तन आया, उसमें भगवान कृष्ण नहीं, सहजानंद स्वामी सर्वोच्च पूर्णपुरुषोत्तम भगवान हो गए, और भगवान कृष्ण/विष्णु सहित सनातन धर्म के सभी ईश्वर उनके दास हो गए। लेकिन कहा जाता है कि आप जैसा बोते हैं, वैसा ही काटते हैं। सहजानंद स्वामी की मृत्यु के बाद इस संप्रदाय में किस प्रकार के पाखंड और आंतरिक सत्ता संघर्ष हुए, इसकी जानकारी वडताल और BAPS के बीच हुए कोर्ट केस पर आधारित पुस्तक 'बोचासन बंड का इतिहास' में मिलती है। इसके बाद का इतिहास इस संप्रदाय में बार-बार किसी स्वामी द्वारा स्वयं को सर्वोच्च ईश्वर घोषित करने, और फिर संप्रदाय द्वारा उसे निर्वासित करने से बनी नई-नई शाखाओं के निर्माण का रहा है, जहाँ प्रत्येक नई शाखा धर्म और आध्यात्मिक जगत में एक नई विकृति लेकर आती है।

*

प्रकरण - ७

स्वामीनारायण और सत्ता की जुगलबंदी : आज का गुजरात और कल का भारत

अब जान लेते हैं कि चर्च की तरह सत्ता को हमेशा अपने साथ में रखने का अंग्रेजों का सिखाया हुआ हथियार सहजानंद के संप्रदायने गुजरात में कैसे चलाया? कैसे सत्ता के साथ जुड़कर इस संप्रदाय ने गुजरात और विश्व के हिन्दू समाज में धर्मांतरण की गतिविधियां चलाई और किस तरह लाखों हिन्दुओं को सनातन धर्म के मूल वैदिक-पौराणिक ईश्वरों से दूर कर दिया गया। २०२२ से गुजरात के सनातनी समाज में इस आंतरिक संकट के विरुद्ध उठी जनक्रांति के चलते हमे अलग-अलग समय पर देश व विदेश से हिन्दुओं के जो फोन, मैसेज और ईमेल आये, उन में मिली सूचनाओं को यहाँ उनकी पहचान छिपाकर दिया गया है।

अहमदाबाद से एक पटेल भाई ने कॉल किया। उन्होंने कहा, 'साहब, आप केवल सनातन धर्म के स्वरूप और आराध्य देवों के विरोध में ही लिखते हैं, जबकि असल में अंदर बहुत गहरा प्रपंच चल रहा है। लोगों पर जो कब्जा जमता है वह इन्हीं अन्य प्रपंचों के कारण जमता है। पहले इन्होंने सूरत को बदल दिया, अब अहमदाबाद बदलने की कोशिश कर रहे हैं। तुम्हें ठीक से व्यापार करना हो और लाभ चाहिए तो उनका तिलक करके ही जाना पड़ेगा। सरकारी तंत्र से लेकर अन्य जगहों पर भी इस कारण से भारी फर्क पड़ता है। दूसरी तरफ घर में महिलाओं के मन मे ऐसा घुसा दिया गया है कि मानो उनके पति से भी वह घनश्याम पांडे ज्यादा महत्वपूर्ण हैं, वही अक्षरधाम दिलाएंगे। घर की वृद्ध स्त्रियों की भी परीक्षा ली जाती है — कि घनश्याम महाराज की हनुमानजी ने सेवा कहाँ की थी? और शिवजी ने उनकी सेवा कहाँ माँगी थी? ऐसी सब बातें, ताकि वे बाते मन में जकड़ी रहे। इसलिए आप जो कर रहे हो वह अच्छा है, पर समस्या बहुत विकराल है और इसे व्यवस्थित तरीके से बड़े पैमाने पर करना पड़ेगा।'

इसके अतिरिक्त दो ब्राह्मण दम्पतियों ने संपर्क किया जिनकी समस्या एक जैसी थी। एक दंपति व्यक्तिगत रूप से मिला, तो दूसरे ने संदेश से बात की। दोनों की बेटियों की शादी अमेरिका में NRI ब्राह्मण लड़कों से हुई थी। दोनों के पढ़े-लिखे जमाई इस संप्रदाय में लिपटे हुए थे। घर में बिल्कुल सनातन धर्म के ईश्वर-विरोधी माहौल बन गया था। दोनों की शिकायत यही थी: 'हमारे घर में ब्राह्मण रीति से पली हुई बेटी है, और अब उस घर में सहजानंद के अलावा किसी और ईश्वर की मूर्ति या फोटो रखने की मनाही है। घर में कोई राम-धुन या कृष्ण-भजन भी नहीं बजता, क्योंकि वे तो हमारे नए भगवान के सेवक हैं। हमारे जमाई तो बिलकुल उसमें अंध हैं, पर हमारा छह-सात साल का नाती भी ऐसी बातें बोलता है। ऐसा लगता है जैसे बेटी को मुसलमानों में भेज दिया।'

उनमें से एक दम्पती की बेटी ने भी मुझे संपर्क किया था। उसने कहा, 'सर, मेरे पप्पा ने आपका लेख मुझे भेजा था, और मैंने उन्हें कहा कि यह सब सही है। मेरे हसबैंड का दिमाग़ बिलकुल वॉश हो चुका है। माथे पर तिलक लगाए घूमता है, और कमाई का बहुत सारा हिस्सा हर हफ्ते दान कर देता है। जिनका दान अधिक होता है, उन्हे उतने ऊपर के लेवल के स्वामियों के साथ उठने बैठने का मौका मिलता है, संप्रदाय मे उसी तरह की सुविधाए मिलती है। मानो जैसे अलग अलग पैकेज हो, जैसा आप पे करेंगे वैसा आप को मिलेगा। इसलिए लोगों में दान की होड़ लग जाती है। क्या आप मेरे हसबैंड से बात करेंगे? मैं बहुत परेशान हूँ।'

मैंने कहा, 'बहन, पिछले एक महीने में मैंने इस संप्रदाय के जीतने अनुयायियों को देखा है, वे दिमाग़ी रूप से वॉश किए हुए हैं। बिलकुल कट्टर मुसलमानों जैसे — जिनका पूरा इरादा अपने ने ईश्वर की स्थापना पूरी दुनिया पर करना है, और शुरुआत हिन्दू सनातन धर्म से करनी है। इस बात को जानने पर अगर उनका हिन्दू सनातनी आत्मा जाग जाए, तो कुछ हो सकता है। बाकी, मेरे लेख में जहाँ कुछ भी उन्हें कुछ देना जैसा लगे, वह उन्हे देकर उस पर तर्क से विरोध करते रहो। धैर्य रखकर काम करो।'

एक पटेल परिवार की सूचना मिली जिनका पुत्र ऑस्ट्रेलिया पढ़ने गया था, और इस संप्रदाय के स्वामियों के हाथों ब्रेन-वॉश हो गया। कुछ वर्षों के बाद उसकी शादी तय हुई, और विवाह के लिये जब वह वापस आया तो इतना ब्रेन-वॉश हो चुका था कि उसने अपने विवाह की आमंत्रण पत्रिका में गणपति का फोटो और उनका श्लोक रखने से मना कर दिया। तरह-तरह की शर्तें लगाईं कि विवाह में सिर्फ स्वामीनारायण भगवान की ही पूजा होगी, और पत्रिका के पन्ने पर केवल सहजानंद

का फोटो और नाम होना चाहिए, अन्य सभी उनके सेवक हैं। एक ओर विवाह और दूसरी ओर परिवार में इस ब्रेन वॉश बेटे से खड़े हुए टकराव।

विदेश में जाने वाले लोगों और उनके भारत में रहने वाले सम्बन्धियों से ऐसी ही बातें सामने आई। वडोदरा के एक सनातनी ब्राह्मण ने कहा, 'मेरी बहन और जीजाजी ऑस्ट्रेलिया में हैं। यह संप्रदाय वाले जो नए लोग विदेश में आते है, उनको निशान बनाते है। वे उन्हे उनके शुरुआती संघर्ष के समय में पकड़ लेते हैं। उन्हें छोटी-मोटी नोकरी, रहने-खाने की व्यवस्था दिलवाते हैं। बदले में तुमको रोज या सप्ताह में दो दिन उनकी कथा सुननी होगी, जिसमें वे घनश्याम पांडे को सर्वोपरि बताने वाली बातें करते हैं, और बाकी हिन्दू शास्त्रों से उठाई हुई बाते होती हैं। साथ ही यह भी ज़िद करते हैं कि तुम अपने दूसरे मित्रों को भी लेकर आओ। अगर तुम ऐसा नहीं करते, या उनकी बातों को मानकर नहीं चलते तो तुम्हारे साथ संबंध बिगड़ने लगते हैं, और वे तुम्हें छोड़ देते हैं। अगर तुम वैसा कर दो तो तुम्हें कहीं न कहीं सेट कर देते हैं और रहने की व्यवस्था भी करा देते है। पर यह सब शुरुआती इनवेस्टमेंट की तरह होता है। उसके बाद उस अनुयाई को पूरा जीवन अपनी कमाई का कुछ प्रतिशत मंदिर को देना ही होता है, और उसमे फिर अलग अलग मात्रा के दान सर्विस के अलग अलग पेकेज की तरह बनाते जाते है। मेरी बहन और जीजाजी शुरुआत में ऐसे फँसे थे, पर फिर धीरे-धीरे निकल गए।'

मैंने अपने ऑस्ट्रेलिया स्थित सम्बन्धियों से जब इस विषय पर पूछा तो ऐसी ही जानकारियाँ मिलीं। मेरे एक चहेरे भाई ने कहा, 'बहुत छिछोरे और दुष्ट लोग हैं ये संप्रदाय वाले। उनका पूरा इरादा वैसा ही है जैसा तुम कह रहे हो। मुझे बिलकुल पसंद नहीं। पर वे घर में घुसने का प्रयास हमेशा जारी रखते हैं, घर के किसी न किसी सदस्य को निशाना बनाकर। पत्नी, बच्चे, घर के वृद्ध माता-पिता—किसी न किसी को फँसाकर घर में प्रवेश करवा कर तुमको उनसे बांधने की कोशिश करते हैं। कट्टर मुसलमानों जैसे हैं।'

जब चौदह-सौ वर्ष पहले अरब के देवी-देवताओं वाले समाज पर एक सर्वोच्च अल्लाह का मज़हब स्थापित हुआ होगा, तब उस प्राचीन सभ्यता को नष्ट करके स्वयं को स्थापित करने के लिए मुसलमानों ने ऐसी ही कोशिक्षे की होगी। उस समय भी पुराने अरबों के बीच यही सब सुनाई देता होगा, वैसे ही हालात रहे होंगे। बस उस रेगिस्तान के कबीलाई समाज में हथियार के तौर पर तलवारें थी। जब की यह गुजरात के व्यापारी और परिवार-केंद्रित समाज में हो रहा है तो हथियार व्यापार और परिवार हैं।

ऑस्ट्रेलिया स्थित मेरी एक बहन ने कहा, 'हाँ, मेरे सांस-ससुर भी उनकी पकड़ में आ गए हैं। पर मुझे उन लोगों को देखकर हमेशा एक तरह की नापसंदगी और अरुचि सी ही महसूस होती थी। शब्द नहीं मिलते, पर मुझे वे पसंद नहीं आते थे। मैंने तुम्हारे लेख पढ़े तो समझ में आया। बिलकुल वैसा ही जैसा तुमने लिखा है। हमारी बिरादरी के कुछ लोग फंस गए हैं उनमें। हमारे गांव की एक फैमिली को उन्होंने सेट होने में मदद की, और अब वह पूरी फैमिली बस उसी में है। ये लोग यहाँ हिन्दू धर्म का पर्याय बनना चाहते हैं, और विदेश के हिन्दुओं को अपने में लपेटना चाहते हैं। अभी मेरी बेटी के लिए एक बात आई थी एक घर से, पर वह पूरा घर इसी संप्रदाय में था, इसलिए मैंने मना कर दिया। यह सारी बातें तुम्हारे लेखों को पढ़नेर से पहले की है। इन्हें देखकर ही समझ आ जाता है कि वे क्या कर रहे हैं। बस लालची और असभान लोग फँस गए हैं।'

साबरकांठा के पास एक सत्तर वर्ष से ऊपर के वरिष्ठ बैरिस्टर से मिलने पर उन्होंने कहा, 'मुसलमानों ने जब तलवारें और चाकू गले पर रखे तो लोगों ने अपना धर्म छोड़ा; पर आज के ये लोग तो बिलकुल ही गए गुजरे है जो लालच से इस संप्रदाय मे फंस जाते है। बस पैसा, दिखावा और फायदे देखकर अपने भगवान छोड़ रहे हैं। यह सब भयानक है। सोचा भी न था कि जीवन में ऐसा कुछ देखने को मिलेगा। अभी पिछले साल ही मेरे सम्बन्धी का एक लड़का अमेरिका गया है। चार-पाँच लड़के वहाँ रूम लेकर रहते हैं। कोई पता नहीं कि यह संप्रदाय वालों को कहाँ से मालूम पड़ गया कि यहाँ गुजरात से आये हिन्दू लड़के रहते हैं — वे जाके उनका संपर्क करके उन्हें नियमित मिलने आते हैं। सत्संग में आने के लिए दबाव बनाते हैं, और स्पेशल गाड़ी लेकर उन्हें उन प्रवचनों में ले जाते हैं। उन्होंने पूरा नेटवर्क बना रखा है जो उनके पास खबर पहुँचाता है कि जब भी कोई नया गुजराती वहाँ विज़िटर या स्टूडेंट वीज़ा पर आए तो वे उस तक पहुँच सके। वे सामने से जाकर उन्हे सुख सुविधाए देते है, नौकरी दिलवाते हैं और सेट होने में मदद करते हैं। बस उनकी कथाएँ और प्रवचन सुनना उनकी शर्त होती है।' ये प्रवचन वही बातें हैं जिन्हें हमने पिछले प्रकरणों में उनके पुस्तकों के माध्यम से जाना।

संघ के कुछ सनातनी मित्रों से जो स्वयं भी इन बातों से परिचित और चिंतित थे, उनसे भी कुछ बातें मिलीं। उन्होंने कहा, 'विदेशों में यह लोगों को जबरन ठगते हैं। गुजरात के बाहर के हिन्दू जल्दी इसमें फँसते नहीं, उन्हें यह अजूबा लगता है। पर गुजरातियों और उनमें भी पटेलों को, यहाँ तक कि वे पटेल जो अफ्रीका से अमरीका गए थे, उन्हें भी ये लोग फँसाते हैं। विदेश में रहने वाले गुजरातियों को अपनी दूसरी

पीढ़ी को भारत की संस्कृती और भाषा के साथ जोड़कर रखने में दिक्कत होती है। उस पीढ़ी को जो वहाँ जन्मी और वहाँ के माहौल में पली-बढ़ी, उसे यह संप्रदाय के स्वामी गुजराती पढ़ाने उनके घर जाकर कराते हैं। साथ में उन्हें भारत की संस्कृति और धर्म समझाते हैं — पर वह समझ इस संप्रदाय की होती है, जहाँ सनातन धर्म के सभी ईश्वर घनश्याम पांडे उर्फ सहजानंद के सेवक हैं, और केवल स्वामीनारायण ही सर्वोपरी ईश्वर है और पूजा के योग्य है। उनके हिन्दू धर्म का फॉर्मेट भी वही संप्रदाय का 'ईसाई फॉर्मेट' जैसा है, जहाँ सहजानंद के अक्षरधाम में जाना लक्ष्य है।'

सौराष्ट्र के सहजानंदी संप्रदाय के प्रभाव वाले क्षेत्र में एक पुराने स्वयंसेवक ने मेरी पुस्तक "कौन स्वामी कौन नारायण?" पढ़ने के बाद समीक्षा दी, जिसमें वह इस संप्रदाय के विरुद्ध लड़ रहे एक सनातनी से कहते दिखे कि 'यह संप्रदाय की समस्या हमारी है ही और अब समय रहते हमें हिन्दुओं को कुछ करना होगा।' उन्होंने कहा कि उनके बचपन में उन्हें संप्रदाय के मंदिर से पकड़ कर बाहर फेंक दिया गया था और कहा गया था 'यह तो कुसंगी की औलाद है।' कुसंगी इसलिए कहा गया क्योंकि वह शिव उपासक थे। साथ ही उन्होंने कहा कि अमरेली के कुछ हिस्सों में वैदिक ईश्वरों के उपासक होने के कारण सनातनियों को घर खरीदने या किराये पर देने से इनकार कर दिया जाता है। हमने VTV न्यूज़ पर भी सुना जहां एक लोकगायक ने कहा, "मैं एक गाँव में कार्यक्रम करने गया और शुरुआत में माताजी की जय बोलवाई, तो तुरंत सभी लोगों ने मुझे मना कर दिया कि नहीं, यह पूरा गाँव स्वामीनारायण है और यहाँ माताजी या किसी और की जय नहीं बोली जाती । यहाँ केवल सर्वोपरी भगवान स्वामीनारायण की ही जय बोली जाती है ।"

जैसे मुसलमानों की आबादी बढ़ने पर उस इलाके में हिन्दू ईश्वर की पूजा बंद हो जाती है और हिन्दू मंदिर मस्जिद बनते चले जाते हैं, वैसे ही इस संप्रदाय का प्रभुत्व किसी क्षेत्र में बढ़ने पर वहाँ हिन्दू देवी-देवताओं की पूजा बंद हो जाती है, हिन्दुओं को घर मिलना बंद हो जाता है और हिन्दू मंदिर संप्रदाय के मंदिर में बदल जाते हैं। पहले से ही सूरत से लेकर अहमदाबाद तक व्यापार और बिल्डर क्षेत्र में यह स्थिति ऐसी हो गई है कि यदि आप उस संप्रदाय से जुड़ो तभी आगे बढ़ सकोगे और ठेका मिल सकेगा। ढांगध्रा जैसे शहर जो पूरे-पूरे संप्रदाय के कब्जे में हैं वहाँ सरकारी और गैर-सरकारी स्कूलों में जाकर ये संप्रदाय के स्वामी अपने नए सर्वोपरी भगवान की उपासना बच्चों को सिखाते हैं। वहाँ के बढ़े-घटे सनातनी शिक्षकों और अनुयायियों से भेदभावपूर्ण व्यवहार और उन्हें सताने की लगातार शिकायतें हमें मिल रही हैं।

• संप्रदाय का विवाह-जिहाद और सनातनी योद्धाओं का संघर्ष :

अमेरिका से एक पटेल युवक का ईमेल आया जिसमें उसने कहा कि 'मेरे माता-पिता BAPS में फँस गए थे, और उस कारण वह संप्रदाय के वातावरण में बड़ा हुआ। पर जब मैंने एक्स-मुस्लिमों की बातें सुनीं तो मुझे लगा कि यह संप्रदाय भी बिल्कुल वैसा ही सिखाता है। संप्रदाय में हमारे जैसे अनुयायियों को कहा जाता है कि स्वामीनारायण में न मानने वाले सनातनीयों से विवाह संबंध करो, ताकि संप्रदाय का विस्तार हो सके।'

अमेरिका से आई इस बात का समर्थन मेहसाणा जिल्ले से आये एक सॉफ्टवेयर इंजीनियर के फोन से भी मिला। उसने फोन कर कहा, "मैं आपको फेसबुक पर फॉलो करता हूँ। मुझे थोड़ी मदद चाहिए। मेरा परिवार हमारा वैदिक सनातनी है, पर पाँच-छह साल पहले मेरी शादी हुई और वह परिवार पूरा सहजानंद के संप्रदाय में है। तब हमें इस बात की कोई जानकारी नहीं थी। ऐसा लगा कि यह भी हमारे ही लोग हैं। पर मेरी पत्नी प्रेग्नेंट हुई तो उसने कहने लगा कि 'अगर हमारा बच्चा हुआ तो हम उसे स्वामीनारायण का साधु बनाएंगे। बचपन से ही उसे सत्संग में डालेंगे।' मैंने सीधे विरोध करने के बजाय अलग कहा, 'नहीं, ऐसा निश्चय नहीं होगा। हम उसे आधुनिक शिक्षा देंगे और सब धर्मों की समझ देंगे और कॉलेज कराएँगे — फिर जो वह चाहे करेगा।' पहले लगा कि यह सामान्य बाते हैं। पर धीरे-धीरे वे बातें गंभीर होने लगीं, जैसे संतान जन्म लेने से पहले ही हमारी फैमिली से वह उसकी गारंटी माँग रही थी। जब हमने थोड़ा अधिक विरोध किया तो घर में छोटी-छोटी बातों पर झगड़े होने लगे और वह अपने मायके चली और वापस नहीं आई। हमने उनके घर जाकर बात की तो उस पूरे परिवार की बाते उसी तरह की थी। वह वापस नहीं आई, और अब मेरे ऊपर झूठे आरोप लगाकर कोर्ट नोटिस भेजा हैं। कोर्ट में जाएँ तो उनके वकील भी वही सहजानंदी संप्रदाय वाले होते हैं।"

इसके महीनों पहले, अमेरिका से एक अन्य पटेल युवक ने इसी तरह की स्थिति में फँसकर मुझे मैसेज किया था। उसने कहा था, 'मेरी पत्नी का पूरा परिवार इस संप्रदाय का कट्टर है। और मेरे घर में हमारे सनातनी वैदिक ईश्वर का न केवल सहजानंद के सेवक बताकर अपमान होता है, बल्कि उन्हें तुच्छ और पूजने योग्य नहीं कहा जाता। बार-बार सहजानंद और संप्रदाय के स्वामियों को ही बढ़ा-चढ़ाकर प्रस्तुत किया जाता है। वे बच्चों को भी लगातार ऐसी ही शिक्षा देने की कोशिश करते हैं। अब मैं सहन नहीं कर पा रहा, और इतने झगड़े होते हैं कि मन करता है कि डिवोर्स ले लूँ।'

इन दोनों युवकों को मैंने अपनी तरफ से यह उत्तर दिया :

'मैं आपकी स्थिति समझ गया हूँ। आप उनके लिए एक कुसंगी परिवार हैं जिसे आपका ससुराल पक्ष सत्संगी नहीं बना पाया। कम-से-कम अब उन्हें यह सुनिश्चित करना है कि आपका संतान तो सत्संगी ही बने — अर्थात आपका संतान सनातनी ईश्वरों को भगवान न माने, सहजानंद को ही एकमात्र पूज्य सर्वोपरी भगवान माने, और हमारे वैदिक ईश्वरों को उसके सेवक समझकर बार-बार अपमानित करे। मेरी आपको यही सलाह है कि अपना घर बचाओ। खुद को सनातनी बताकर घर में झगड़ा बंद कर दो। खुद को नास्तिक, रेशनलिस्ट जैसा बताकर प्रस्तुत करो — ऐसा आदमी जो ईश्वर के अस्तित्व पर संदेह करता है और सत्य की आध्यात्मिक खोज में है। वेदांत और गीता की दार्शनिक बातें और आधुनिक विज्ञान की बातें करो, पर सभी साकार ईश्वर और उनके प्रतिनिधियों को नकारने का काम करो। घर में सहजानंद के खिलाफ राम-कृष्ण-शिव की तरफदारी करके लड़ोगे तो आज नहीं तो कल डिवोर्स ही होगा। उनका लक्ष्य तुम्हारे बच्चों को सर्वोपरी सहजानंद का सत्संगी बनाना है — इसलिए वे उस मिशन को पार करने के लिए कुछ भी करेंगे। आप सामने वैदिक ईश्वर भिड़ाओगे तो वे संतान को लेकर चले जाएँगे। यह बहुत आम पैटर्न है। रेशनलिस्ट, नास्तिक और सत्य-खोजी बनकर संतान के पास रहोगे तो तुम्हें इस्लाम और ईसाइयत की तरह एकमात्र सर्वोपरि ईश्वर की गुलामी के खिलाफ अपनी संतान को दूसरा दृष्टिकोण देने का मौका मिल सकता है; शायद बाद में संतान तुम्हारी बात मानने लगे और वह उनके मुँहतोड़ विरोधी बन जाए। मैंने ऐसे पाँच-छह मामले सुने हैं जहाँ एक परिवार संप्रदाय का है और सामने वाला सनातनी है। यदि पुरुष का परिवार संप्रदाय का हो तो स्त्री के पास कोई विकल्प नहीं रह जाता — उसका संतान सनातनी वैदिक ईश्वरों का विरोधी बनकर ही बड़ा होगा। पर अगर पुरुष का घर सनातनी है तो आपके पास यह एक विकल्प है।'

युवक ने पूछा, 'मुझे इस संप्रदाय पर केस करना है, उसने मेरा घर तोड़ा है। वह मेरे संतान को मेरे धर्म से अलग कर रहा है। क्या आप बता सकते है वह मैं कैसे कर सकता हूँ?'

मैंने उस युवक को गुजरात की सही स्थिति से और हमारे संघर्ष से जागरूक करते हुए कहा, "हम लोगों ने समाज में जागृति लाई और संतो को आश्रम-आश्रम जाकर इस संकट की जानकारी दी। वे जाग भी गए, पर सरकार और हिन्दू संगठनों ने उन्हें किसी-न-किसी रूप में समझा कर ठंडा कर दिया। हमने दबाव बनाया तो शंकराचार्यजी की अध्यक्षता में ट्रस्ट भी बना। पर एक पूरा साल कुछ नहीं हुआ।

जब रामभक्त जालाराम बापा और द्वारिकाधीश भगवान कृष्ण को सहजानंद और उसके स्वामियों के अधीन दिखाने की कोशिशों वाले संप्रदाय के बयान और लेख बाहर आये तब लोगों ने हमें कहना शुरू किए कि तुम नेतृत्व लो, ट्रस्ट बनाकर केस करो। तो मैंने ना कहा और कहा कि हम संसारी अगर यह करेंगे, तो हमारे सनातनी संतों का मान घटेगा। हमे उन्हें ही जगाकर आगे करना होगा, और यह कार्य करना होगा। हमने फिर संतों की समिति को मिलकर लीगल एक्शन के लिए दबाव डाला। शंकराचार्यजी तैयार थे, पर अकेले पड़ रहे थे क्योंकि बाकी कई संत इस मामले को सरकार और संगठनों के इशारे पर तीतर बितर करने का कार्य कर रहे थे । इतना ही नहीं, उसी समय में संप्रदाय को फिर से हिन्दुओं में स्वीकार्य बनाने के लिए कुछ हिन्दू संगठन काम कर रहे थे। गुजरात के मुख्यमंत्री को आषाढ़ी बीज के दिन निकलती जगन्नाथ रथयात्रा की शुरुआत में जो पहिंदविधि करने का सौभाग्य दिया जाता है, उसका इस साल २०२५ में दुरुपयोग भी किया गया। मुख्यमंत्री सुबह जगन्नाथ मंदिर में पहिंदविधि कर दोपहर को संप्रदाय के एक मंदिर में पहुंचे जहाँ संप्रदाय की अलग रथयात्रा निकलने वाली थी। उन्होंने वहाँ पर भी पहिंदबिधि की। ऐसा पहली बार हुआ। मुख्यमंत्री ने उन दो स्थानों को समान बनाने की कोशिश की — एक स्थान जहाँ भगवान कृष्ण विष्णु के पूर्णावतार और पूर्णपुरुषोत्तम हैं और दूसरे स्थान पर सहजानंद स्वामी ही एकमात्र सर्वोपरी पूज्य भगवान हैं, और राम-कृष्ण आदि उसके नाकाम अवतार बताने जैसी सनातन विरोधी विकृत बातें हैं।

समाज के दबाव से संतों की समिति ने हमें वकील और पिटीशन तैयार करने को कहा। वह सब तैयार कर हम समिति के पास प्रारम्भिक खर्च इकट्ठा करने गए, तो महीनों तक टहला दिया गया। वह खर्च शंकराचार्यजी ने अपने तरफ से देने दे दिया, पर फिर समिति की और से इस कार्य के लिए ठराव पर दस्तखत करने का काम आया। ट्रस्ट की तरफ से ठराव पर साइन करने हेतु संतों की एक बैठक बुलाने की ज़रूरत थी। महीनों तक अनेक जगहों पर अनेक फोन करने के बावजूद भी वह बैठक नहीं हुई। पर वे सारे संत थोड़े समय पहले एक साथ प्रधानमंत्री की 'मन की बात' सुनने के लिए जरूर एकत्र हुए और ऐसे फोटो भी पोस्ट कीए। इन सब बातों से शंकराचार्यजी सहित कुछ संत समझ गए कि उस समिति से कुछ नहीं होने वाला। हमने स्वतंत्र कार्य शुरू किया, तो शंकराचार्यजी समेत उन सभी संतों और मेरे जैसे संसारियों को भी मिलने के लिए छोटे-बड़े लोगों को भेजा गया। हमने उनके कुतर्क को सत्य निष्ठ जवाब देकर काम आगे बढ़ाया। पर अच्छे वकील के लिए अभी भी संघर्ष है। वकिल के मामले में अंदरूनी तौर पर बहुत कुछ हुआ जो यहाँ बताना ठीक

नहीं है, पर गुजरात का कोई बड़ा वकील केस लड़ने को तैयार नहीं होता, क्योंकि सभी मानते हैं कि इनके खिलाफ केस लड़ने से सरकार और हिन्दू संगठनों का दबाव आएगा और उन्हें नुकसान होगा। हिन्दू धर्म के नाम पर अपनी ठेकेदारी लेकर चलानेवाले किसी संगठन का कोई व्यक्ति अभी तक सनातनियों को यह कहने नहीं आया कि 'आओ, हम तुम्हें सही वकील ढूंढ कर देंगे और तुम्हें सुरक्षित करेंगे। हम तुम्हारे साथ हैं।' और अगर आये भी तो वकील चुनते समय ध्यान रखना ज़रूरी है कि वह संप्रदाय के तरफ़दार न हो और सही समय पर हमारे खिलाफ खेल न खेले। इन तमाम बातों के कारण सनातन धर्म के शीर्ष संतों के होने के बावजूद भी कानूनी कार्रवाई की शुरुआत लम्बी खिंच जाती है, और इसी दौरान पहले वे हिन्दू संगठन के लोग जो चुपके-चुपके संप्रदाय के ठिकानों पर कार्यक्रम करते थे और छप्पन भोग खाते थे, अब वही स्थानों पर जाकर अपने कार्यक्रम करते फोटो पोस्ट करते हैं। यह देखकर और मानकर कि सनातन धर्म के आराध्य ईश्वर के लिए लड़ रहे हमारे जैसे लोगों से कुछ नहीं होने वाला, उन्हें डरने की ज़रूरत नहीं है। यह सब सोशल मीडिया पर है; जमीन पर तो उनका ही नियंत्रण है।

सहजानंद स्वामी को पुरुषोत्तम और राम-कृष्ण को उसके सेवक स्थापित करने वाली BAPS की एक तथाकथित दर्शन-रचना को काशी के वे पंडित स्वीकार कर रहे हैं जिन्हें महीनों पहले केन्द्र सरकार की ओर से पद्म पुरस्कार मिला है। कांची मठ के शंकराचार्य और काशी के अखाड़ों के संतों का पूरा वृत्त जिसमें संघ-VHP की गहरी पेंठ है, उनके माध्यम से ये लोग पूरे देश और विदेश में अपनी स्वीकृति बनाने की कोशिश कर रहे हैं, ताकि यहाँ गुजरात में जो पोल खुली है उसे दबाया जा सके। So, get your grip dear. (वास्तविक स्थिति देख कर परिस्तिथि संभालो प्रिय), आप अकेले कुछ नहीं हो। अपना घर संभालो। हिन्दू संगठनों के किसी आदमी से संपर्क करोगे तो क्षणिक तौर पर कुछ समझौता कराके देंगे, पर याद रखना की उसके सहजानंद के सर्वोपरि एकमात्र ईश्वर होने का विरोध नहीं होगा। उतनी क्षमता व ज्ञान नहीं है उनमे। हर हाल में आपके पास बस दो विकल्प हैं जो मैंने बताए। या तो आपको और आपके संतान को सर्वोपरी सहजानंद स्वीकार कर उसके सत्संगी बनना होगा, या फिर रेशनलिस्ट, फ़िलसूफ़ी और आधुनिक वैज्ञानिक पद्धति से सत्य के खोजक के रूप में प्रस्तुत होकर तार्किकता के साथ अपने संतान के लिए दूसरा विकल्प जीवित रखना होगा। यही दो विकल्प हैं। अगर आप सनातन धर्म के ईश्वरों की ओर से लड़ने की कोशिश करोगे तो वे आपके संतान को लेकर चले जाएंगे, और अदालत भी उसी बात को संभालेगी क्योंकि आपके ऊपर दूसरे सब आरोप

थोपे गए होंगे। इसलिए तलाक लेकर अलग हो जाने जैसी सलाह देना मेरी मर्यादा की सीमा के बाहर है, क्योंकि यह निर्णय हर व्यक्ति को व्यक्तिगत रूप से लेना होता है। मैं आपको बस यह राह दिखा सकता हूँ और यह स्पष्टता दे सकता हूँ।

आपकी पत्नी के रूप में वह लड़की और वह पूरा संप्रदाय हिन्दुओं की आने वाली पीढ़ी को सर्वोपरी सहजानंद ही एकमात्र ईश्वर के रूप में देना चाहते हैं — जैसे कभी अरब समाज में एकमात्र सर्वोपरी अल्लाह देकर अल्लाह के अलावा अन्य मानने वालों को काफिर कहा गया। यहाँ वह पहचान 'कुसंगी' कही जाती है, वे जो सहजानंद के अलावा एनी किसी वैदिक एवं गैरवैदिक ईश्वर को मानते है। इस बात को पूरी स्पष्टता से समझ लो। हिन्दू धर्म को मुसलमानों से डराकर अंदर से इस्लाम और क्रिश्चियन की तरह के फॉर्मेट में पलटने की कोशिश हो रही है, और इसमें सत्ता और संगठन में बैठे लोग भी शामिल हैं। सनातन धर्म और हिन्दू शासन-व्यवस्था में शासन ऊपर धर्म-बंधन था; अब धर्म की चेतना की जगह खाली हिन्दू दिखावा और शब्द दिखाकर रोमन राजाओं और क्रिश्चियन चर्च जैसी सत्ता और स्वामीनारायण संप्रदाय की जुगलबंदी थोपी जा रही है। इसमें कोई भारतीयता नहीं है, न हिन्दू अध्यात्म है, न सनातन धर्म है। बस समाज पर निरंतर शासन और काबू बनाए रखने की मध्ययुगीन यूरोप की पद्धति है जिसमें एकमात्र सर्वोपरि ईश्वर का आदेश है, और उसके ठेकेदार सत्ता के शिखरों से जुड़े हैं। जमीं पर कहा जा रहा है कुछ और और थोपा जा रहा है कुछ बिल्कुल विपरीत। अहमदाबाद के शहरी विस्तार में इस संप्रदाय को जिस तरह से जमीने दी जा रही है, उससे यह तय है कि एक दो दशक में ही अहमदाबाद इस संप्रदाय का वेटिकन होगा।'

• गुजरात के बाहर वर्तमान सत्ता और हिन्दू संगठनों के रास्ते विस्तार :

यह संप्रदाय अपने त्रिस्तरीय प्रपंच के द्वारा भारत के अन्य राज्यों में फैलने की कोशिशें शुरू कर चुका है। कुछ ही दिन पहले उन्होंने उत्तर प्रदेश में अयोध्या के पास सहजानंद स्वामी के मूल गाँव छपैया में एक बड़ा कार्यक्रम किया ताकि वहां की हिन्दू जनता को अपने साथ जोड़ने की कोशिश करें, पर कार्यक्रम खाली कुर्सियों के साथ भयंकर ढंग से असफल रहा। वे उत्तर प्रदेश में व्यापारी-कॉन्ट्रैक्टरों और रियल एस्टेट एजेंटों के माध्यम से प्रवेश कर रहे हैं, और आगे प्रधानमंत्री पद के दावेदार होने के कारण योगी आदित्यनाथ जी के साथ भी वही सम्बन्ध स्थापित करने का प्रयत्न करेंगे जैसा नरेन्द्र मोदीजी और अमित शाहजी के साथ स्थापित किया गया है। छपैया

को धार्मिक पर्यटन स्थल के रूप में विकसित करने की उनकी योजना है। इसलिए गुजरात से काशी या अयोध्या जाने वाले पर्यटकों को वे ट्रैवल एजेंटों के माध्यम से छपैया भी भेजते हैं। छपैया में रेलवे स्टेशन स्थापित करवाने का भी उनका प्रयास है।

उड़ीसा के जगन्नाथपुरी में जगन्नाथ मंदिर से पांच किलोमीटर के भीतर एक बड़े मंदिर के निर्माण रूप वे अपनी धर्मांतरण की पहली फैक्टरी स्थापित कर रहे हैं, जहाँ शुरुआत नारायण, कृष्ण और राम के रूप में होगी, पर आगे उनके प्रपंच के दूसरे स्तर लागू किए जाएँगे। इसी तरह राजस्थान के जोधपुर में भी BAPS का मंदिर इसी वर्ष खोला गया है।

उज्जैन महाकाल मंदिर के नव-निर्मित कॉरिडोर के भित्तिचित्रों में स्वामीनारायण संप्रदाय के तिलक के सिक्के

कुछ साल पहले उज्जैन के महाकाल कॉरिडोर में भगवान शिव के जीवन पर बने भित्तिचित्रों पर स्वामीनारायण संप्रदाय के तिलक के सिम्बल लगे फोटो सामने आने पर गुजरात का सनातनी समाज दंग रह गया था। Quora जैसी वेबसाइट पर गुजरात के बाहर के कुछ यात्रियों ने ये फोटो डाल कर प्रश्न उठाए कि शिव के महाकाल मंदिर में यह स्वामीनारायण संप्रदाय का तिलक किस तरह लगा हुआ है? ये चित्र सामने आते ही गुजरात के सनातनी समाज में भारी निराशा फैल गई। उस कॉरिडोर का उद्घाटन प्रधानमंत्री नरेन्द्र मोदी ने किया था। जब सनातनी निष्ठा रखने वाले संतों ने जाँच करने की कोशिश की तो पता चला कि महाकाल कॉरिडोर के निर्माण का कॉन्ट्रैक्ट उस संप्रदाय से जुड़ी हुई एक कम्पनी को दिया गया था, जिसने किसी की जानकारी के बाहर उन सिक्कों को मढ़कर वहां भित्तिचित्र के ऊपर लगा दिए। हो सकता है उन तिलक वाले सिक्कों को मढ़ने की अनुमति सरकार ने ही दी हो; जो भी सत्य हो, महाकाल कॉरिडोर में लगे स्वामीनारायण संप्रदाय के उस तिलक-नुमा सिक्के की भयावहता इसी वास्तविकता से समझी जा सकती है।

१. गांधीनगर के अक्षरधाम मंदिर में एक स्थान पर जगत के सभी धार्मिक पंथों के चिन्हों की फोटो लगी है, जिनके सामने लिखा है कि वह चिन्ह किस पंथ/धर्म का है। वहाँ स्वस्तिक के चिन्ह के साथ लिखा है 'हिन्दू धर्म', अर्धचन्द्र और तारे के साथ लिखा है 'इस्लाम', क्रॉस के सामने लिखा है 'ईसाई धर्म', और स्वामीनारायण का यही तिलक मढ़कर लिखा गया है 'स्वामीनारायण धर्म'।

२. १९४७ में जब सुप्रीम कोर्ट ने फैसला दिया कि हिन्दू धर्म के मंदिरों में दलितों के प्रवेश पर कोई रोक नहीं लगा सकता, तब स्वामीनारायण संप्रदाय ने कोर्ट में ऐसा अफिडेविट दिया कि 'हम स्वामीनारायण धर्म मानते हैं, हम हिन्दू नहीं हैं; इसलिए यह कानून हमारे पर लागू नहीं होगा; हमारे मंदिरों में दलितों का प्रवेश नहीं होगा'। कोर्ट ने उनकी याचिका खारिज कर दी, और कहा की सहजानंद मात्र एक वैष्णव संत है।

३. यह संप्रदाय गुजरात में सनातनी ईश्वरों के मंदिरों को कब्ज़े करने की एक निश्चित विधि अपनाता है। वे अपनी धन-शक्ति का उपयोग करके छोटे गांवों और नगरों में जाकर सनातन धर्म के पुराने मंदिरों के जीर्णोद्धार का प्रस्ताव रखता है। ग्रामीण और नगरवासी उनकी असलियत से अनजान होते हैं, इसलिए खुशी-खुशी उन्हें मंदिर जीर्णोद्धार करने देते हैं; पर जब मंदिर बनकर तैयार हो जाता है, तब उसमें इस संप्रदाय का तिलक और किसी स्वामी का फोटो या मूर्ति लगी होती है। धीरे-धीरे उस मंदिर के सनातनी उपास्य ईश्वर को किनारे/बाहर ढकेल दिया जाता है, और सहजानंद को मुख्य ईश्वर स्थापित कर दिया जाता है। कुछ जगहों पर यदि मूल सनातनी ईश्वर के प्रति

श्रद्धा अधिक रहती है तो उनके पीछे या कहीं पर तिलक और सहजानंद को दिखाकर उस सनातनी ईश्वर को सहजानंद का दास बनाकर चित्रित कर दिया जाता है, और यह दिखा दिया जाता है कि वह सनातनी वैदिक ईश्वर सहजानंद से शक्ति प्राप्त करता है। गुजरात में ऐसे अनेक सनातनी मंदिर जीर्णोद्धार के बहाने संप्रदाय द्वारा हथियाए गए हैं; कई मंदिरों में भगवान राम, शिव और हनुमान को सहजानंद के सेवक के रूप में स्थापित कर दिया गया है, या फिर राम, लक्ष्मण की मूर्ति को मंदिर के बाहर कहीं कोने मे स्थापित कर दिया गया है। इस कार्य में उन्हें गुजरात की भाजपा सरकार और हिन्दू संगठनों का बड़ा साथ मिला है। और यह संक्रमण अब गुजरात के बाहर भी फैला रहा है—जैसा उज्जैन के महाकाल कॉरिडोर में मढ़े गए तिलक-नुमा सिक्कों से सिद्ध होता है। यदि इसका विरोध नहीं हुआ और वे तिलक वाले सिक्के वहां से हटाए नहीं गए तो कुछ दशकों में उज्जैन के महाकाल मंदिर के संबंध में भी वे वही कहानियाँ बना लेंगे कि शिव सहजानंद के दास थे, और बाद में उस मंदिर पर दावा करने की कोशिश करेंगे। यह निश्चित है। एक बात जो समझ लेनी चाहिए, वह यह है जो चर्च के संदर्भ में भी कहा जाता है: कैथोलिक चर्च वर्षों में नहीं, सदियों में सोचता है। यही बात इस संप्रदाय पर भी लागू होती है, क्योंकि दोनों का उद्देश्य एक प्राचीन सभ्यता को धीरे-धीरे अपने में परिवर्तित करना है। वे जड़ें डालते हैं, और जैसे-जैसे पेड़ बड़ा होता है, नयी शाखाएँ से और भ्रम पैदा करते रहते हैं। जब हम यह लिख रहे हैं तब खबर यह है कि उन्होंने तिरुपति बालाजी मंदिर के प्रांगण में भी अपना एक छोटा मंडप बनवा लिया है। इसी तरह वे काशी में अपने नाम पर एक घाट बना चुके हैं, और सनातन धर्म में गहराई से घुसते हुए अपने त्रिस्तरीय प्रपंच को सक्रिय रखने का प्रयत्न कर रहे हैं ।

धर्मांतरण की इस पद्धति पर प्रकाश डालने का कार्य स्वयं BAPS की पुस्तक 'अक्षरपुरुषोत्तम उपासना' करती है, जिसे हमने इस पुस्तक के अध्याय ४ में देखा था। यहाँ उसे फिर एक बार याद करना आवश्यक है। BAPS अपने इस पुस्तक में वर्णन करता है कि सहजानंद स्वामी ने कैसे उस समय की हिन्दू जनता को इस नए सर्वोपरि भगवान वाले संप्रदाय में परिवर्तित किया। 'अक्षरपुरुषोत्तम उपासना' पुस्तक के पृष्ठ नम्बर ५४-५५ पर एक प्रश्न का उत्तर दिया गया है: प्रश्न है—'यदि भगवान स्वामीनारायण सर्वोपरि हैं, तो वचनामृत में, संप्रदाय के अन्य पुस्तकों में और परमहंसों के कीर्तन में उन्हें कृष्ण क्यों कहा गया है?'

उत्तर बिल्कुल वही दिया गया है जैसा इस्लाम के उदय से पहले देवी-देवताओं वाले अरब समाज में अल्लाह नामक एक नए सर्वोपरि ईश्वर को स्थापित करने हेतु

दिया जाता था। उत्तर है: 'श्रीजी महाराज के प्राकट्य के समय अनेक मतपंथ, शक्तिपंथ, असत संप्रदाय, गुरु, वहम, यन्त्र-मंत्र-तन्त्र आदि का जोर था। उन सबका इस नए संप्रदाय के विरुद्ध जबरदस्त विरोध था। ऐसे कठिन समय में यदि मनुष्यधारी स्वयं को परमात्मा कह देता तो लोग भड़क कर आकर इस संप्रदाय में नहीं आते। जैसे पथ्य अनुसार औषध दी जाती है, वैसे ही पहले सत्पुरुष के रूप में, फिर अवतार के रूप में और फिर सर्वावतारी पुरुषोत्तम के रूप में कहा गया। ... जीवों को अपने स्वरूप में जोड़ने के लिए ही श्रीजी महाराज ने जहाँ-जहाँ उपासना प्रधान थी, वहाँ उन देवों की मूर्तियाँ स्थापित कीं, ताकि मुमुक्षु अपने इष्टदेव के दर्शन करने आएँ और फिर संतों के संग से श्रीजी महाराज के सर्वोपरि स्वरूप की उपासना दृढ़ करे। इस तरह संप्रदाय में सर्वोपरि उपासना क्रमशः प्रसिद्ध हुई।'

• हिन्दू राष्ट्रवादी यूट्यूबर्स में घुलने की कोशिशें :

जहाँ कहीं कोई सेलिब्रिटी दिखे, वहां यह संप्रदाय उसे अपने मंदिर में बुलाकर या सहजानंद की मूर्ति लेकर उसके स्थान पर जाकर फोटो खिंचवाते हैं, और उसके पास संप्रदाय के लिए कुछ अच्छे शब्द या 'जय स्वामीनारायण' बुलवाकर वे भविष्य में धर्मांतरण के लिए एक आल्बम तैयार करते हैं। उस आल्बम का उपयोग भावी पीढ़ी के सामने उन सेलिब्रिटियों द्वारा उनके विकृत संप्रदाय का समर्थन किया गया है - इस रूप मे दिखाया जाएगा। जैसे आज झूठ फैला दिया जाता है कि सरदार पटेल संप्रदाय के सत्संगी थे (अर्थात् सहजानंद को हिन्दू धर्म का एकमात्र पूज्य सर्वोपरि ईश्वर मानते थे), वैसे ही कल कहा जाएगा कि नरेंद्र मोदी भी संप्रदाय के सत्संगी थे। कुछ महीने पहले अक्षय कुमार और टाइगर श्रॉफ को अबू धाबी के मंदिर में बुलाकर मार्केटिंग की गयी, और अनुपम खेर के पास सहजानंद की मूर्ति ले जाकर वीडियो बनवाया गया। पर अनुपम खेर संभवत: भाईश्री रमेशभाई ओझा के संपर्क के कारण इसकी असलियत से परिचित थे; इसलिए वीडियो के अंत में उन्होंने 'ॐ नमः शिवाय' और 'हर हर महादेव' के नारों को जोड़ा, जो गुजरात में सोशल मीडिया पर बहुत वायरल हुआ और अनुपम खेर को धन्यवाद भी दिया गया।

यह केवल फिल्मी सेलिब्रिटियों तक सीमित नहीं है; यह हिन्दुत्व के प्रखर प्रचारक और रक्षक के रूप में कार्य करने वाले यूट्यूबर्स और संतों को भी मुस्लिम-विरोध के नाम पर सुविधाएँ, कार्यक्रम और पैसे देकर संघ, VHP और BJP की तरह अपनी जाल में फँसाने का प्रयास कर रहे है। उसी तरह जैसे दुर्योधन किसी कर्णी की तलाश में था — आपका ध्यान मुस्लिम-विरोध पर केंद्रित कर, वे आपके सहयोग

से आपके ही बगल में खड़े रहकर आपके सनातनी आराध्य देवों को नामशेष कर देंगे। वे वृंदावन के प्रेमानंदजी के पास लगातार जाते हैं। उन्होंने प्राच्यम यूट्यूब चैनल में अपने एक स्वामी का वीडियो भी बनवाया था, जिसकी वजह से बाद में हमारी गुजरात की सनातनी टीम ने प्राच्यम से संपर्क कर संप्रदाय की हकीकत बताई। ऐसा ही अमेरिका में Infinity Foundation चलाने वाले राजीव मल्होत्रा जी के साथ भी कई बार किया गया, पर राजीव जी को संप्रदाय की पूर्ण हकीकत से अवगत करा दिया गया है; फिर भी गुजरात के बाहर यह संकट कितनी गहराई से समझा गया है यह एक प्रश्न है। गुजरात का सनातनी समाज अब इसे पूर्णतः समझ चुका है, पर उसे हिन्दुत्ववादी वृत्तों और हिन्दू संगठनों द्वारा सत्ता के जरिए नियंत्रित कर लिया गया है।

तो यह पुस्तक भारत के उन सनातनी हिन्दुओं को चेताने के लिए है कि यह संप्रदाय अपने त्रिस्तरीय प्रपंच के द्वारा आपके पास आ रहा है। जिन्हें इस संप्रदाय की असलियत की जानकारी नहीं है, उन्हें बताने के लिए यह पुस्तक है कि आपके दुश्मन सिर्फ मुसलमान और ईसाई ही नहीं हैं; ऐसे हिन्दू वेश में छिपे विदेशी प्रभाव से उपजे संप्रदाय भी हैं, जो आपको वैदिक/सनातनी देवताओं से धीरे-धीरे विमुख कर अब्राह्मिक बना देने का सक्रिय प्रयास कर रहे हैं। वे आपके लिए आ रहे हैं—आप इस जानकारी और तर्कों के साथ उन्हें पीछे धकेलने के लिए तैयार रहो।

• उकेल (समाधान) :

पर आश्चर्यजनक सत्य यह है कि इस पूरे संकट का समाधान स्पष्ट और सरल है। अगर हिन्दू संगठनों के द्वारा बीच मे आकर इस संप्रदाय को बचाने का और उसका फैलाव करने का प्रयास बंद कर दिया जाए, और संप्रदाय के पैसों और अनुयायियों की भीड़ एवं अन्य अनिष्ट फ़ायदों लालच से इस संप्रदाय को सनातन धर्म मे स्वीकृति दिलाने की विनाशकारी प्रवृत्ति बंद की जाए - तो हल इतना सरल है। इस संप्रदाय के सामने दो ही विकल्प बचते हैं:

१. या तो सहजानंद स्वामी को भगवान कृष्ण के भक्त के रूप में स्थापित कर उन सारे मंदिरों को कृष्ण मंदिरों में परिवर्तित कर दिया जाए, और सहजानंद को पुनः वैष्णव गुरु के रूप में स्वीकार कर लिया जाए। वचनों, लेखन, आराध्य मूर्तियों तथा उपासना में केवल कृष्ण ही मुख्य बने रहें। ऐसे ही जैसे चैतन्य महाप्रभु को भी कृष्ण का स्वरूप कहा जाता है, पर मंदिरों की उपासना में और मूर्तियों में भगवान कृष्ण ही सामने रहते हैं। किसी हिन्दू को यह बताना और समझाना पड़े — यह एक दुर्भाग्यपूर्ण आश्चर्य है — पर यह करना पड़ रहा है। उन सभी पुस्तकों को भी बदला जाए, और

हिन्दू समाज के समक्ष एक प्रेस कॉन्फ्रेंस में उन सुधरे हुए ग्रंथों को दिखाकर घोषणा की जाए की अब से सहजानंद सिर्फ भगवान कृष्ण के भक्त एवं वैष्णव गुरु माने जाएंगे।

२. यदि पहला विकल्प चुना न जाए, और सहजानंद स्वामी को कोई ईश्वर या भगवान घोषित करना हो तो सनातन धर्म के शास्त्रों और उसके आराध्य ईश्वर एवं सनातन धर्म के शास्त्रों की शब्दावलियों का उपयोग करना बंद कर दे। उनके मंदिरों से प्रत्येक सनातनी देवी-देवता की मूर्ति हटा दें। उनके पुस्तकों में कहीं भी सनातन धर्म के शास्त्रों के शब्द और उसके ईश्वर के नाम न रहें। अपने ईश्वर को जीसस, अल्लाह या अहुरा जैसे किसी नए ईश्वर के रूप में पूजो और अपने स्वामियों को वही सत्ता दो जो तुम देना चाहते हो — पर नारायण, हरि, माधव, श्रीजी जैसे किसी भी सनातनी ईश्वर के नाम का प्रयोग संप्रदाय में न हो। क्योंकि सनातन धर्म के स्वरूप में पंचदेव ही निराकार परब्रह्म के साकार रूप हैं; उनसे अलग और ऊपर कोई और नहीं है। उन हिंदु शास्त्रों के स्वरूप को बदल कर कोई नया ईश्वर घुसा देना सनातन धर्म पर एक आक्रमण है। वह हिन्दुओं के धार्मिक अधिकार का हनन है, एक संवैधानिक अपराध है। और सनातन धर्म के ईश्वरों का सेवक कहकर और पूजने के लिए अयोग्य कहकर किया जा रहा अपमान सनातनी हिंदु नागरिकों के सम्मान से जीने के अधिकार का हनन है। यह कानूनी अपराध है।

*

प्रकरण - ८

ईसाइयों ने यहूदियों के साथ जो किया, वही स्वामीनारायण के माध्यम से सनातन धर्म के साथ करने की कोशिश

अब तक के अध्यायों की जानकारी से हम यह समझने में सक्षम हो गए हैं कि गुजरात में, विदेशों में और भारत के अन्य राज्यों में सहजानंदी संप्रदाय द्वारा सनातन धर्म के विरुद्ध जो षड़यन्त्र चल रहा है वह क्या है? यह वही कोशिश है जो मुहम्मद ने इस्लाम के साथ प्राचीन अरब समाज में की थी। पर क्योंकि अल्लाह निराकार है और सहजानंद साकार, इस संप्रदाय द्वारा किया जाने वाला षड़यन्त्र उस कोशिश से अधिक भयावह रूप से मिलता है जो ईसाइयों ने यहूदियों के विरुद्ध दुनिया भर में उन्हें समेटकर स्वयं को मुख्य बनाने के लिए किया। अंग्रेज अधिकारी और कलकत्ता से विशेष मिलने आने वाले ईसाई पादरियों ने सहजानंद की टोली को जिस मार्ग पर ढकेला, वह वही ईसाई मार्ग है जिसने उन यहूदियों को विश्व भर में अल्पसंख्यक और लाचार बना दिया जिनमे से ही एक मसीह निकालकर वे ईसाई पैदा हुए थे। उन्होंने यहूदियों को विस्थापित और प्रताड़ित करके ईसाई पंथ को दुनिया का सबसे बड़ा पंथ बना दिया। आइए, यहूदी और ईसाई इतिहास को वैदिक इतिहास से मिलाकर तथ्य समझाते हुए ये तीन लेख पढ़ें और समझें कि सनातन धर्म और हिन्दू समाज के साथ क्या करने की कोशिश हो रही है।

• यहूदी धर्म, यीशु मसीह का उद्भव और रोमन राजाओं की सत्ता: आइए जानें — हिन्दुओं को धर्मांतरित करने मे लगे ईसाई और स्वामीनारायण कौन हैं ?

भाग १ : यहूदियों में यीशु रूप में नई धार्मिक विचारधारा का जन्म और यीशु का सूली पर चढ़ना

लेखक — डॉ. कौशिक चौधरी, १९ अप्रैल, २०२५ / फेसबुक पर

गुजरात का हिन्दू समाज ईसाइयों और सहजानंदी संप्रदाय द्वारा धर्मांतरण की भारी समस्या झेल रहा है, जहाँ दोनों ही सनातन धर्म के वैदिक ईश्वर-उपासना को गुजरात भूमि से नष्ट कर रहे हैं। एक गरीब और आदिवासियों को धर्मांतरित कर रहा है, और दूसरा सवर्ण और समृद्ध हिन्दुओं को सत्ता के प्रभाव और 'नारायण' नाम की ठगी से धर्मांतरित कर रहा है। दोनों तरफ हिन्दुओं को वैदिक आराध्य देव और पंचदेव छोड़कर एक नया सर्वोपरि ईश्वर मानने को कहा जा रहा है, और उसमें मानने मात्र से उसके धाम में मृत्यु के बाद स्थान मिलने की कल्पना में जीवन व्यतीत करना - वह जीवन का लक्ष्य है, जहाँ जीवन पादरियों-स्वामियों की सामाजिक गुलामी से विशेष कुछ नहीं है। अब क्योंकि इन दोनों की उत्पत्ति में वही यूरोपीय शासक और ईसाई पादरी हैं, तो चलिए आज उन्हीं लोगों के इतिहास में घुसें और जानें कि हमें धर्मांतरित करने आए ये लोग कौन हैं और कैसे इस पृथ्वी पर उभरे? क्योंकि आखिरकार ज्ञान ही वह शक्ति है जो आपको बचाती है।

ईसा से पहले चौथी सदी से अलेक्जेंडर (सिकंदर) का ग्रीक साम्राज्य तीन सौ वर्ष तक पश्चिमी सत्ता का केन्द्र रहा, और फिर धीरे-धीरे सत्ता का केन्द्र ग्रीस से इटली के रोम में आ गया। इस तरह ग्रीक संस्कृति से रोमन साम्राज्य का उद्भव हुआ, जो तब हुआ जब ईसा से पूर्व 59 में जूलियस सीज़र ने ग्रीक राजाओं के विरुद्ध प्रजा की क्रांति का नेतृत्व किया और आखिर में स्वयं को रोम का राजा बना लिया। इस रोमन राज्य का धर्म अब भी उन ग्रीक देवी-देवताओं का आह्वान था जिनमें ज्यूपिटर, मार्स (मंगल), वीनस (शुक्र) जैसे देवता शामिल थे। पर रोमन राज्य में उन देवताओं की सूची में एक और जोड़ आया — अब रोम के राजा को भी सीज़र नाम से एक देव या ईश्वर कहा जाने लगा और उसकी पूजा होने लगी। उसका द्रोह करना धर्मद्रोह माना जाता और सजा मृत्यु दण्ड थी।

रोमन सत्ता यूरोप से लेकर आज के इज़राइल की भूमि तक फैली हुई थी। पर समस्या यह थी कि इज़राएल में जनता यहूदी धर्म मानती थी, जो रोमन धार्मिक प्रकार

से बिलकुल अलग था। वहाँ ईश्वर को साकार-रूप में देखने को धर्मद्रोह माना जाता था, अतः राजा को ईश्वर मानने का विचार तो दूर की बात थी। और रोमन राज्य तो मूर्तियों से भरा हुआ था। अतः इज़राएल के कट्टर यहूदियों को धार्मिक मामले में नियंत्रित करना उस समय के रोमन शासकों के लिए एक सिरदर्द था।

यहूदी धर्म का स्वरूप :

इज़राएल की जनता यहूदी धर्म मानती थी, जो धर्म उनके मूल पूर्वज अब्राहम को एकमात्र ईश्वर 'यहोवा' के द्वारा दिए गए करार पर आधारित था। उस पुराने करार के पाँच पुस्तकों का समूह जिसे 'तोरा' (टोराह) कहा जाता है, यहूदी धर्मग्रंथ था। ईश्वर यहोवा ने अब्राहम को जो उपदेश दिया था, उसके अनुसार ईश्वर एक है और निर्गुण, निराकार है, जिसने अब्राहम को और उसके वंशजों को किस तरह जीना है उसका उपदेश दिया — और उसी करार में अब्राहम के वंशजों को इज़राएल भूमि का वचन दिया गया। इसीलिए इज़राएल के यहूदी स्वयं को शुद्ध रक्तवाले और ईश्वर के शुद्ध आदेश का पालन करने वाली पवित्र जनता मानते थे, जो कि ईश्वर द्वारा वचन के रूप में दी गई इजरायल की पवित्र भूमि में निवास करते है। गैर-यहूदियों को जेन्टाइल कहा जाता और उनके साथ विवाह जैसे सामाजिक संबंध नहीं रखे जाते थे; कोई भी जेन्टाइल यदि यहूदी धार्मिक रीति अनुसार रूपांतरित (convert) हो जाता तो ही उसे यहूदी माना जाता। टोराह में मोसेस द्वारा मिस्र से यहूदियों को लेकर इज़राइल पहुँचना, और उससे पहले के नोहा के द्वारा पृथ्वी के जल से ढंक जाने पर मनुष्य और अन्य जीवों के बीजों को एक बड़ी समुद्री नौका में बचा लेने की (हमारी मनु और मत्स्य अवतार जैसी) कथाएं थी। साथ ही उसमें ईश्वर यहोवा को पूजने के धार्मिक अनुष्ठान और सिद्धांत लिखे हैं (जैसे हमारे वेदों में निराकार देवों के आह्वान के लिए यज्ञ)।

यहूदी अपनी उपासना यरूशलेम के मंदिर में करते थे। यरूशलेम में ईसा से पूर्व ९५७ में राजा सोलोमन ने उनका पहला मंदिर बनवाया, जिसे ४०० साल बाद ईसा पूर्व ५८६ में बेबिलोनियाई आक्रमण में तोड़ा गया। चालीस वर्ष बाद यहूदियों ने यरूशलेम में दूसरा मंदिर बनाया, जिसमें लगभग पांचसो वर्ष से वे अपनी धार्मिक विधियाँ कर रहे थे। उनके मंदिर में एकेश्वरवाद की उपासना होती थी। मंदिर सिर्फ यहोवा के लिए समर्पित था। यहूदी मानते थे कि यहोवा निर्गुण रूप में मंदिर के आंतरिक पवित्र भाग 'हॉली ऑफ हॉलीज़' में आध्यात्मिक रूप से वास करते हैं। मंदिर में यहोवा की कोई भौतिक प्रतिमा नहीं थी। उपासना का केन्द्र ईश्वर के करार की पुस्तक रखी पेटी थी, और उसके अलावा बलि वेदी होती जहाँ पशु और अन्न की बलियाँ चढ़ाई जातीं। ये सामान्य तौर पर खुले स्थान थे; पर पवित्रतम स्थान में,

जहाँ यहोवा की उपस्थिति मानी जाती थी, केवल मुख्य पुरोहित ही वर्ष में एक बार 'क्षमादिन' पर प्रवेश कर सकता था और वहाँ इज़राइल के पापों के लिए रक्त की बलि अर्पित करता था। यह पवित्रतम स्थान यहोवा की पृथ्वी पर उपस्थिति का प्रतीक था। और बलि पुराने करार के पालन की प्रतिज्ञा थी। संक्षेप में, यहूदियों के मंदिरों में केवल यहोवा की उपासना होती थी — बिना किसी प्रतिमा के, कठोर नियमों और गहरे नैतिक व आध्यात्मिक समर्पण के माध्यम से।

अब, रोमन समाज से बिल्कुल भिन्न धार्मिक स्वरूप वाले इस इज़राइल पर शासन करने के लिए रोमन सम्राट ने हेरोद नामक एक गवर्नर को वहां का राजा नियुक्त कीया। ईसा से पूर्व ३७ का वह वर्ष था, और हेरोद ने ईसा के जन्म के बाद चार वर्षों तक, यानी ४१ वर्ष तक वहाँ राज्य किया। हेरोद ने रोमन सहिष्णुता की छवि को आगे बढ़ाते हुए जर्जर हालत में चल रहे यरूशलेम के यहूदी मंदिर का नवनिर्माण शुरू कराया और उसे भव्य बनाया। यह अवधि रोमन और यहूदियों दोनों के लिए शान्तिपूर्ण और सौहार्दपूर्ण रही। और इसी समय वहां प्रवेश हुआ यीशु का, जिसके बाद दोनों का शान्तिपूर्ण जीवन पहले जैसा न रह सका।

यीशु मसीह — जीवन और संदेश :

यहूदी माता-पिता मरियम और जोसफ के संतान के रूप में यीशु का जन्म हुआ। यहूदी पुराने करार में एक भविष्यवाणी थी कि राजा डेविड का एक वंशज धरती पर ईश्वर का राज्य स्थापित करेगा जो हमेशा रहेगा। एक यहूदी पुरोहित जॉन उस समय लोगों से पश्चाताप करने को कहता था ताकि वे उस आने वाले ईश्वर के राज्य में स्थान पाएं। यीशु बाल्य काल में उसी जॉन के पास गए और जॉन ने उन्हें नदी के पानी में बप्तिस्मा देकर उनका प्रायश्चित (Baptism) कराया। और आज के ईसाई ग्रंथों के अनुसार उसी दिन से यहोवा की चेतना यीशु में उतर गई और वे ईश्वर के पुत्र समान हो गए। यह रिवाज़ आज दुनिया भर में ईसाई धर्मांतरण में प्रयोग होता है, जिसे बप्तिस्मा कहते हैं। उसके बाद यीशु का बारह से तीस वर्ष तक का जीवन अज्ञात माना जाता है — बाइबिल सिर्फ कहती है कि उन्होंने उस समय ईश्वर के साथ अपना सानिध्य गहरा बनाया। पश्चिमी लेखकों में कुछ का मानना है कि उस समय वे भारत की ओर यात्रा करके भारत आए थे, जहां उन्होंने भारतीय आध्यात्मिक ज्ञान प्राप्त किया। उसी कारण उनकी शिक्षा में वैदिक और बौद्ध धर्म के ज्ञान की झलक मिली। जब तीस वर्ष की आयु में वे यहूदी प्रदेश लौटे तब उनके संदेश और ईश्वर की संकल्पना में अहिंसा, आत्मीय शुद्धि, अद्वैत ईश्वरीय चेतना और उसके साकार अवतरण - जैसे भारतीय ज्ञान की झलक थी।

यीशु की ईश्वर-कल्पना यहूदियों की समझ सेकैसे अलग थी?

यीशु स्वयं यहूदी थे और अन्य यहूदियों की तरह यहोवा की उपासना करते थे। पर उन्होंने ईश्वर और मनुष्य के बीच के संबध की एक नई व्याख्या यहूदी समाज में प्रस्तुत की। उन्होंने ईश्वर को 'पिता' कहना शुरू किया — एक व्यक्तिगत, नज़दीकी और क्षमाशील स्वरूप। उन्होंने यहूदी कर्मकांड से अलग करुणा, आंतरिक परिवर्तन और प्रेम पर ज़ोर दिया। उन्होंने स्वयं को ईश्वर का दिव्य पुत्र कहा और कभी-कभी स्वयं को ईश्वर के साथ एकरूप भी दिखाया (यूहन्ना १०:३०: "मैं और पिता एक हैं")। जबकि पारम्परिक यहूदी दृष्टिकोण कड़ा एकेश्वरवाद था — ईश्वर एक है, अगोचर है, और मानव रूप में नहीं है; वह ऊपर कहीं सातवें आकाश में है और हर स्थान पर व्याप्त नहीं है। इसलिए कोई भी मानव स्वयं को ईश्वर या ईश्वर का पुत्र मान ले तो यहूदी समाज में यह धर्मनिन्दा और अपमान (blasphemy) माना जाता था।

यीशु ने यहोवा का नकार नहीं किया, पर उनके ईश्वर संबंधी दावों, धार्मिक नियमों की नई व्याख्याओं और अहिंसा पर जोर देते उपदेशों के कारण कुछ यहूदी क्रियाकांडों को यीशु ने पाखंड कहा। इसी कारण यीशु का टकराव यहूदी धार्मिक नेताओं से शुरू हुआ। गरीब यहूदी यीशु से जुड़ने लगे क्योंकि उन्हें पुरोहितों और अन्य कर्मकांडों से मुक्त होकर सीधे पश्चाताप और प्रेम के माध्यम से ईश्वर से जुड़ने का मार्ग मिला। यीशु ने स्वयं को ईश्वर का संतान कहा और अपने अनुयायियों को उनके उपदेश का पालन करने के लिए कहा। ऐसा करने से दावा किया गया कि सीधे ईश्वर का स्वर्ग मिल जाएगा। यीशु के अनुयायी उन्हें भविष्यवाणी वाले राजा डेविड का वंशज बताने लगे जो धरती पर ईश्वर का राज्य स्थापित करने आया है। जब उनके अनुयायी बढ़े तो उन्होंने यरूशलेम के मंदिर में जाकर कर्मकांडों का विरोध किया और उन्हें पाखंड ठहराए — इससे यहूदी परिषद और धार्मिक गुरु उनसे क्रोधित हो गए।

पर उस प्रदेश पर राज्य हेरोद के पुत्र हेरोद एंटीपस का था। यहूदी धार्मिक गुरु और कट्टर यहूदी अनुयायी यीशु को सज़ा देने का अधिकार नहीं रखते थे। इसलिए यहूदी धार्मिक नेताओंने राजा हेरोद एंटीपस को आशंका दिखाई कि यह व्यक्ति स्वयं को ईश्वर का राज्य स्थापित करने वाला राजा का वंशज कहता है, और उसके अनुयायियों के बढ़ने से वह व्यवस्था को खंडित कर सकता है और राज्य के लिए खतरा बन सकता है। इस कारण राजा ने यीशु को सूली पर चढ़ा दिया। यीशु तीस वर्ष की आयु में लौटे थे, और दो वर्ष बाद बत्तीस वर्ष की उम्र में उनको वध स्तंभ पर चढ़ाया गया।

यीशु यहूदी प्रदेश में हिन्दू धर्म जैसी साकार कल्पना लेकर आए — जहाँ ऊपर बैठा निराकार ईश्वर मनुष्य रूप में आए पुत्र के माध्यम से संदेश देता है, और अंत

में वह पुत्र और ईश्वर एक हो जाते हैं। उन्होंने कहा कि जो उस ईश्वर से प्रेम करता है और उसकी आज्ञा मानता है, उसमें ईश्वर की चेतना रहती है — इस चेतना को पवित्र आत्मा (Holy Spirit) कहा गया। यों ईश्वर, उसका पुत्र (यीशु) और पवित्र चेतना — ये तीनों मिलकर धरती पर ईश्वर का संदेश देते हैं और इन्हें पवित्र त्रिमूर्ति (Holy Trinity) कहा गया। ईश्वर का राज्य इस तरह हर उस व्यक्ति के भीतर आता है जो यीशु के माध्यम से ईश्वर से प्रेम करता और उसकी आज्ञा में रहता है। यह रीति-नीति और यीशु द्वारा दिखाई गई ईश्वर की आज्ञा यीशु मसीह की धार्मिक दार्शनिकता बनी, जिसे नया करार (New Covenant / New Testament) कहते हैं — ईश्वर और मनुष्य के बीच नया करार। पुराना करार अब्राहम और ईश्वर यहोवा के बीच था जो यहूदियों के लिए था; नया करार यीशु के अनुयायियों के लिए बना। इस प्रकार यहूदी और ईसाईयों के पुराने एवं नए करार में क्या अंतर है यह हमने जाना।

अब जान लें कि हिन्दू धर्म के सिद्धान्तों से यीशु का यह नया करार कैसे अलग है। सनातन हिन्दू धर्म में निराकार निर्गुण परमेश्वर को ‘परब्रह्म’ कहा जाता है, जिसे ॐ के रूप में जाना जाता है और वह सर्वव्यापी है। वह निराकार परब्रह्म पुराणों और रामायण-महाभारत में साकार रूप में पंचदेव के रूप में प्रकट होता है। जब वह निर्गुण परब्रह्म साकार होकर व्यक्तित्व धारण करता है, तो उसे किसी एक रूप, आकार या व्यक्तित्व में सीमित नहीं किया जाता — उसे विष्णु, शिव, शक्ति, गणेश और सूर्य जैसे पाँच रूपों में अभिव्यक्ति दी जाती है। उन पाँचों में से किसी एक को आराध्य मानने वाले लोग अन्य चार को उसकी आंशिक अभिव्यक्ति मान लेते है, और उस एक आराध्य के माध्यम से अंततः उसके मूल रूप निर्गुण परब्रह्म ॐ तक पहुँचते हैं। उस निर्गुण परब्रह्म को पूर्ण रूप से जानने के लिए हमें उन पाँचों स्वरूपों की शक्ति और अभिव्यक्ति को आत्मसात करना पड़ता है; तब हम उस मूल निर्गुण निराकार परब्रह्म तक पहुँचते हैं। इसके विपरीत अब्राहमिक धाराओं (अब्राहमिक परंपरा) की शाखा यीशु मसीह के माध्यम से केवल एक साकार स्वरूप — यीशु — तक सीमित कर दी जाती है और वही अंतिम प्रतिनिधि माना जाता है। वहाँ तर्क यह दिया जाता है कि एक से अधिक ईश्वर की आराधना वेश्या होने के समान है; जबकि सनातन धर्म का सत्य यह है कि पंचदेव अलग-अलग ईश्वर नहीं हैं, बल्कि एक ही ईश्वर की पाँच अभिव्यक्तियाँ हैं। और जैसा माता-पिता, संतान, पति-पत्नी सबको एक साथ प्रेम किया जा सकता है, वैसे एक ही ईश्वर की अनेक शक्तियों और अभिव्यक्तियों को भी प्रेम करके उसे पूर्ण रूप से समझा और प्राप्त किया जा सकता है। यही ईश्वर को उसके पूर्णत्व में प्राप्त करने का मार्ग है।

सनातन धर्म में परब्रह्म निर्गुण के साथ-साथ साकार रूप में भी सर्वव्यापी है; समस्त सृष्टि उसी में व्याप्त है। मनुष्य का उद्देश्य उस सत्य-स्वरूप का आत्मानुभव करना है और कर्म-बंधन के वृक्ष को वैराग्य से काटकर जन्म और मृत्यु के चक्र से मुक्त हो जाना— यही मोक्ष है। जबकि यीशु के नए करार में, ऊपर बैठे ईश्वर के बाइबल में कहे गए आदेश का जो प्रेम से पालन करता है, उसमें ही ईश्वर की चेतना जागृत मानी जाती है; अन्यथा नहीं। अर्थात् वहाँ अद्वैत जैसा पूर्ण विकास नहीं दिखता; शर्तों-आधारित ही ईश्वरीय चेतना मान्य है।

संक्षेप में — जब कोई ईसाई हिन्दू का धर्मांतरण करना चाहता है, तो वह हिन्दू को पंचदेव की जगह एक नया जीसस नामक सर्वोपरि साकार ईश्वर थोपता है और कहता है कि यही एक ईश्वर है, बाकी पूज्य नहीं हैं। केवल जीसस में विश्वास और प्रेम से ही ईश्वर की पवित्र चेतना जागृत हो सकेगी और वह धरती पर ईश्वर के राज्य का हिस्सा कहलाएगा; तथा मृत्यु के बाद सीधे उसी ईश्वर के स्वर्ग में बैठ जाएगा। यह मनुष्य को उसके आत्मसाक्षात्कार के मार्ग और संभावना से भटका कर स्वर्ग की कल्पना देकर क्षणिक आनंद और लालच देने की चेष्टा है। यही प्रयास सहजानंदी संप्रदाय सनातन धर्म के ही दिखावे के अन्दर रहकर कर रहा है। वहां पंचदेव की जगह 'स्वामीनारायण' जैसा एकमात्र सर्वोपरी साकार ईश्वर जिसे वैदिक ईश्वरों से ऊपर स्थापित करके, केवल उसमें विश्वास करने मात्र से उसके धाम में मरने के बाद हमेशा का निवास मिलने का भ्रम दिया जाता है।

इस लेख के भाग २ में हम देखेंगे कि यीशु मसीह की मृत्यु के बाद ईसाइयों ने यहूदियों से अलग होकर रोमन राजाओं की मदद से कैसे दुनिया में फैलना शुरू किया, और उन्होंने यहूदियों के साथ क्या किया। यह जानकर हमें समझ आयेगा कि BAPS और यह संप्रदाय विश्वभर में नए सर्वोपरी ईश्वर के मंदिर बनाकर और उन्हें हिन्दू मंदिर बताकर वास्तव में क्या करने की कोशिश कर रहा है।

• आइए जानें ईसाइयों और स्वामीनारायण संप्रदाय की रीत को

भाग २: यीशु के अनुयायियों का यहूदियों से अलग होकर दुनिया में फैलना और रोमन राजाओं के हाथ में लेकर यहूदियों पर अत्याचार करना

लेखक — डॉ. कौशिक चौधरी, १९ अप्रैल २०२५ / फेसबुक पर

ईसा के ३०-३३ के बीच यीशु को शूलि पर चढ़ा दिया गया। उसके बाद उनके अनुयायी बने यहूदी फिर भी यहूदी बने रहे। फर्क बस इतना था कि वे यीशु की पूजा उस मसीहा के रूप में करते थे, जिसकी भविष्यवाणी यहूदी शास्त्रों में थी — अर्थात

वही राजाओं का वंशज जो धरती पर ईश्वर के राज्य की स्थापना करेगा। इस तरह दस पंद्रह वर्षों तक यीशु के अनुयायी यहूदियों के ही एक संप्रदाय बने रहे, जिन्हें 'द वे' (The Way) कहा जाता था। पर ईसा के ४०-५० के बीच पौल नामक एक यहूदी ने यीशु का अनुकरण करना शुरू किया और यीशु का संदेश गैर-यहूदियों (जेन्टाइल्स) को देने लगा। इस प्रकार, जो जेन्टाइल कहलाते थे वे भी यीशु के अनुयायी बनने लगे, और यहीं पहली बार धार्मिक संकट उत्पन्न हुआ। तब तक यीशु के अनुयायी यहूदियों का ही एक पंथ थे, पर एक जेन्टाइल को यहूदी बनाने के लिये अलग धार्मिक विधि थी, उसके लिए यहूदी मंदिर में निराकार यहोवा की उपासना की अलग क्रियाएँ होती थीं।

पर जब जेन्टाइल्स यीशु के अनुयायी बनने लगे, तो ईसा वर्ष ४९ में यहूदी परिषद् को यह निर्णय लेना पड़ा कि जेन्टाइल्स यीशु के अनुयायी बन सकते हैं पर उन्हें यहूदी नहीं माना जाएगा। इस तरह यहूदी परिषद ने पहली बार यीशु के अनुयायियों को यहूदियों से अलग दिखाया। यह विभाजन की दिशा में पहला बड़ा कदम था। इन जेन्टाइल्स में ग्रीक और यूरोपीय भी थे, और मसीह के लिये ग्रीक शब्द 'क्राइस्ट (ख्रिस्त)' था। इसी कारण इस समयावधि के दौरान ईसा के लिये पहली बार 'यीशु ख्रिस्त' कहा जाने लगा।

करीब बीस साल बाद, ईसा के ७० वें वर्ष में यहूदियों ने रोमन शासन के विरुद्ध स्वतंत्रता के लिये सशस्त्र विद्रोह कर दिया। उसके उत्तर में रोमन सेनाओं ने यरूशलेम के यहूदी मंदिर को नष्ट कर दिया, जिसे कुछ दशकों पहले ग्रीक राजा हेरोद ने नवीनीकरण कराया था। इस समय यीशु के अनुयायी अहिंसा के सिद्धांतों पर कड़े रहते हुए हिंसा से दूर रहे, जबकि यहूदियों का उद्देश्य रोमनों से स्वतंत्रता दिलाने वाला कोई सच्चा मसीहा ढूँढ़ना था — जो प्राचीन यहूदी राजाओं का वंशज हो। पर चूँकि यीशु के अनुयायी ग्रीकों के विरुद्ध विद्रोह से अलग रह रहे थे और अपनी अलग धार्मिक पहचान ले चुके थे, उन्हें यरूशलेम से निकाल दिया गया।

इसके बाद, ईसा के ८०-१०० के बीच यहूदी धर्म रब्बियों (धार्मिक नेताओं) के नेतृत्व में पुनर्संरचित होने लगा, जिसमें मंदिर के बिना भी यहूदी परंपराओं को जीवित रखने के तरीके तय किये गए। इन क्रियाकांडों और सिद्धांतों से ईसाइयों को बाहर रखा गया, और धर्म-भ्रष्टों पर श्राप देनेवाली प्रार्थना में ईसाइयों को शामिल किया गया। दूसरी ओर, नए ईसाई ग्रन्थ (गॉस्पेल) और लेखन तैयार किए गए जिनमें यहूदी धर्म के विरुद्ध बातें लिखी गई और यहूदियों को प्रतिकूल रूप में चित्रित किया गया — ठीक उसी तरह जैसे स्वामीनारायण की प्रारम्भिक पुस्तकों में सनातन धर्म के संप्रदायों (वैष्णव, शैव, शाक्त, जैन) और उनके वैदिक आराध्य देवों के विरुद्ध लेखन मिलता है। यहूदियों

के लिए यीशु को ईश्वर के रूप में स्वीकार करना उनके प्राचीन यहूदी धर्म और पूजा-पद्धतियों के अंत के समान था, इसलिए उन्होंने अपने पुराने सिद्धांतों को नहीं छोड़ा। दूसरी ओर, ईसाइयों ने यहूदी मंदिरों के स्थान पर अपने चर्चों की स्थापना शुरू कर दी, जहाँ यीशु, मेरी और वधस्तम्भ (क्रॉस) प्रमुख प्रतीक बन गए। ईस्वी सन् ११० में एंटिओक के इग्नेशियस पहले ऐसे ईसाई नेता बने जिन्होंने स्पष्ट कहा — "ईसाई धर्म यहूदी धर्म नहीं है।" उन्होंने यहूदियों की पहचान मानी जाने वाली 'सुन्नत' कराने, और यहूदियों की भोजन-आचार व अन्य धार्मिक क्रियाओं से दूर रहने की चेतावनी दी। ईस्वी १३२ से १३५ के बीच यहूदियों ने इज़राएल की स्वतंत्रता और यरूशलेम मंदिर के पुनर्निर्माण के लिए एक बार फिर रोम के खिलाफ विद्रोह किया। इसका नेतृत्व शिमोन बार कोखबा ने किया, जिसे कई यहूदियों ने भविष्यवाणी वाला राजाओं का वंशज 'मसीहा' माना। लेकिन ईसाइयों ने इस विद्रोह का समर्थन नहीं किया क्योंकि वे कोखबा को मसीहा नहीं मानना चाहते थे — उनके लिए तो केवल यीशु ही सच्चे मसीहा थे, उसी नींव पर तो वह ईसाई पंथ खड़ा हुआ था। साथ ही ईसाइयों को अब यरूशलेम मंदिर में भी कोई रुचि नहीं थी क्योंकि वे अपने चर्च बनाने लगे थे, और अहिंसा का तर्क भी उनके पक्ष में था। इस घटना ने यहूदियों और ईसाइयों के बीच स्थायी विभाजन पैदा किया। इसबार, विद्रोह के बाद रोमनों ने यहूदियों को दंडस्वरूप यरूशलेम से निकाल दिया और उनके प्रवेश पर प्रतिबंध लगा दिया। लेकिन ईसाइयों पर यह प्रतिबंध नहीं लगाया गया क्योंकि वे विद्रोह में शांत रहे थे। इस कारण ईसाइयों ने यरूशलेम में अपना प्रभुत्व जमाना शुरू किया।

इसके बाद ईसाइयों ने यहूदियों से ऊपर उठने के लिए गैर-यहूदियों में अपने धर्म का विस्तार करना शुरू किया। तीसरी शताब्दी तक आते-आते ईसाई धर्म ग्रीस और रोम जैसे यूरोपीय देशों की आम जनता में फैलने लगा। ईसाई चर्च धीरे-धीरे गैर-यहूदी भाषा, संस्कृति और धर्मशास्त्र के अनुसार ढलते गए। इज़राएल की भूमि के भीतर और बाहर ईसाइयों की संख्या बढ़ने लगी और उन्होंने यहूदियों के खिलाफ भाषण देना शुरू किया, उन्हें यीशु की हत्या का दोषी बताया। कुछ ईसाई पादरियों ने यहूदियों से बहसें कीं और ईसाई धर्म की श्रेष्ठता का प्रचार करने लगे। यह सब वही था जो आज गुजरात में सहजानंद के संप्रदाय के अनुयायियों द्वारा हिंदू धर्म के खिलाफ किया जा रहा है, और विदेशों में BAPS द्वारा वैदिक देवताओं को हीन दिखाते हुए मंदिर बनाकर वही किया जा रहा है — जो ईसाइयों ने इज़राएल की भूमि के बाहर जाकर चर्च बनाकर यहूदियों पर अपनी श्रेष्ठता सिद्ध करने के लिए किया था।

ईस्वी चौथी शताब्दी में, रोम में यहूदियों से अलग अपना अस्तित्व स्थापित कर

चुके ईसाइयों ने सम्राट कॉन्स्टेंटाइन की पत्नी को ईसाई बनाने में सफलता पाई। परिणाम स्वरूप, कॉन्स्टेंटाइन भी उनके पक्ष में आ गया। सन् ३१३ में सम्राट कॉन्स्टेंटाइन ने ईसाई धर्म को कानूनी मान्यता दी, उसे प्रोत्साहन दिया और चर्चों व धार्मिक परिषदों को सहायता दी। इससे ईसाइयों को रोम साम्राज्य में बड़ी शक्ति मिली। सन् ३२५ में उसने 'नाइसिया काउंसिल' बुलाई और ईसाई सिद्धांतों को एकरूप किया। यहीं यीशु मसीह को ईश्वर के रूप में मान्यता दी गई और 'ईस्टर' को यहूदी पंचांग के बजाय रोमन सौर कैलेंडर के अनुसार तय किया गया। इसी परिषद में यीशु का जन्मदिन २५ दिसंबर निर्धारित हुआ — यह यहूदियों से ईसाई पहचान को हमेशा के लिए अलग करने का प्रयास था। आज भारत में २०१४ से २०२५ के बीच भाजपा सरकार, संघ और विहिप द्वारा इस संप्रदाय का जो तुष्टिकरण चला है, वह वैसा ही है जैसा ईसाइयों को रोम में सन् ३१३-३२५ के बीच मिला था।

हालाँकि कॉन्स्टेंटाइन ने ईसाई धर्म को अभी आधिकारिक तौर पर रोमन 'राज्य धर्म' घोषित नहीं किया था — उसने केवल इसे अन्य पंथों के साथ विकसित होने की अनुमति दी थी और अपना समर्थन देकर उसे अन्यों से ज्यादा शक्ति दी थी। रोम साम्राज्य में तब भी मूर्तिपूजक (पैगन) धर्म प्रचलित थे। परंतु राजसत्ता की मदद से अगले ७० वर्षों में ही ईसाई इतने शक्तिशाली हो गए कि सन् ३९५ में सम्राट थियोडोसियस प्रथम ने एक आदेश जारी कर ईसाई धर्म को रोम का 'राज्य धर्म' घोषित कर दिया। पैगन पूजा पर प्रतिबंध लगाया गया, मंदिर बंद कर दिए गए, और ईसाई धर्म के अतिरिक्त अन्य विचारों को अपराध घोषित किया गया। यह वह समय था जब ईसाई धर्म को पूर्ण रूप से रोमन सत्ता प्राप्त हुई।

इसके बाद यूरोप में ईसाई धर्म के प्रसार के द्वार खुल गए। धीरे-धीरे पूरा यूरोप ईसाई होता चला गया। यह प्रक्रिया भारत में आज गुजरात से शुरू होकर अन्य राज्यों में स्वामीनारायण पंथ के फैलाव जैसी थी। इटली और स्पेन में रोमन प्रभाव से ईसाई धर्म आया; फ्रांस में राजा क्लोविस प्रथम के धर्म-परिवर्तन (४९६ ईस्वी) से, आयरलैंड में सेंट पैट्रिक के प्रचार से, इंग्लैंड में पोप ग्रेगरी द्वारा भेजे गए सेंट ऑगस्टिन ऑफ कैंटरबरी (५९७ ईस्वी) से, जर्मनी और स्कैंडिनेविया में आठवीं–ग्यारहवीं शताब्दी में बलपूर्वक, और पूर्वी यूरोप (पोलैंड, हंगरी, रूस) में दसवीं–ग्यारहवीं शताब्दी में ईसाई धर्म फैला। कहीं राजाओं के धर्म-परिवर्तन से प्रजा ईसाई बनी, कहीं मिशनरियों ने शिक्षा व प्रचार से धर्म फैलाया, और कहीं राजसत्ता व चर्च के गठबंधन ने निर्णायक भूमिका निभाई। यूरोप के ये देश भारत के विभिन्न राज्यों के समान थे — और गुजरात में राजनीतिक संरक्षण प्राप्त स्वामीनारायण संप्रदाय का भारत के अन्य भागों

में विस्तार, ठीक वैसा ही है जैसा रोम और स्पेन के ईसाइयों ने यूरोप में किया था।

यहूदियों का क्या हुआ ?

कॉन्स्टेंटाइन द्वारा ईसाई धर्म को मान्यता देने के बाद यहूदियों की कानूनी स्थिति कमजोर पड़ गई। अनेक ईसाई परिषदों ने यहूदियों के विरुद्ध कानून बनाए — उन्हें सरकारी पदों, विवाह और धर्मप्रचार से वंचित किया गया। उन्हें विशेष कपड़े पहनने, अलग बस्तियों में रहने और उनके प्रार्थनास्थलों को नष्ट करने के आदेश दिए गए। ईसाई समाज ने उन पर यीशु की हत्या का आरोप लगाया। महामारी और युद्धों में उन्हें बलि का बकरा बनाया गया। जबरन धर्म-परिवर्तन, देश-निकाला और हिंसक हमले (पोग्रोम) हुए। इंग्लैंड से (१२९० में) सभी यहूदियों को निकाल दिया गया। फ्रांस से १३०६ में निकाला गया, बाद में कुछ लौटे। स्पेन में (१४९२ में) जबरन धर्म-परिवर्तन कराया गया; न मानने पर देश से निकाल दिया गया। और यहूदियों पर यह ईसाई अत्याचार बीसवीं सदी के मध्य तक जारी रहे — जब हिटलर ने पोलैंड और जर्मनी में लगभग साठ लाख यहूदियों का नरसंहार करवाया। इस प्रकार, ईसाई धर्म यूरोप में फैला और उसी के बीच यहूदी समाज ने भयंकर उत्पीड़न, धार्मिक भेदभाव और जबरन धर्मांतरण सहा। चर्च और राज्य के गठबंधन ने ईसाई यूरोप के निर्माण में और गैर-ईसाइयों के दमन में निर्णायक भूमिका निभाई। तीन–चार सदियों में, यहूदी धर्म अपने ही एक "मसीहा" — यीशु — द्वारा स्थापित धर्म से दबकर अल्पसंख्यक बन गया।

अतः, यहूदी ग्रंथों की 'मसीहा' की भविष्यवाणी को पकड़कर यीशु जैसा एक सर्वोच्च ईश्वर गढ़ा गया, जिसने यहूदी सभ्यता को विभाजित कर दिया। उसी प्रकार अंग्रेजों और ईसाई पादरियों ने सहजानंद को एक "अवैदिक–नकली नारायण" बनाकर हिंदू सभ्यता को तोड़ने का प्रयास किया। BAPS आज विश्वभर में उसी "सर्वोच्च नकली नारायण" — जो दूसरा यीशु है — के मंदिर बनाकर वैदिक देवताओं को सेवक या चौकीदार के समान दिखा रही है। यह वही है जो ईसाइयों ने यहूदी भूमि से बाहर जाकर चर्च बनाकर यहूदियों के साथ किया था। इस षड्यंत्र को हर सच्चे सनातन रक्षक, संत और आचार्य को हराना है — तभी हम वास्तविक अर्थों में सनातन सिद्ध होंगे।

यदि सनातन के प्रति निष्ठा है, तो यह कठिन नहीं — बस, दृढ़ होकर किसी भी लोभ या भय से दूर रहकर उस "नकली नारायण" को नकली कहना है, और सनातन धर्म के शास्त्रों, देवताओं और उनके शब्दों का दुरुपयोग करने वालों को अस्वीकार करना है एवं कानूनी तौर से उन पर एस करने से रोक लगानी है। ईसाइयों द्वारा यहूदियों के विरुद्ध अपनाया गया मार्ग सनातन धर्म के विरुद्ध अप्रभावी रहेगा क्योंकि यहूदियों के पास साकार ईश्वर नहीं था — जो ईसाई यीशु के रूप में लेकर आए। परंतु सनातन

धर्म निराकार से साकार तक एक पूर्ण धर्म है — जिसमें एक नहीं, पाँच साकार स्वरूप हैं, जो मूलतः एक ही निराकार ईश्वर 'ॐ' के रूप हैं। इसलिए यहाँ साकार ईश्वर कोई नई बात नहीं है; बल्कि 'जीसस' जैसा एकमात्र सर्वोपरि ईश्वर एक नई और संकीर्ण कल्पना है, जो हमारी पंचदेव उपासना की विविधता और व्यापकता के सामने तुच्छ है। हमें इस 'एकमात्र सर्वोच्च ईश्वर' की ईसाई-सहजानंदी अवधारणा को हमारी पंचदेव उपासना की महत्ता और उपयोगिता से परास्त करना है।

सारांश :

ईसाई धर्म यीशु मसीह की मृत्यु के बाद ईस्वी ३२ में शुरू हुआ, परंतु वह वास्तव में स्थापित हुआ ३२५ में — जब रोमन सम्राट कॉन्स्टेंटाइन ने इसे रोमन राज्य की स्वीकृति देकर कनौनी तौर पर धर्म के रूप में स्वीकार किया और इसके प्रचार की अनुमति दी। सत्तर वर्ष बाद, ३९५ में सम्राट थियोडोसियस ने ईसाई धर्म को रोम का आधिकारिक धर्म घोषित कर दिया। कुछ ही सदियों में पूरा यूरोप ईसाई बन गया — जहाँ पहले यूनानी देवता जैसे की त्रिशूलधारी पोसाइडन और इंद्र समान ज़्यूस पूजे जाते थे।

आज २०२५ के गुजरात में जो पिछले आठ वर्षों से हो रहा है, वही ३२५ में हुआ था। हम प्रयास कर रहे हैं कि जो यहाँ शुरू हुआ है, वह उलटा जाए — ताकि २०९५ में वैसा न हो जैसा ३९५ में हुआ था। हमें किसी व्यक्ति, संस्था, संगठन या पंथ से विरोध नहीं है जो सनातन धर्म के वैदिक आराध्य देवताओं के वास्तविक स्वरूप, उनके सम्मान और उनकी अमरता के विरुद्ध नहीं आता। हमारा विरोध केवल उनसे है जो सनातन धर्म की रक्षा के कार्य में बाधा डालते हैं — और हम यह विरोध खुलकर प्रकट करते हैं।

• अंग्रेजों द्वारा वेदों के भ्रष्ट अर्थघटन से उपजी स्वामीनारायण संप्रदाय की कपटी योजना और उसे विफल करती वेदों की सच्चाई

लेखक — डॉ. कौशिक चौधरी, १८ मार्च २०२५ / फेसबुक पर

एक मकसद जो इस सनातन-विरोधी संप्रदाय का बहुत पहले से ही स्पष्ट है, अब उनकी बातों में भी दिखने लगा है। वह इरादा प्रेरणा लेता है — कुछ लेफ्टिस्ट इतिहासकारों के लिखे हुए इतिहास से जो यह कहता है कि ऋग्वेद में इन्द्र की स्तुति ज्यादा है इसलिए इन्द्र ऋग्वेद का प्रमुख देव है, लेकिन बाद में विष्णु, शिव इत्यादि प्रमुख ईश्वर बन गए और इन्द्र को किनारे कर दिया गया। इस दुष्ट स्वामी संप्रदाय की

इच्छा और योजना यह है कि उनके अंग्रेजों द्वारा खड़े किए गए जीसस जैसे इस नए भगवान को नारायण नाम देकर हिंदु धर्म के एकमात्र सर्वोच्च ईश्वर के रूप में मंदिरों में मुख्य बना दिया जाए, और इंद्र, वरुण आदि देवताओं की तरह अब विष्णु, शिव, ब्रह्मा, मां शक्ति, हनुमानजी, गणेश आदि आराध्य देवों को हिंदू मंदिरों के बाहर धकेल दिया जाए, दीवारों के चारों ओर स्थापित कर दिया जाए। उन्हें अंग्रेजों ने वेदों के जो अर्थघटन दिए थे, उसमें कहे गए इतिहास को दोहराना है, और सनातन धर्म के पंचदेवों के साथ वैसा करके सनातन धर्म को ईसाइयों जैसा - एक जीसस, एक स्वर्ग और पादरियों की सामाजिक सत्ता - वाला संप्रदाय बना देना है। पूरी संभावना है कि यह योजना भी अंग्रेजों और पादरियों ने ही उनके मन में वेदों के उस झूठे अर्थघटन के साथ भरी है। इसलिए ही उनके शब्दों में वह छिपी बात अब बाहर आ गई है कि 'सनातन धर्म तो नदी के समान है, प्रवाह के साथ परिवर्तन आता रहेगा। पहले जैसे इंद्र, वरुण जैसे देव पूजे जाते थे, उनकी जगह अब राम, कृष्ण जैसे अवतार पूजे जा रहे हैं, वैसे आगे परिवर्तन आते रहेंगे।'

अब जवाब तो उन्हें वेदों के सही अर्थघटन और ज्ञान से ही मिलेगा। हम उन अंग्रेजों की पैदाइश के सामने अंग्रेजों के कहे हुए झूठ को तोड़ेंगे, तो उनके ये दुष्ट इरादे भी सनातन धर्म के प्रवाह में बह जाएंगे। ऋग्वेद में निराकार, निर्गुण और अव्यक्त परब्रह्म रूप एक परमात्मा है, जिसे ॐ रूप में दर्शाया गया है। वह निर्गुण, अव्यक्त परब्रह्म तेतीस कोटि देवताओं के माध्यम से व्यक्त होता है, जिसमें बारह आदित्य, आठ वसु, ग्यारह रुद्र, दो अश्विनी कुमार और एक देवी हैं। आदित्य और वसु दोनों में सूर्य आने के कारण यह योग चौतीस के बजाय तेतीस होता है। उन बारह आदित्यों में पहले हैं इंद्र जो वर्षा और बिजली के देवता हैं। ऋग्वेद के कृषि आधारित समाज में वर्षा और नदियों का महत्व होने के कारण सबसे अधिक सूक्त और श्लोक इंद्र और वरुण के हैं। लेकिन इंद्र सर्वोच्च नहीं हैं। इंद्र प्रथम आदित्य हैं। बारह आदित्यों द्वारा सूर्य से जुड़ी हुई ऊर्जा क्या है, यह समझाने का प्रयास हुआ है, और उसमें विष्णु बारहवें आदित्य हैं, जो सूर्य के प्रकाश के पीछे उसकी जो मूल सर्वव्यापक शक्ति है उसका नाम है। विष्णु का अर्थ ही किया गया है सर्वव्यापक। ऋग्वेद के पहले ब्राह्मण ग्रंथ ऐतरेय ब्राह्मण का पहला ही श्लोक कहता है, 'तेतीस कोटि देवताओं में अग्नि सबसे नीचे है, विष्णु सबसे सर्वोच्च हैं, और बाकी सभी उन दोनों के बीच हैं।'

इस प्रकार, ऋग्वेद के संहिता भाग में जिसे केवल पांच सूक्त ही मिले थे, वह विष्णु बीच-बीच में सर्वव्यापी देव के रूप में प्रस्तुत होते हुए ब्राह्मण भाग के पहले श्लोक में सबसे उच्च देव के रूप में स्थापित होते है। और इसके बाद रचित यजुर्वेद

की कृष्ण यजुर्वेद शाखा की तैत्तिरीय संहिता में भी विष्णु को इसी प्रकार सर्वदेवों में सर्वोच्च और सभी यज्ञों का केन्द्र कहा गया है। तैत्तिरीय संहिता में "विष्णु" को सदा यज्ञ का केन्द्र माना गया है—कभी रक्षक, कभी त्रिविक्रम (त्रिविक्रम के रूप में चरणों द्वारा जगत नापने वाला), और कभी स्वयं यज्ञ स्वरूप। इस प्रकार की संहिता के पश्चात् प्रत्येक वेद में ब्राह्मण ग्रंथ आता है, और उसके बाद आरण्यक और उपनिषद्। कृष्ण यजुर्वेद के तैत्तिरीय आरण्यक में नारायण सूक्त आता है, जिसमें सर्वव्यापी, सर्वोच्च विष्णु को परमात्मा के रूप में नारायण कहा गया है। तैत्तिरीय आरण्यक के दसवें प्रपाठक को महानारायण उपनिषद कहा गया है। उस महानारायण उपनिषद के १३ वें अध्याय में नारायण सूक्त आता है, जिसमें ऋग्वेद और यजुर्वेद की तैत्तिरीय संहिता में विष्णु के लिए कही गई सारी बातें नारायण नाम से कही गई हैं। कुछ संस्करणों में इस नारायण सूक्त में ही विष्णु गायत्री मंत्र समाहित है, जो अलग-अलग संस्करणों में अलग-अलग श्लोक संख्याओं के साथ आता है।

विष्णु गायत्री श्लोक कहता है —

ॐ नारायणाय विद्महे वासुदेवाय धीमहि । तन्नो विष्णुः प्रचोदयात् ॥

अर्थात्—

हम नारायण का ध्यान करें, वासुदेव का चिंतन करें, वे भगवान् विष्णु हमें सद्बुद्धि की ओर प्रेरित करें।

वासुदेव का अर्थ है सर्वत्र विद्यमान देव जो आठ वसुों के पूज्य देव हैं। यह श्लोक भगवान विष्णु के नारायण एवं वासुदेव रूप में यशगान कर उन्हें ऋग्वेद के विष्णु के रूप में परिचित कराता है। यही विचार यजुर्वेद से आगे बढ़कर अथर्ववेद में, अथर्वशीर्ष उपनिषद के रूप में स्थापित होता है, जहाँ प्रथम बार पंचदेव उपासना का शास्त्रोक्त स्वरूप मिलता है। गणपति, विष्णु, शिव, शक्ति और सूर्य—ये पाँचों स्वरूपों के अपने-अपने अथर्वशीर्ष हैं, और वे अथर्ववेद के उपनिषद रूप में स्थापित हैं। विष्णु अथर्वशीर्ष में स्थापित किया गया है कि विष्णु ही नारायण है और नारायण विष्णु का एक अन्य नाम है। उसके बाद रामायण, महाभारत और विष्णुपुराण से लेकर श्रीमद्भागवतः और शिवपुराण, पद्मपुराण, स्कन्दपुराण तक बार-बार यह वर्णन आता है कि भगवान विष्णु के चरणों से जल निकला और उस जल पर शयन करने अथवा उस पर आसन करने के कारण वे विष्णु नारायण कहे जाते हैं।

इस प्रकार ऋग्वेद और यजुर्वेद में सर्वोच्च और सर्वव्यापी विष्णु का स्थान तैत्तिरीय संहिता के अंतिम चरणों में नारायण और वासुदेव जैसे अन्य नामों से वर्णित होता है, और अथर्वशीर्ष से यह तथ्य स्थापित होता है कि विष्णु ही नारायण है, जिसे

कुछ संस्करणों में विष्णु गायत्री यन्त्र के माध्यम से यजुर्वेद में भी देखा जा सकता है।

ऋग्वेद के ही रुद्र यजुर्वेद में अधिक शांत और योगी बनकर शिव विशेषण से नबाजे गए हैं। शिव रुद्र – जहां शिव शब्द का अर्थ है शांत और पूज्य। पुराणों में भी भगवान शिव का उल्लेख हर बार रुद्र से ही शुरू होता है। ऋग्वेद के देवी सूक्त में कही गई बातों को ही विस्तरित बनाकर देवी भागवत या शाक्त पुराण लिखा गया है। आदित्य के रूप में भगवान सूर्य और अश्विनी कुमारों में से भगवान गणेश का प्राकट्य दिखाया गया है। इस प्रकार, ऋग्वेद के तेतीस कोटि देवताओं में विष्णु शुरू से ही सर्वोच्च हैं, और रुद्र वेदों से ही शिव हैं। शक्ति ऋग्वेद के देवी सूक्त से ही कण-कण में स्पंदन कराने वाली, रुद्र को शिव बनाने वाली और विष्णु को विष्णुत्व देने वाली शक्ति है। इस प्रकार, कभी इंद्र या अग्नि या वरुण सनातन धर्म में सर्वोच्च देव नहीं थे। वे हमेशा तैतीस कोटी देवो में से ही एक थे और सर्वोच्च देव रूप में हमेशा विष्णु ही थे। कोई परिवर्तन नहीं हुआ है सनातन धर्म की उपासना पद्धति में। बस वेदों के निराकार देवता पुराणों और रामायण-महाभारत में साकार बन जाते हैं, और उस समय उन तेतीस कोटि देवताओं में से जो पांच प्रमुख अलग-अलग प्रकार की परब्रह्म की अभिव्यक्तियां सामने आती हैं, उन्हें पंचदेव रूप में सर्वोच्च बताया गया है — विष्णु, शिव, शक्ति, सूर्य और गणेश।

तो दुष्ट सहजानंदीयों, अंग्रेज चले गए हैं, और उनका लिखा हुआ विकृत इतिहास, उनका किया हुआ वेदों का कपटी अर्थघटन सब एक्सपोज़ हो चुका है। अप्रासंगिक बन चुका है। अब केवल उनके लिखे हुए तुम्हारे विकृत चोपड़े ही बाकी हैं, जो भारत के विकृत धार्मिक इतिहास के लेखन का एक षड्यंत्र हैं। अब वे भी एक्सपोज़ हो चुके हैं, और प्रासंगिक तो कभी बन ही नहीं सकते थे। वे विकृत ही थे, और वह विकृति अब जगजाहिर हो चुकी है। अब चाहे जितनी सत्ता को वोट और नोट से खरीद लो और निचोड़ लो, सनातनी समाज तुम्हें नहीं छोड़ेगा। वह जाग गया है, तुम्हें जान गया है। अब झूठ और प्रपंच करके नहीं बच सकते।

*

प्रकरण - ९

भारतवर्ष का आराध्य तत्व

सहजानंद के स्वामी संप्रदाय द्वारा दशकों से चलाए गए सनातन धर्म के उपास्य देवों के विरुद्ध इस संकटकारी षड़यंत्र को हमने प्रमाणों सहित इस पुस्तक में जाना। पर यह समस्या और सनातन सेवा ट्रस्ट की हमारी चिंता किसी एक संप्रदाय तक सीमित नहीं है। हम इस हेतु कार्यरत हैं कि सनातन हिन्दू वैदिक धर्म और आर्यभूमि या भारतभूमि के उपास्य देवों की उनकी सच्ची शास्त्रोक्त रूप में उपासना बनी रहे। भारत देश और भारतीय सभ्यता की अमरता के लिए जो हमारी वैचारिक स्पष्टता है, वह इन दो लेखों से स्पष्ट होती है। हम इन दोनों लेखों के साथ इस पुस्तक का समापन करेंगे।

"अधर्म का नाश हो। धर्म की जय हो। प्राणीयों में सद्भावना हो। विश्व का कल्याण हो।" यह शब्द मात्र कोई नारा नहीं हैं; यह एक क्रमवार कार्य सूचित करते हैं। अधर्म का नाश हुए बिना धर्म की जय नहीं होती। रामराज्य की स्थापना से पहले रावण की लंका का विनाश आवश्यक है। धर्म की जय हुए बिना — अर्थात् संसार और राष्ट्र में धर्म तथा न्याय स्थापित न होने तक — प्राणियों में सद्भावना उत्पन्न नहीं हो सकती। और प्राणियों में सद्भावना स्थापित हुए बिना विश्व का कल्याण नहीं होता। हमने इस पुस्तक में इसी विचार से अधर्म को रेखांकित करने का प्रयास किया है, ताकि उसका नाश किया जा सके और सनातन धर्मावलम्बी मनुष्यों में सद्भावना स्थापित की जा सके।

• दुनिया में सारी लड़ाई उपास्य देवों की है, और भारत के उपास्य देव ही उसकी राष्ट्रीयता और अखण्डता का आधार हैं।

लेखक — डॉ. कौशिक चौधरी, ८ जून २०२५ और २१ सितंबर २०२५ के दो लेखों से / फेसबुक पर

दुनिया में सारी लड़ाइयाँ और राजनीति उपास्य देवों की है, न कि दर्शन और तत्वज्ञान की। ॐ और कृष्ण नाम के ईश्वर के नीचे द्वैत से लेकर अद्वैत तक अनेक दार्शनिक धाराएँ हैं। अल्लाह नामक ईश्वर के नीचे करीब ७३ प्रकार की दार्शनिक प्रणालियाँ हैं, जिनमें से कुछ सिद्धान्तत ॐ के अंतर्गत आने वाली किसी न किसी दार्शनिक परिभाषा से मिलती-जुलती हैं। इसी प्रकार, ईसा नामक ईश्वर के नीचे २०० से अधिक प्रकार की दार्शनिक धाराएँ हैं जिनमें से कुछ कृष्ण नामक ईश्वर के पीछे चली हुई दार्शनिक परंपरा से संगत हैं।

ऐसे में मानव जाति में लड़ाई तत्वज्ञान की नहीं रही; वह बदलकर इस बात पर केंद्रित हो गई है कि किसका ईश्वर अंतिम है। जब भगवान वेदव्यास द्वारा वेदों के सम्पादन और पुराणों के निर्माण के द्वारा सनातन धर्म में निराकार ॐ की नींव पर साकार पंचदेव की पंचदेव उपासना दी गयी, तो उसके पीछे का विचार यही था कि यह उपास्य देवों के बीच होने वाली लड़ाई को स्थान न दे। पर अब अब्राहमिक पंथों के भारत आगमन के साथ वह लड़ाई भारतीय भूमि पर भी सक्रिय हो गयी है।

आज वेदों में दिए गये 'अहम् ब्रह्मास्मि' और 'आत्मा एव परमैव' जैसे सिद्धांतों को बार-बार दोहराकर नए-नए व्यक्ति भगवान बन रहे हैं। हर जगह कहा जाता है कि हम राम, कृष्ण सबको स्वीकार करते हैं (जैसे उपकार करते हो), पर साथ में यह भी कहा जाता है कि मरने से पहले तो उन्हें दादा भगवान और निरु माँ अंगुली पकड़कर ले जाने आएँगे। वैष्णव संप्रदायों में कुछ जगहों पर, ईसाई पादरियों के मिलावट से सहजानंदी जैसे नकली नारायण संप्रदाय उभर आए हैं। ये नकली-नारायण जैसे पंथ आध्यात्मिक भारत के वैदिक उपास्य देवों को केवल सहजानंद के सेवक दिखाने की वृत्ति रखते हैं। और उसी तकनीक का उपयोग करके अनेक नए-नए सर्वोपरि भगवान बनाये गए हैं — जिनमें से कुछ ने शरीर छोड़ दिया है, कुछ वीलचेयर पर हैं, तो कुछ लकड़ी लिए अपने जर्जर शरीर को यहाँ वहाँ घूम रहे हैं।

साबरकांठा में तो इधर-उधर तरह-तरह के बापाओं की पूजा होने लगी है, इस तरह कि घरों में कोई सनातन वैदिक ईश्वर का फोटो ही न मिले। पर जिनके बेटे अभी सरपंच चुनाव लड़ते हों, उन बापाओं के फोटो घर में भगवान की जगह लेते जा रहे

हैं। पर ये सारे बाबाओं का उपयोग अंततः वही सांसारिक इच्छाएँ मांगने के लिए होता है। किसी को बेटा विदेश भेजना है, किसी को बेटे का विवाह करवाना है तो किसो को धंधा सेट कराना है — और यह सब ईश्वरीय कृपा से ज्यादा व्यापारिक राजनैतिक नेटवर्क और मैनेजमेंट से बेहतर होता है। इसलिए सहजानंदी नकली-नारायण के बापा साबरकांठा में छोटे-छोटे बापाओं को गाँव-गाँव निगलते जा रहे हैं। क्योंकि उनके पास विदेश में बेटे सेट करने से लेकर, गुजरात में व्यवसाय सेट कराने, नौकरियों और शादियों व साझेदारी करवाने तक का मजबूत नेटवर्क है। और मरने के बाद — ईस्लाम और ईसाइयों की तरह — फिर जन्म लिए बिना स्वर्ग में ही जश्न मनाने की कल्पना तो है ही। बस, आधुनिक उपास्य देव बनने के लिए इतनी प्रतिभा काफी हो जाती है। क्योंकि किसी को आत्मा का वह परम-अनुभव चाहिये ही नहीं होता; हर कोई अपने आसपास समाज की भौतिक दौड़ मे टिके रहना चाहता है या आगे बढ़ना चाहता है। इसलिए सुविधा जनक बापाओं की पूजा प्रचलित हो रही है, और बीजेपी, संघ एवं विएचपी से समस्या यह है की वे नोट और वोट के लिए सच्चे वैदिक सनातन धर्म की रक्षा से ज्यादा इन सनातन द्रोह या पाखंड से भरे हुए पंथों एवं बापाओं का तुष्टीकरण करती है।

यह सब जितना हास्यास्पद और सतही है, उतना ही खतरनाक भी है। क्योंकि विश्वभर में भाषा और आहार व्यवहार की संस्कृति पर देश बने हैं। लेकिन भारत एकमात्र ऐसा देश है जो हर राज्य में भिन्न भाषाएँ और भिन्न आहार व्यवहार की संस्कृति रखता है और फिर भी एक देश है। क्योंकि उसे एक देश बनाता हो वैसा एकमात्र कारण उसकी प्राचीन सभ्यता के वैदिक उपास्य देव हैं। उत्तर, दक्षिण, पूर्व, पश्चिम हर जगह वही विष्णु, शिव, शक्ति, ब्रह्मा और गणेश के साथ ॐकार की पूजा होती है। इसलिए भारत एक देश है। अगर वे वैदिक पंचदेव लुप्त हो गए और ये नए असंख्य उपास्य देव उनकी जगह ले लेंगे, तो यह भारत के अंतिम विघटन का कारण बनेगा। यह कोई धार्मिक पाखंड का मामला नहीं है। भारत के लिए वैदिक ॐ और साकार पंचदेव उसकी राष्ट्रीयता का आधार हैं। राम, कृष्ण, शिव, दुर्गा और गणेश हमें एक देश बनाते हैं। यह मूलभूत बात भूली नहीं जानी चाहिए।

इन सबके बीच द्वारका स्थित शारदापीठ के शंकराचार्यजी श्री सदानंद सरस्वतीजी गायत्री परिवार, ब्रह्माकुमारी और इस्कॉन के बारे में भी यह बात सार्वजनिक रूप से कह चुके हैं कि ये अशास्त्रीय सिद्धांतों और पाखंड के साथ स्थापित किए गए हैं या तो वर्तमान मे वैसा रूप ले रहे है।

गायत्री परिवार :

गायत्री परिवार के विरुद्ध दो आपत्तियाँ हैं। एक यह कि वह स्त्रियों को जनेऊ पहनाता है, जो सर्वथा वर्जित है और शास्त्रमत के विपरीत है। और दूसरी, कि वह आज के लोकतांत्रिक युग में अश्वमेध यज्ञ कराता है, जिसका कलियुग में निषेध है। क्योंकि अश्वमेध यज्ञ प्राचीन समय में केवल कोई चक्रवर्ती राजा ही अपने शासन की स्थिरता और सीमाएँ सुनिश्चित करने के लिए कर सकता था, जैसे भगवान राम ने रामराज्य शुरू होने के बाद किया था। उसमें एक सफेद घोड़े के माथे पर काला दाग किया जाता है, उसके गले में ताम्रपत्र लटकाया जाता है जिसमें लिखा होता है कि जो भी इस घोड़े को रोकेगा उसे यजमान राजा से युद्ध करना होगा। आज के समय में ऐसा यज्ञ करना किसी यजमान द्वारा पाखंड, आत्म-प्रशंसा और पतित मानसिकता का प्रतीक है, क्योंकि आज कोई राजा नहीं है और प्रजा का शासन है। इसलिए आज के समय में कोई अश्वमेध यज्ञ कराने की सुविधा या समर्थन देता है तो वह न केवल शास्त्रमत के विपरीत है, बल्कि वह धर्म और शालीनता का भी उल्लंघन करता है। इन दोनों कारणों से हमारी सनातन सेवा ट्रस्ट के मानद संरक्षक शारदापीठाधीश्वर श्री सदानंद सरस्वतीजी ने गायत्री परिवार का विरोध सार्वजनिक रूप से और प्रणव पंड्याजी (गायत्री परिवार के वर्तमान प्रमुख) के सामने व्यक्तिगत रूप से भी दर्ज कराया है।

ब्रह्माकुमारी :

ब्रह्माकुमारी के विरुद्ध सनातन धर्म के शास्त्रसम्मत प्रतिनिधियों का विरोध भी उपास्य देव के स्वरूप से छेड़छाड़ करने के कारण है। ब्रह्माकुमारी में शिव को निराकार ज्योति रूप देकर ब्रह्मा, विष्णु और शंकर को क्रमशः सृजन, पालन और विनाश करने वाले साकार रूप में स्थापित किया गया है, जो शिव नाम की उस निराकार ज्योति से शक्ति पाते हैं। इस प्रकार शिव और शंकर, जो भगवान शिव के दो नाम हैं, उन्हें एक-दूसरे से अलग कर दिया गया है, और ब्रह्मा के रूप में उनकी संस्था के संस्थापक लेखराज कृपलानी (जन्म १८७६ - मृत्यु १९६९) को ब्रह्मा के रूप में बैठा दिया गया है। बात यहाँ नहीं रुकती। वह शिव नाम की ज्योति जिसे शिवबाबा कहा जाता है वह वेदों के परब्रह्म की तरह सर्वव्यापी नहीं है, वह बस किसी एक परमधाम में ही है, जहाँ से वह उनके संस्थापक लेखराज उर्फ ब्रह्माबाबा के ललाट में प्रकट होती है। गाँवों और नगरों में बने ब्रह्माकुमारी के केंद्रों में ब्रह्माबाबा के रूप में लेखराज कृपलानी का फोटो रखकर उनके ललाट में शिवबाबा को देखने का खुली आँखों का ध्यान करने को कहा जाता है। इस कारण निचले स्तर पर गाँवों और नगरों की शास्त्र

से अनजान प्रजा लेखराज कृपलानी को ही शिवबाबा कहने लगी है, जबकि माउंट आबू में स्थित मूल केंद्र में पहले बताए गए अनुसार संस्करण है। जीवन का मूल उद्देश्य अब कोई मुक्ति या मोक्ष नहीं बल्कि आगे आने वाले सत्ययुग में देवी-देवता बनकर जन्म लेना है। अर्थात पृथ्वी पर स्वर्ग स्थापित होगा, विष्णु और लक्ष्मी राजा-रानी होंगे और ब्रह्माकुमारी में विश्वास रखने वाले लोग देवी-देवता होंगे।

इसके अलावा विवाहित स्त्रियों को गृहस्थ जीवन और बच्चों से विरक्त करके और कुमारी युवतियों को उस आने वाले सत्ययुग या स्वर्ग में देवी-देवता बनने की लालच में संस्था में समर्पित करवाने का अभियान समाज में कई बार ब्रह्माकुमारी के विरोध का कारण बना हैं। हालांकि, उसमे कहीं-कहीं यह सत्य भी है कि विवाह जीवन में परेशान या प्रताड़ित स्त्रियों को शांति के लिए और मृत्यु के बाद के जीवन को एक काल्पनिक लक्ष्य देने के लिए एक स्थान मिला है। समर्पित होने वाली स्त्रियों में ऐसी स्त्रियों और उनकी बेटियों की संख्या अधिक है।

सनातन धर्म के शास्त्रों के विपरीत बातें ब्रह्माकुमारी में इस प्रकार हैं कि भगवान शिव को मूल परब्रह्म परमात्मा के रूप में दर्शाने वाला पुराण शिवपुराण है, और शिव को इष्ट मानने वाले सनातनियों और संप्रदायों को शिवपुराण और लिंगपुराण का ही अनुसरण करना होता है। शिवपुराण में वह परम ज्योति परब्रह्म सृष्टि के आरंभ में अर्धनारीश्वर सदाशिव रूप में उत्पन्न होती है। वह सदाशिव के आधे भाग में स्थित शक्ति देवी अलग होती है और शिव स्वरूप पुरुष रूप में अलग स्थापित होते हैं। उस शिव के बाएँ कंधे से विष्णु उत्पन्न होते हैं। विष्णु की नाभि से कमल पुष्प निकलता है। शिव अपने दाएँ हाथ को घिसकर ब्रह्मा को उत्पन्न करते हैं जो कमल पुष्प पर विराजते हैं। विष्णु और ब्रह्मा दोनों अपनी उत्पत्ति किससे हुई यह खोजते हैं तब उन्हें एक ऊर्जा का स्तंभ दिखाई देता है जो ऊपर आकाश और नीचे पाताल तक असीमित रूप से फैला हुआ है। विष्णु और ब्रह्मा को उसके आसपास ॐ नाद सुनाई देता है, और वह ऊर्जा का स्तंभ शिवलिंग के रूप में प्रकट होता है। साथ ही साकार रूप में भगवान शिव अपने त्रिशूल, सर्प और डमरू के साथ प्रकट होते हैं। वह विष्णु और ब्रह्मा से कहते हैं कि शिवलिंग उनका निराकार स्वरूप है जो ॐकार रूपी परब्रह्म है, और प्रस्तुत साकार रूप उनका व्यक्त रूप है। उन्होंने अपने इसी साकार रूप से विष्णु और ब्रह्मा को उत्पन्न किया है। उसके बाद शिव ब्रह्मा को सृष्टि निर्माण और विष्णु को उसका पालन-पोषण करने का कार्य बताते हैं। ब्रह्मा प्रजापति उत्पन्न करते हैं, और प्रजापति ब्रह्मांड का निर्माण करते हैं। इस प्रकार शिव और शंकर अलग नहीं हैं। जो शिव हैं वही शंकर हैं। वह शंकर का निराकार रूप शिवलिंग है, और साकार

रूप वही है जो हम साकार शिव के रूप में देखते हैं। वह वेदों के वही मूल परब्रह्म परमात्मा ॐ हैं। साथ ही ब्रह्मा के कोई अवतार सनातन धर्म के शास्त्रों में नहीं हैं।

तो, ब्रह्माकुमारी को एक शिव को इष्ट मानने वाले पंथ के रूप में शिवपुराण के साथ एकरूपता रखनी होगी। निराकार ज्योति और साकार शंकर दोनों एक ही भगवान शिव हैं जो सर्वव्यापक हैं यह दिखाना होगा। लेखराज कृपलानी को ब्रह्मा के रूप में नहीं दिखाया जा सकता, उनके स्थान पर वही सनातन धर्म के चार मुखों वाले चतुर्मुख ब्रह्मा दिखाने होंगे। लेखराज उनके गुरु और संस्थापक हो सकते हैं, जिन्होंने शिव स्वरूप का साक्षात्कार किया हो तो उन्हें एक योगी गुरु दिखाया जा सकता है, लेकिन उनके ललाट में ही शिव ज्योति है या ऐसा कोई भी दूसरा कल्पित दर्शन सनातन धर्म के वैदिक ईश्वरों के नाम पर नहीं चलाया जा सकता। भगवान विष्णु और लक्ष्मी के आगामी अवतार के लिए भी प्रिंस और प्रिंसेस जैसे शब्दों का उपयोग करना उचित नहीं है, ऐसे स्वर्ग या देवी-देवता बनने के लोभ में संप्रदाय चलाना भी आदर्श नहीं है। शिव स्वरूप का साकार से निराकार तक का आत्म साक्षात्कार ही सनातन धर्म में मनुष्य जीवन का लक्ष्य है जिसे एक सनातनी हिंदू शैव पंथ को देना चाहिए।

इस्कॉन :

इस्कॉन (ISKCON) के बारे में विभिन्न प्रकार के विवाद और शिकायतें लगातार सामने आई हैं। लेकिन उस तरफ जाने से पहले भक्ति वेदांत स्वामी प्रभुपादजी, जिन्होंने कृष्ण और राम नाम की ज्योति विदेशों में इस्कॉन संस्था के माध्यम से जगाई, उनकी प्रशंसा और उनकी व्यापक सफलता की स्वीकृति आवश्यक है। एक ओर जहाँ सहजानंद स्वामी के संप्रदाय ने विदेशों में मंदिर बनाकर उन विभिन्न देशों के हिंदुओं को सनातन धर्म के वैदिक ईश्वरों और पंचदेवों के विरुद्ध किया, वहीं इस्कॉन ने विश्वभर में उन देशों के गैर-हिंदुओं को हरे राम हरे कृष्ण का कीर्तन करने वाला बना दिया, यह एक उल्लेखनीय धार्मिक सेवा है। लेकिन वहीं से आगे आता है वह भटकाव और समस्याएँ जो चिंताजनक हैं। शंकराचार्यजी और हिंदू समाज को यह शिकायतें मिली हैं कि इस्कॉन के विश्वव्यापी अनुयायियों में अब गैर-भारतीयों की संख्या इतनी बढ़ गई है कि उनमें विभिन्न प्रकार के गैर-सनातनी परिवर्तन दिखने लगे हैं। कभी-कभी 'कृष्ण और जीसस एक ही हैं' ऐसा कहकर दोनों की साथ पूजा इस्कॉन के एक विदेशी समूह ने शुरू की थी जो अब बंद करवाई गई है - ऐसा जानने मिला है। इस्कॉन के विश्वस्तरीय अध्यक्ष, भारत के अध्यक्ष और गुजरात के अध्यक्ष के रूप में कृष्ण भक्ति में समर्पित विदेशी साधु आ गए हैं, जिसके कारण कुछ परिवर्तन आए हैं। इस्कॉन के कुछ समूह 'हम हिंदू हैं' यह कहने से बचते हैं, और कहते हैं 'हम

इस्कॉन के अनुयायी हैं।' इसके साथ दशकों से चल रहा यह प्रश्न है कि इस्कॉन में आने वाले हिंदुओं का धन कहाँ जाता है, क्योंकि प्रबंधन अधिकतर विदेशी लोगों के हाथों में जा रहा है। कुछ रिपोर्टों के अनुसार इस्कॉन में कृष्ण को ईसाई जीसस के समान एकमात्र ईश्वर के रूप मे बना दिया गया है, जिसके सामने कभी-कभी राम और विष्णु को भी उनसे अलग कर उनके नीचे दिखाया गया है। अगर यह सत्य है तो यह सनातन धर्म की पंचदेव उपासना और वैष्णव सिद्धांत दोनों के विपरीत है, क्योंकि वैष्णव मार्ग में भगवान विष्णु और उनके अवतार मूल परमात्मा हैं, जिनमें कृष्ण एकमात्र पूर्ण पुरुषोत्तम अवतार हैं। विष्णु से कृष्ण को अलग करने का प्रयास कृष्ण को उनके मूल से अलग कर जीसस जैसे एक अलग एकाकी ईश्वर के रूप में स्थापित करने का कार्य बन सकता है। और अधिक स्पष्ट शब्दों में कहें, तो विदेशी इस्कॉन अनुयायियों के प्रभाव में इस्कॉन सनातन धर्म से कृष्ण, गीता और श्रीमद्भागवत को छीनकर विश्व में कृष्ण के नाम पर इस्कॉन नाम का एक अलग पंथ खड़ा करने की दिशा में जा सकता है। और इस अशुभ भविष्य को रोकने के लिए ही इस्कॉन का विरोध उपर्युक्त कारणों से किया जाता है। भागवत पुराण के अनुसार कृष्ण भक्ति पर चलने वाले एक वैष्णव पंथ के रूप में इस्कॉन स्वीकार्य है, जिसमें पंचदेव उपासना समाहित हो और भगवान कृष्ण भगवान विष्णु के रूप में उनके चौबीस अवतारों के साथ स्थापित हों। जैसे ईसाई मिशनरियाँ विश्वभर के देशों में लोगों को ईसाई पंथ में धर्मांतरित करती हैं, लेकिन वे सभी देश के ईसाई अंततः रोम या वेटिकन के पोप से जुड़े रहते हैं। बस उसी प्रकार इस्कॉन में कृष्ण भक्ति के मार्ग में समर्पित बने गैर-भारतीय और गैर-हिंदू भारत की चार शंकराचार्य पीठ या माधवाचार्य, रामानुजाचार्य की पीठ के साथ जुड़कर सनातन धर्म के शास्त्रसम्मत स्वरूप में समाहित हों। सनातन से कृष्ण की चोरी कर अलग पंथ बनाने के लिए इस्कॉन का उपयोग नहीं होना चाहिए। बस चिंता, विरोध और शिकायत का कारण यही है।

हिंदुत्व की अलग व्याख्याएँ करने वाले हिंदू संगठन :

इन सबके बीच राष्ट्रीय स्वयंसेवक संघ जैसे संगठन भी हैं जो वैदिक ईश्वरों को स्वीकार करके देशभक्ति और राष्ट्रवाद के नाम पर भारत माता की तस्वीर को उपास्य देव के समान रखते हैं। साथ ही 'हिंदू कौन है' इसके लिए विभिन्न अवास्तविक व्याख्याएँ करते हैं। कभी कहते हैं कि भारत में जन्म लेने वाला हर व्यक्ति हिंदू है। जिसके पूर्वज भारत के हैं वही हिंदू है। उपास्य देव (आराध्य) के मामले में सब कुछ स्वीकार्य है (वैदिक ईश्वरों से ऊपर सहजानंद भी), कोई भी शास्त्र मुख्य नहीं है। सावरकर के मुस्लिम और ईसाई विरोधी उस विचार से संघ प्रेरित प्रतीत होता है कि

'मुसलमान और ईसाई को अपना दुश्मन समझनेवाला भारतीय नस्ल का कोई भी व्यक्ति हिंदू है'। एक तरह से, चीन की साम्यवादी क्रांति के बाद वहां धर्म को खत्म करने के लिए सांस्कृतिक क्रांति के नाम पर १९६६ में जो विचार दिए गए थे, यह उन्हीं विचारों का हूबहू निर्माण-कार्य दिखाई पड़ता है। पहली नज़र में यह राष्ट्रभक्ति का ठीक लगता विचार "देश ही सर्वस्व है" वाला उन्मादी विचार है, जिसे कुछ समय तक विरोध करना भी कठिन है क्योंकि देशभक्ति भावनात्मक है। लेकिन उसमें समस्या यह आती है कि मृत्यु तक पृथ्वी के किसी एक भूभाग को ईश्वर मानकर उसे विकसित और शक्तिशाली बना भी लिया तो क्या? मरने के बाद क्या है? शरीर के अलावा चेतना क्या है? इसका उत्तर न मिलने पर व्याकुल हुए अधूरे मनुष्य ईश्वर के प्रति नास्तिक मन से उपास्य देव रूप में पृथ्वी के किसी भूभाग के प्रति जुनून बढ़ा देते हैं और उस भूभाग को बढ़ाने और दूसरों से श्रेष्ठ दिखाने की दिशा में गति शुरू हो जाती है। बिल्कुल वैसा ही जैसा हिटलर के नाज़ी जर्मनी में हुआ, जैसा एक हद तक वर्तमान नास्तिक चीन में है। यह भी विनाश का कारण है, अपने लिए और बाकी मानव समाज के लिए।

सार : इस जगत में लड़ाई तत्वज्ञान की नहीं है, तत्वज्ञान तो मनुष्य के व्यक्तिगत आत्म-अनुभव से उत्पन्न होता है। जगत में सारी लड़ाइयाँ उपास्य देवों की हैं — यह बात समझ ली जाए, और साथ यह भी समझ लिया जाए कि वैदिक ॐ और उसके साकार पंचदेव भारत की राष्ट्रीयता और अखंडता का मूलभूत आधार हैं।

• भारत का आराध्य तत्व कौन है ?

वैदिक मार्ग से लेकर जैन, सिख और बौद्ध संप्रदाय तक ।

लेखक — डॉ. कौशिक चौधरी, १४ जुलाई २०२५ / फेसबुक पर

वैदिक धर्म :

भारत का आरम्भ वेदों से होता है, जिनमें संसार के रचनाकार आराध्य तत्व का नाम परब्रह्म है। वह तत्व मूल रूप मे निर्गुण निराकार है, पर उसकी अवस्था सच्चिदानन्द है — अर्थात् सत, चित्त और आनन्द। वह सत्य-रूप है, वह चित यानी चेतना-रूप है (केवल भौतिक रूप में नहीं), और आनंद रूप है। उस आकार-रहित सच्चिदानन्द तत्व को प्राप्त करने के लिए मानव को किसका सहारा लेना चाहिए? वह मार्ग 'प्रणव' — ॐ है, जो की एक नाद है। उस निराकार तत्व के कम्पन से जो शब्द गुंजता है वह ॐ है। अतः ॐ के जाप द्वारा हम उस निराकार परब्रह्म को साध

सकते हैं। इसलिए ध्यान-प्रथाओं और अधिकांश मन्त्रो में ॐ प्रमुख है।

पर वह निर्गुण परब्रह्म जिसने संसार रचा, वह संसार सगुण और साकार भी है — भौतिक आकार वाला और विभिन्न गुणों से युक्त। अर्थात वह निर्गुण निराकार तत्व सगुण और साकार रूप मे अभिव्यक्त भी होता है। इसे ही कहते है अव्यक्त से व्यक्त होना। तब फिर उस परब्रह्म के सगुण-साकार स्वरूप की पहचान क्या है? इसके लिए वेदों ने किसी एक नाम, एक चहेर और व्यक्तित्व नहीं दिया; वेदों ने पाँच व्यक्तित्व दिये जो परब्रह्म द्वारा होने वाले पाँच कार्यों के अनुसार व्यक्त हुए और वही 'पंचदेव' कहलाये — विष्णु, शिव, शक्ति, गणेश और सूर्य या ब्रह्मा। इस प्रकार वेदों का निर्गुण-निराकार आराध्य तत्व ॐ के रूप में पूज्य है और उसका सगुण-साकार स्वरूप पंचदेव के माध्यम से पूजनीय है। अब्राहमिक पंथ जहाँ संसार के कारण तत्व को निराकार-निर्गुण ही मानते हैं, वहीं वेदों में उसे निरगुण-निराकार और सगुण-साकार—दोनो रूपों में पहचाना गया है। निर्गुण निराकार से सगुण साकार तक व्यक्त होनेवाला यही परब्रह्म और उसके पाँच साकार रूप सनातन वैदिक धर्म का आराध्य तत्व है — और यही भारतभूमि का मूल आराध्य तत्व भी है।

जैन पंथ :

वैदिक दर्शन के छह में से दो हैं — सांख्य और योग। सांख्य में मनुष्य की आत्मा को परब्रह्म समान जानकर 'पुरुष' कहा गया; जो शरीर और इन्द्रियों के रूप में प्रकृति में उलझा हुआ है। जीवन का लक्ष्य उस 'पुरुष' रूपी आत्मा को पहचान कर उसे प्रकृति से मुक्त करना है और स्वयं को मूल निराकार परब्रह्म जानकार उसमे स्थित होना है। इस लक्ष्य के लिए योग दर्शन ने अष्टांग योग का मार्ग दिया। इसी दो दर्शन पर आधारित एक पंथ जन्मा जिसे जैन धर्म कहते हैं। साधारणतः सांख्य की यही फिलॉसफी जैन धर्म बनी — आत्मा और पुदगल (प्रकृति) का भेद; लक्ष्य भी वही आत्मा को पुदगल से मुक्त करना और मार्ग भी योग-दर्शन का। यम और नियम के महाव्रतों में और भी कड़े हुए नियम जोड़कर विस्तार किया गया, और जैन दर्शन बन गया। उसमें भी आराध्य तत्त्व निर्गुण निराकार आत्मा — ॐ ही रहा।

सिख पंथ :

सिख मार्ग अस्तित्व में आया जिसमें भी गुरुओं ने उसी परब्रह्म — ॐ — को साधने का मार्ग दिया। इसमें गुरु और ग्रंथ के माध्यम से ब्राह्मण परंपरा के बिना सीधे

भक्ति और कर्मयोग के मार्ग पर वैदिक आराध्य तत्त्व ॐ को साधने का प्रयास हुआ है।

बौद्ध पंथ :

बौद्ध मार्ग केवल इस तरह अलग पड़ा कि उसने प्रकृति और इंद्रियों की पकड़ से मुक्त होकर जो मूल निर्वाण की स्थिति प्राप्त की उसे शून्यता कहा। अर्थात् उसने जड़ संसार और इंद्रियों के पीछे किसी तत्त्व को स्वीकार करने की, उसमें पड़ने की या उसे खोजने की कोशिश नहीं की। इंद्रियों से मुक्त होकर ध्यान में उस समाधि की स्थिति प्राप्त कर ली — बस वही शून्यता है, वही लक्ष्य है। इससे आगे कोई विचार भी नहीं है, तो कल्पना करने की क्या जरूरत कि वह क्या है? बौद्ध मार्ग नागार्जुन के माध्यम से इस तरह शून्यवाद के रूप में स्थापित हुआ। अतः बौद्धिज्म में आराध्य तत्त्व नहीं है; मुक्ति रूपी शून्यता है।

आदि शंकराचार्य :

और, नागार्जुन की वही सारी बातें वैसे ही रखकर आदि शंकराचार्य ने जिस मूल बात का विरोध किया वह यह था कि प्रकृति और इंद्रियों के पीछे शून्यता कहाँ से हुई? उन इंद्रियों और प्रकृति को किसने बनाया? उसके पीछे मुख्य स्रोत जैसा एक तत्त्व है — वह तत्त्व मूल रूप से निर्गुण निराकार है, जिसकी मूल स्थिति को नागार्जुन शून्यता कह रहे हैं। पर वही निर्गुण निराकार तत्त्व स्वयं को सगुण और साकार रूप में व्यक्त करके यह पूरी सृष्टि और प्रकृति बना देता है। हम प्रकृति और इंद्रियों से ऊपर उठाकर उस सत्-चित्-आनंद वाली शून्यता में स्थायी हो जाते हैं — और वह शून्यता उसी तत्त्व की निर्गुण निरकार अवस्था है। उसी तत्त्व को वेदों में परब्रह्म कहा गया है, जिसे निर्गुण-निराकार रूप में ॐ और सगुण-साकार रूप में व्यक्त होन पर पंचदेव कहा गया है। इस प्रकार आदि शंकराचार्य ने नागार्जुन के बौद्ध शून्यवाद के तर्क को सुधार करके परब्रह्म रूपी तत्त्व के साथ वैदिक धर्म का पुनरजीवन किया। हम भी अपनी यात्रा में एक पूरा चक्र लगाकर उसी पहले के शिखर ज्ञान पर इसी तरह पहुँच गए।

भगवा ध्वज:

तो, यदि कोई भगवा ध्वज को गुरु कहकर उसके पीछे कोई आराध्य न होने की बात कहता है, तो वह बौद्धवाद का प्रतीक है। आराध्य के रूप में अगर वह परब्रह्म 'ॐ' को स्वीकार करता है तो वह वैदिक, जैन और सिख मार्ग का प्रतीक है। बौद्ध मार्ग को भी 'ॐ' को परब्रह्म तत्व मानने वाले तीन मार्गों के साथ रखकर

प्रतीक देना हो तो तरीका यह है कि सभ्यता का प्रतीक भगवा ध्वज है, जो सत्य की आध्यात्मिक खोज का प्रतीक है। सभ्यता के गुरु के रूप में जो भगवा ध्वज है, उस गुरु का आराध्य परब्रह्म 'ॐ' और उसके पांच सगुण रूप पंचदेव हैं। इसलिए, उस गुरु के रूप में रखे गए भगवा ध्वज के केंद्र में 'ॐ' और पंचदेव होने चाहिए।

प्रतीक रूप में रखा गया भगवा ध्वज इस्लाम, ईसाई, यहूदी, पारसी आदि को भी अपने-अपने आराध्य तत्व के नाम के साथ सत्य की आध्यात्मिक खोज करने की छूट देता है। पर इस नियम के साथ कि एक-दूसरे पर अपने मार्ग और आराध्य तत्व के नाम को थोपा नहीं जा सकेगा। आपको अपना आराध्य तत्व खोजने की और उससे जुड़ने का जो मार्ग अपनाना हो, उसे अपनाने की छूट है। वह खोज भी भगवा ध्वज के प्रतीक के साथ हो सकती है। पर इस्लाम का हरा रंग भी ज्ञान के रूप में रेगिस्तान (रण) में हरियाली प्रकट होने के संदेश का ही प्रतीक है। इस कारण राष्ट्र के प्रतीक रूप में तिरंगा ध्वज अधिक योग्य साबित होता है। सभ्यता के प्रतीक के तौर पर भगवा ध्वज सत्य की आध्यात्मिक खोज में सभी मार्गों को समाहित कर लेता है। पर यदि कोई भगवा ध्वज को गुरु कह रहा है, तो उस भगवा ध्वज में आराध्य तत्व के रूप में 'ॐ' और पंचदेव अनिवार्य हैं।

❋

परिशिष्ट

संप्रदाय की ओर से प्रकाशित विकृत चित्र

१. वडताल गादी के अधीन साळंगपुर हनुमान मंदिर की भित्ति-चित्रों में हनुमानजी सहजानंद और उनके माता-पिता की सेवा करते हुए।

२. मुंबई के वर्ली स्थित स्वामीनारायण मंदिर में हनुमानजी और शिव-पार्वती भित्ति-चित्रों में सहजानंद की सेवा करते हुए।

३. पोइचा में मिली हुई विवादास्पद मूर्तियाँ :

जिनमें शिव पार्वती को सहजानंद की सेवा मे दिखाया गया है। सालंगपुर विवाद होने के बाद इन मूर्तियों में मा पार्वती की मूर्ति का मुख घुमाकर भगवान शिव की ओर कर दिया गया है, पर शिव-पार्वती की मूर्तियों को वहाँ से हटाया नहीं गया है। शिव–पार्वती का "नीलकंठवर्णी" नाम देकर बैठाए गए सहजानंद स्वामी की मूर्ति के पास इस

तरह खड़ा होना सनातनियों को स्वीकार्य नहीं है।

- **निम्न पीडीएफ लिंक में दिए गए विकृत चित्रों की सूची :**

दूसरे ऐसे ही विकृत चित्र यहाँ दिए जाने पर संप्रदाय द्वारा कॉपीराइट का बहाना निकालकर पुस्तक के वितरण को प्रभावित करने का प्रयास किया जा सकता है। ये सभी विकृत चित्र संप्रदाय के अंदरूनी वृत्तों, पुस्तकों और संप्रदायिक केंद्रों से लीक हुए हैं, और ये चित्र किस शाखा/फांटे के हैं यह पूछने पर किसी ने जवाब देने या इसकी जिम्मेदारी स्वीकार करने की हिम्मत नहीं दिखाई है। पर यदि इन्हें यहाँ प्रकाशित किया गया तो वे इसे बहाना बनाकर पुस्तक को परेशान कर सकते हैं — ऐसी स्थिति है। इसलिए उन सारे चित्रों को नीचे दि गई लिंक पर दी गई पीडीएफ में देखा जा सकता है।

पीडीएफ लिंक :

https://drive.google.com/file/d/1h8JSLGyMQcQ1NuW_Z2ygv5aQPXAZ-L07s/view?usp=sharing

१. स्वामीनारायण कुंडलधाम (SMK) के यूट्यूब चैनल पर एक वीडियो में सहजानंद स्वामी उर्फ उनके स्वामीनारायण गद्दी पर बैठे दिख रहे हैं, उनके सामने उनके शिष्यों ने भगवा वस्त्र धारण किए हैं, और किनारे पर ब्रह्मा, विष्णु और शिव सहित सनातन धर्म के अन्य देव भी सहजानंद के सामने हाथ जोड़कर खड़े हैं। यहाँ उसी फोटो का एक कृत्रिम बुद्धिमत्ता से बनाया गया AI स्केच प्रस्तुत किया गया है। असली चित्र पीडीएफ में है।

२. इसी तरह दो अन्य फोटोज़ में सहजानंद ब्रह्मा, विष्णु, शिव, माँ सरस्वती, लक्ष्मी और पार्वती को दोनों हाथों से आशीर्वाद दे रहे हैं, और पीछे उनके संप्रदाय के एक मंदिर का शिखर दिखता है। यहाँ उन फोटो का कृत्रिम बुद्धिमत्ता से बनाया गया AI स्केच दिया गया है;

असली चित्र पीडीएफ में है।

३. 'घनश्याम चरित्र' नामक पुस्तक के दो फ़ोटो : एक में हनुमानजी बाल सहजानंद को किसी राक्षस से बचाकर लाते है और उनकी माता को सोनपते हुए स्वयं को सहजानंद का सेवक बताते है।

दूसरे में, बाल घनश्याम को चोट लगने से इंद्र, चंद्र, ब्रह्मा, विष्णु आदि का उनकी देखभाल करने ये है एस एक फोटो है (पृष्ठ संख्या ३९)।

यहाँ दोनों का कृत्रिम बुद्धिमत्ता से बनाया AI स्केच दिया गया है; असली चित्र पीडीएफ में है।

४. 'सर्वोपरि श्री स्वामीनारायण भगवान भाग -२' नामक पुस्तक में ऐसा फोटो है जिसमें शिव और पार्वती सहजानंद स्वामी की सेवा करने की अनुमति माँगते हुए हाथ जोड़कर खड़े हैं। इसी काल्पनिक दृश्य को मूर्तियों के रूप में पोइचा के एक बगीचे और मुंबई के वर्ली स्थित मंदिर में स्थापित भी किया गया है।

५. अनेक पुस्तकों में ऐसे कई चित्र दिखते हैं जिनमें हनुमानजी सहजानंद स्वामी की सेवा कर रहे हैं या उनके नीचे हाथ जोड़कर बैठे दिखाए गए हैं; कुछ स्थानों पर इन्हें भित्ति-चित्रों और मूर्तियों के रूप में भी स्थापित किया गया है। (इनमें से कुछ को सनातनी लोगों के तीव्र विरोध के बाद हटवाया गया है, पर पुस्तकों में वे वैसे ही मौजूद हैं।)

६. कार्तिक महीने में प्रबोधिनी एकादशी के दिन भगवान विष्णु और तुलसी के विवाह के अवसर से हिंदुओं के लिए विवाह मुहूर्तों की शुरुआत होती है। शास्त्र-आधारित उस प्रसंग को भी बदलकर यह संप्रदाय इस दिन तुलसी का विवाह भगवान विष्णु के स्थान पर सहजानंद स्वामी के साथ कराता है। उसका एक फोटो दिया गया है।

७. महाशिवरात्रि के दिन शिवलिंग पर अभिषेक करने के स्थान पर यह संप्रदाय

सहजानंद स्वामी के दूसरे नाम नीलकंठ वर्णी का उपयोग करके उनकी मूर्ति पर अभिषेक कराता है। इस प्रकार भगवान शिव को एक ओर रखकर उनके साथ जुड़े शास्त्र-आधारित पवित्र शिवरात्रि के दिवस को भी नीलकंठ वर्णी नाम के साथ सहजानंद स्वामी से जोड़ दिया गया है।

८. नवरात्रि में माँ अंबा (दुर्गा) के गरबा गाने को स्वामीनारायण संप्रदाय में मना किया जाता है। BAPS के वर्तमान प्रमुख महंत स्वामी ने गरबा गाने को "गुड्डे गुड्डियों का खेल" कहकर उसका विरोध किया है — ऐसा उनका वीडियो है। इसके स्थान पर वे शरद पूर्णिमा के दिन केवल एक दिन के लिए सहजानंद स्वामी को बीच में रखकर गरबा करते हैं।

९. आषाढ़ी बीज के दिन जब जगन्नाथ रथयात्रा निकलती है, तब यह संप्रदाय सनातन धर्म की भगवान कृष्ण, बलराम और सुभद्रा की रथयात्रा में शामिल होने के बजाय उसी दिन सहजानंद स्वामी की रथयात्रा निकालता है, जिसमें सहजानंद स्वामी ऊपर और भगवान कृष्ण नीचे रखे जाते हैं। BAPS की ऐसी यात्राओं में सहजानंद स्वामी के नीचे उनकी संस्था के प्रमुख का फोटो होता है, उसके बाद भगवान कृष्ण होते हैं। यही कार्य वे गणेश चतुर्थी के दिन भगवान गणेश की यात्रा में भी करते हैं — सहजानंद स्वामी की मूर्ति या फोटो ऊपर और भगवान गणपति नीचे।

१०. वडोदरा में गणेश चतुर्थी के अवसर पर सहजानंदी संप्रदाय हिंदू त्योहारों में अपनी घुसपैठ बनाए रखने के लिए भगवान गणपति की बड़ी मूर्ति तो बनाता है, लेकिन उसके ऊपर सहजानंद को बैठा देता है।

११. गाँवों में संप्रदाय के मंदिरों की दीवारों पर यह शिलालेख खुदवाए गए हैं कि "भगवान शिव ने यहाँ आकर सहजानंद को दंडवत प्रणाम किया था और उनकी स्तुति की थी।"

१२. संप्रदाय की प्रत्येक शाखा में ब्रह्मांड के जो काल्पनिक स्तर दिखाए जाते हैं, उनके प्रमाण स्वरूप अलग-अलग शाखाओं की पुस्तकों के पन्नों के स्क्रीनशॉट वायरल हुए हैं, परंतु कोई यह स्वीकार नहीं करता कि वे उनके अपने हैं। जबकि उनमें कही गई बातें सरधार के नित्यस्वरूपदास स्वामी अपने प्रवचनों में किसी मनोरोगी (साइकोपैथिक) की तरह गर्व से कहते हुए दिखते हैं — ऐसे दो वीडियो हमने प्रकरण ४ की शुरुआत में ही दिए हैं। संप्रदाय में ब्रह्मांड के स्तरों में सबसे पहले सहजानंद को साकार परब्रह्म भगवान स्वामीनारायण के रूप में अक्षरधाम में बैठाया गया है। उसके नीचे ब्रह्म और अक्षरब्रह्म को संप्रदाय के स्वामियों के रूप में दिखाया गया है। उनके नीचे संप्रदाय के अनुयायी अर्थात अक्षरमुक्त, फिर प्रकृति-पुरुष, उसके बाद

प्रधान-पुरुष, फिर फलाना-ढींकना — इस प्रकार हिंदू शास्त्रों के शब्दों को चुराकर, उनके अर्थों को विकृत करके सहजानंद, उनके संप्रदाय के स्वामियों और अनुयायियों के नीचे सातवें या आठवें स्थान पर ब्रह्मा, विष्णु और शिव को दिखाया गया है। संप्रदाय की हर शाखा अपनी इच्छा के अनुसार ब्रह्मा, विष्णु और शिव से पहले अलग-अलग संख्या के स्तर दिखाती है।

डॉ. कौशिक चौधरी

(प्रबुद्ध लेखक, चिंतक और दार्शनिक — गुजरात, भारत)

डॉ. कौशिक चौधरी गुजरात के एक प्रतिष्ठित लेखक, दार्शनिक और आध्यात्मिक चिंतक हैं, जिनका लेखन आधुनिक विज्ञान, दर्शन और भारतीय अध्यात्म के अद्वितीय संगम को प्रस्तुत करता है। मूलतः पेशे से दंतचिकित्सक होने के बावजूद, उन्होंने अपने अध्ययन और लेखन को भारतीय ज्ञानपरंपरा, न्याय दर्शन, वेदान्त और आधुनिक भौतिकी के तुलनात्मक विमर्श को समर्पित किया है।

उनकी प्रसिद्ध कृतियों में It's Not a Creation, It's a Projection through Expression विशेष उल्लेखनीय है — जो वेदान्तीय सिद्धांतों के आधार पर अनेकों ब्रह्मांडों से बनी सृष्टि का शुरू से अंत तक एक समग्र मॉडल प्रस्तुत करती है। उस पुस्तक की रूपरेखा के आधारित उन्होंने भौतिक विज्ञान और जीव विज्ञान के संशोधन पत्र भी विश्व की प्रतिष्ठित जर्नलों में प्रस्तुत किए है। इस पुस्तक को प्रो. स्टीफन हॉकिंग ने पढ़ा था, और इसका मूल्यांकन इसरो के पूर्व अध्यक्ष डॉ. जी. माधवन नायर ने किया था।

डॉ. चौधरी के अन्य महत्त्वपूर्ण ग्रंथों में The Play of Justice — नाम का उनका उपन्यास है जो न्याय दर्शन में दिए गए न्याय के प्राचीन सिद्धांत को एक लीगल थ्रीलर कहानी के माध्यम से आधुनिक जगत में पुनर्जीवित करता है। साथ ही स्वामीनारायण संप्रदाय के सनातन धर्म विरोधी षड्यंत्र को समाज के सामने रखने के कार्य में डॉ. कौशिक चौधरी कैसे प्रवृत्त हुए और वह कार्य उन्होंने कैसे किया उसकी यात्रा दिखाती पुस्तक 'कौन स्वामी? कौन नारायण?' भी उन्होंने लिखी है, जो वैदिक-विरोधी विकृत सिद्धांतों और संप्रदायों का प्रामाणिक विश्लेषण करके हिंदु समाज को

पंचदेव उपासना के आध्यात्मिक सिद्धांत से अवगत कराने का कार्य करती है।

उनका लेखन केवल साहित्यिक नहीं, बल्कि दार्शनिक और सामाजिक चेतना का दस्तावेज़ है — जिसमें भारतीय सभ्यता की आत्मा, न्याय और सत्य की रक्षा, तथा वेदों के सनातन तत्त्वों की पुनर्स्थापना का संकल्प निहित है।

पुस्तकों के अलावा डॉ. कौशिक चौधरी 'गुजरात समाचार' और 'लोकसत्ता जनसत्ता' जैसे वर्तमान पत्रों एवं 'साधना' और 'फीलिंग्ज' जैसे सामयिकों में कॉलम और लेख लिख चुके है।

❊

www.ingramcontent.com/pod-product-compliance
Lightning Source LLC
LaVergne TN
LVHW090407210926
848480LV00002B/487